# Ziervogelkrankheiten

Herausgegeben von
Prof. Dr. Hellmut Woernle

Doris Quinten

# Ziervogelkrankheiten

65 Farbfotos
17 Zeichnungen

VERLAG
EUGEN
ULMER

*Für meinen Bruder*

Titelbild: Hans Reinhard, Heiligkreuzsteinach

Dr. Doris Quinten hat seit vielen Jahren eine eigene Kleintierpraxis; sie beschäftigt sich besonders intensiv mit den Krankheiten von Ziervögeln.

In diesem Buch sind die Namen von Medikamenten, die zugleich eingetragene Warenzeichen sind, als solche nicht besonders kenntlich gemacht. Es kann also aus der Bezeichnung der Ware mit dem für diese eingetragenen Warenzeichen nicht geschlossen werden, daß die Bezeichnung ein freier Warenname ist. Die Markennamen wurden nur beispielhaft aufgeführt. Hinsichtlich der in diesem Buch angegebenen Dosierungen von Medikamenten, Desinfektionsmitteln usw. wurde die größtmögliche Sorgfalt beachtet. Gleichwohl werden die Leser aufgefordert, die entsprechenden Prospekte der Hersteller zur Kontrolle heranzuziehen.

Die Deutsche Bibliothek – CIP-Einheitsaufnahme

**Quinten, Doris:**
Ziervogelkrankheiten / Doris Quinten. – Stuttgart (Hohenheim : Ulmer, 1998)
(Patient Tier)
ISBN 3–8001–7379–4

© 1998 Verlag Eugen Ulmer GmbH & Co.
Wollgrasweg 41, 70599 Stuttgart
(Hohenheim)
Printed in Germany
Lektorat: Dr. Nadja Kneissler
DTP & Produktion: Ursula Stammel
Einbandentwurf: Alfred Krugmann, Freiberg am Neckar
Druck : Gulde-Druck, Tübingen
Buchbinderische Verarbeitung: Karl Dieringer, Gerlingen

# Vorwort

Vor über 30 Jahren wurde in Deutschland der erste Lehrstuhl für das Fachgebiet Geflügelkrankheiten an einer tierärztlichen Universität eingerichtet. Inhalt der Forschungstätigkeit und Ausbildung der Studenten war zunächst nur die tiermedizinische Versorgung von Wirtschaftsgeflügel. Dabei wurde nicht das Einzeltier als Patient gesehen, sondern der Gesundheitszustand eines Geflügelbestandes. Eine Schwerpunktverlagerung von Wirtschaftsgeflügel zu Ziervögeln kann man in den letzten 10 bis 15 Jahren in der Ausbildung zum Tierarzt erkennen. Stand anfangs auch hier die Betreuung von Zuchtbeständen im Vordergrund, so wird erfreulicherweise heute der Vogel in den meisten Tierarztpraxen als Individuum mit Recht auf Leben und Gesundheit anerkannt. In vielen Haushalten haben Vögel den Status eines Familienmitgliedes, ähnlich wie Hunde und Katzen. Dieses Buch versucht, der Bedeutung des Vogels als Freund und Gefährte des Menschen gerecht zu werden.

Es gibt etwa 8 700 Vogelarten mit etwa 27 000 Unterarten. Diese Vielfalt an Vögeln aus unterschiedlichen Klimaregionen weist trotz vieler Gemeinsamkeiten erhebliche Unterschiede auf. Ein Buch über Krankheiten all dieser Vogelarten würde, soweit sie überhaupt erforscht sind, Tausende von Seiten füllen. Ich habe mich daher auf die Besprechung der körperlichen Besonderheiten und Krankheiten von Papageien, Sittichen, Finken- und Webervögeln, den am häufigsten gehaltenen Ziervögeln, beschränkt.

München, Frühjahr 1998          Doris Quinten

# Inhaltsverzeichnis

# Inhaltsverzeichnis

# Körperbau und Körperfunktionen

Viele Körperteile und Organe des Vogels unterscheiden sich in ihrem Aufbau und der Funktion von denen eines Säugetieres und denen des Menschen ganz erheblich. Aber erst die genaue Kenntnis dieser Besonderheiten erlaubt die Beurteilung des Gesundheitszustandes.

Daher sollen hier am Anfang die außergewöhnliche Anatomie (Körperbau) und Physiologie (Körperfunktionen) des Vogels ausführlich besprochen werden.

## Federkleid

Eines der charakteristischsten Merkmale, die den Vogel vom Säugetier unterscheiden, ist sein Gefieder. Seine Hauptaufgabe ist es, die beim Vogel relativ hohe Körpertemperatur gegenüber Temperaturschwankungen der Umwelt zu erhalten. Gleichzeitig hat es eine wichtige Funktion beim Flug und dient der Verständigung zwischen den Individuen (z.B. bei der Balz oder zum Imponieren bei der Revierverteidigung gegen Rivalen). Durch farbliche Anpassung an die Umwelt kann das Gefieder auch als Tarnung beim Überlebenskampf dienlich sein.

Die Federn sind bei den meisten Vogelarten mit einer dünnen Talgschicht und mit Federpuder bedeckt. Der Talg wird vom Vogel mit dem Schnabel aus der Bürzeldrüse entnommen und im Gefieder verteilt. Das Federpuder entsteht aus zerfallenen Flaumfedern und abgeschilferter Hornschicht der äußeren Haut. Bei Vogelarten, denen die Bürzeldrüse fehlt oder nur gering entwickelt ist (z.B. Tauben, manche Papageienarten), wird vermehrt Federpuder gebildet. An den mit Talg und Puder geschützten Federn perlt das Wasser ab, so daß ein gesunder Vogel niemals durch und durch naß wird. Das ist lebensnotwendig für ihn, denn mit nassem Gefieder könnte er bei Gefahr nicht sofort wegfliegen. Man unterscheidet drei Arten von Federn:

1. **Deck- oder Konturfedern**
2. **Flaumfedern, Dunen oder Daunen**
3. **Fadenfedern**

Die **Deckfedern** bilden den typischen Körperumriß und werden daher auch Konturfedern genannt. Dachziegelartig übereinandergeschoben bedecken sie den kleinen Vogelkörper und schützen ihn so vor Nässe, Kälte und schädlicher UV-Strahlung. Als Schwungfedern an den Flügeln haben sie eine besondere, dem Flug dienliche Aufteilung. Am Schwanz sind sie als Steuerfedern beim Flug, beim Start und bei der Landung richtungslenkend. Der Aufbau einer Deckfeder, so verschieden ihre Größe an den einzelnen Körperteilen auch sein mag, ist immer gleich. Sie besteht aus Kiel und Fahne. Am Kiel unterscheidet man den sich nach oben verjüngenden Schaft und die im Federbalg (in der Haut) steckende Spule. Der Zusammenhalt der Fahne wird durch die vom Schaft ausgehenden Äste mit Bogen- und Hakenstrahlen hervorgerufen. Die Häkchen der Hakenstrahlen greifen fest in die Bogenstrahlen, so daß die Fahne wie eine steife, geschlossene Decke wirkt. Wird dieser Zusammenhalt durch äußere Einflüsse auseinan-

**Flaumfeder (1), Deckfeder (2) und Fadenfeder (3) sind ganz unterschiedlich aufgebaut.**

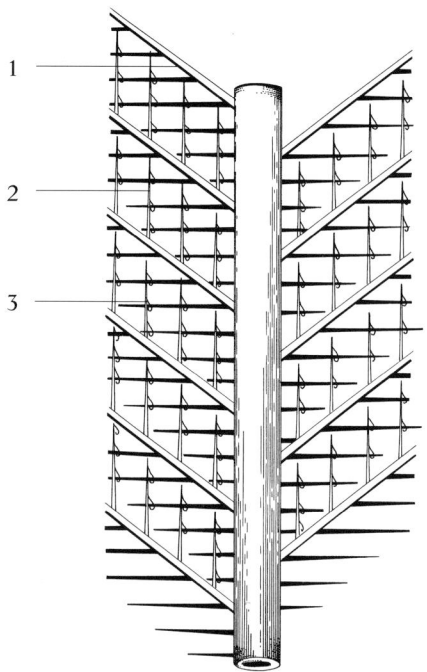

**Die Fahne wird durch die von den Ästen (1) ausgehenden Bogen- (2) und Hakenstrahlen (3) stabilisiert.**

**Der Vogel repariert auseinandergerissene Bogen- und Hakenstrahlen, indem er die Federn durch den Schnabel zieht.**

dergerissen, kann ihn der Vogel wieder herstellen, indem er die Feder durch den Schnabel zieht.

Werden jedoch Teile der Fahne zerstört (z.B. durch ständige Reibung an den Gitterstäben zu kleiner Käfige, durch falsches Einfangen oder Festhalten), ist eine Reparatur nicht mehr möglich. Daher ist der sorgsame Umgang mit dem Federkleid des Vogels für sein Wohlbefinden überaus wichtig.

Die **Flaumfedern** liegen unter den Deckfedern der Körperoberfläche direkt auf und verhindern, daß die Körperwärme verlorengeht. Sie sind klein und weich, da ihrer Fahne die stabilisierenden, häkchenförmigen Fortsätze fehlen. Nestlinge sind nur mit Dunenfedern bedeckt. Durch Zerfall alter, abgenutzter Dunen entsteht, zusammen mit der abgeschlieferten äußeren Hornschicht der Haut, das Federpuder.

Die **Fadenfedern** haben nur eine gering ausgebildete oder gar keine Fahne. Man findet sie bei vielen Vogelarten vereinzelt am Schnabelgrund, an den Augenlidern und an den Nasenöffnungen.

Die Vielfalt der **Federfarben** beruht auf Einlagerung von Pigmenten (Melanin, Karotinoide) im Federmark und auf Lichtreflexionen, die durch Strukturvariationen im Gefieder selbst bedingt sind. Männliche Vögel sind im allgemeinen farbenprächtiger als weibliche. Das Jugendgefieder ist bei den meisten Vogelarten beider Geschlechter gleich und unauffällig. Erst bei der Geschlechtsreife ändern die Männchen ihre Farben.

Die Federn unterliegen starker Abnutzung und müssen daher von Zeit zu Zeit erneuert werden. Das Abwerfen alter und das Nachwachsen neuer Federn nennt man **Mauser**. Die Mauser wird durch Hormone der Schilddrüse und der Geschlechtsorgane beeinflußt. Manche Vogelarten (z.B. Enten) wechseln zu bestimmten Jahreszeiten das gesamte Gefieder abrupt und vollständig. Andere wiederum (z.B. Papageienvögel) mausern während des ganzen Jahres hindurch. Sie wechseln dabei nicht alle Federn gleichzeitig, sondern nacheinander Kopf-, Körper- und schließlich die Schwanzfedern.

Singvögel stellen während der Mauser den Gesang ein und verhalten sich allgemein etwas ruhiger. Mausernde Vögel kratzen, picken und putzen sich besonders intensiv, um die nachwachsenden Federn von der sie anfangs noch umhüllenden dünnen Hornschicht zu befreien. Oft wird die verstärkte Körperpflege mit Parasitenbefall verwechselt. Der aufmerksame Beobachter erkennt jedoch an den wie kleine Stacheln aufgerichteten, noch in iher Hornschicht steckenden Federn, daß sich das Tier in der Mauser befindet.

Der Schaft noch im Wachstum befindlicher Federn ist „lebendig", d.h. er ist gut mit Blutgefäßen versorgt. Brechen solche Federn ab, entstehen starke Blutungen, die unter Umständen lebensbedrohlich sein können. Ausgewachsene Federn sind „trocken". Wenn sie brechen, bluten sie nicht mehr.

Für gesunde Vögel stellt die Mauser kein Problem dar. Es handelt sich ja nicht um eine Krankheit, sondern um einen ganz natürlichen Vorgang. Mangelerscheinungen treten jedoch während der Mauser, in der der Vogel zur Neubildung der Federn hochwertige Nährstoffe benötigt, deutlicher in Erscheinung. Aus diesem Grunde sind einseitig ernährte Stubenvögel während der Mauser müde, lustlos und für Krankheitserreger besonders anfällig. Nicht selten bestehen bei diesen Tieren Mauserstörungen.

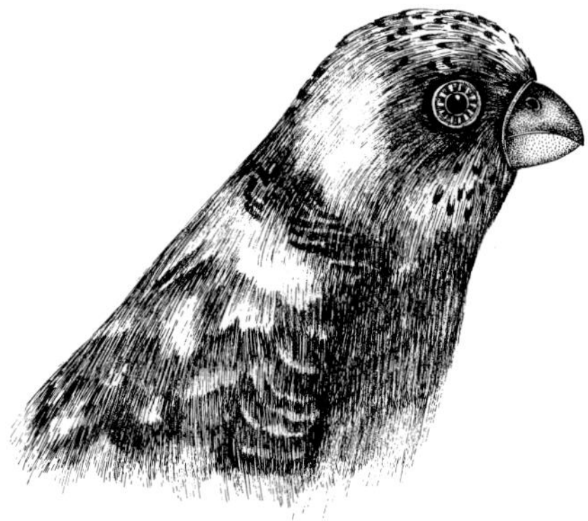

**An den wie Stacheln wirkenden, nachwachsenden Federn erkennt man, daß sich der Vogel in der Mauser befindet.**

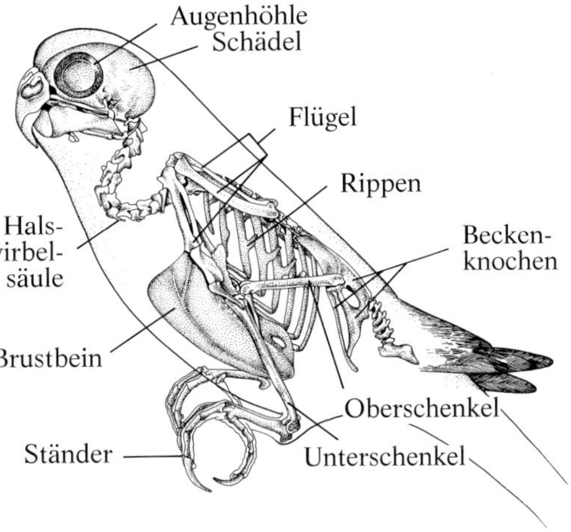


**Skelett eines Wellensittichs.**

## Skelett

Das Skelett des Vogels ist besonders deutlich dem Fliegen angepaßt. Die **Knochen** sind durch ihre Struktur sehr leicht und haben große Ansatzflächen für die Flugmuskulatur. Innen sind sie, bis auf wenige Ausnahmen, nicht wie beim Säugetier mit Mark gefüllt, sondern hohl. In den Hohlräumen befindet sich dort, wo das Skelett stark beansprucht wird (z.B. an den Ansatzflächen der Flugmuskeln), ein Netzwerk von feinen Stützbalken. Diese sind statisch so ausgerichtet, daß sie den von außen eintreffenden Kräften entgegenwirken. Dadurch wird die relativ dünne Knochenschale ohne große Gewichtsbelastung stabilisiert.

In weite Teile einzelner Knochen, wie z.B. Oberarm- und Oberschenkelknochen, einiger Schädel- und Wirbelknochen, einiger Rippen, des Brustbeins sowie des Beckens reichen **Luftsäcke,** die mit dem Atmungsapparat in Verbindung stehen. Die so mit Luft gefüllten Knochen tragen ebenfalls zur Gewichtsminderung bei. Man kann sich einen Vogelknochen also als hohlen Zylinder vorstellen, der aus einer dünnen harten Schale besteht, die im Innern durch feine Knochenlamellen und Luft stabilisiert ist.

Für den Tierarzt hat diese Struktur Konsequenzen. Die dünne Knochenschale ist sehr kalkhaltig und damit hart, aber auch spröde. Sie splittert sehr viel leichter als die markgefüllten Knochen der Säuger. Bei der chirurgischen Versorgung eines Knochenbruches muß der behandelnde Arzt darauf Rücksicht nehmen und daran besonders angepaßte Techniken und Materialien verwenden. Der Kalkreichtum der Knochen ist für den eierlegenden Vogel von Vorteil. Er dient als Reserve bei erhöhtem Kalziumbedarf, vor allem während der Legeperiode.

Weitere auffallende Besonderheiten des Vogelskelettes sind der **zahnlose Schnabel**, dessen Oberkiefer beweglich ist, die Umbildung der Schultergliedmaßen zu **Flügeln**, die Umwandlung des Beckens und der Hintergliedmaßen zum starken Träger der gesamten Körperlast auf dem Boden, die Verschmelzung von Lenden- und Kreuzwirbeln sowie die stromlinienförmig langezogenen und damit dem Flug angepaßten Knochen des Beckens und der Schwanzwirbel.

## Muskulatur

Die Muskulatur des Vogels enthält weniger Fett und ist dichter und fester als beim Säugetier. Fast 60% der Gesamtmuskelmasse verteilt sich auf die für das Fliegen wichtigen Brust- und Armmuskeln, wobei der größte Anteil auf die **Brustmuskeln** entfällt. Dort wird in der Regel auch die intramuskuläre Injektion eines Medikamentes durchgeführt. Weniger entwickelt sind die Muskeln von Hals, Kopf und Oberschenkel. Am spärlichsten ausgebildet sind die Muskeln um die Brust- und Lendenwirbelsäule sowie die Bauchmuskulatur, die lediglich aus hauchdünnen Platten besteht.

## Körperhöhle

Vögel besitzen zwar ein Zwerchfell, das jedoch nicht als durchgehende Scheidewand wie beim Säugetier ausgebildet ist. Die Brust- und Bauchorgane liegen daher in einer gemeinsamen Körperhöhle.

## Atmungsorgane

Als Respirationstrakt bezeichnen die Mediziner die Gesamtheit der Atmungsorgane. Den obersten Teil bildet die **Nase**. Das Innere der Nase ist mit einer Schleimhaut überzogen. Während beim Säugetier Riechzellen in die gesamte Nasenschleimhaut eingebettet sind, findet man sie beim Vogel nur im hinteren Teil der Nase. Der Geruchssinn scheint daher bei diesen Tieren weniger stark ausgebildet zu sein. Untersuchungen haben jedoch gezeigt, daß bei einigen Vogelarten der Geruchssinn für die Orientierung während des Fluges von Bedeutung ist. So finden z.B. Brieftauben, deren Geruchssinn ausgeschaltet wurde, nicht mehr in ihren Schlag zurück.

Vögel besitzen nur eine **Nasennebenhöhle** (Sinus infraorbitalis), die sich rechts und links bis unter die Augenhöhlen ausdehnt. Von außen erkennt man sie nur bei einer Entzündung (Sinusitis) oder Verstopfung an der Schwellung neben und über den Nasenlöchern bis hin zu den Augen. Von der Nasenhöhle strömt die Luft über den **Kehlkopf** (Larynx) in die **Luftröhre** (Trachea). Der Vogelkehlkopf besitzt keine Stimmbänder und dient nur dem Verschluß der Luftröhre beim Schluckakt. Die aus Knorpelringen bestehende Luftröhre teilt sich in zwei Luftröhrengänge (Stammbronchien), die sich wiederum, wie die Äste eines Baumes, in der Lunge verzweigen. Der Austausch von Sauerstoff aus der Luft und Kohlendioxid aus dem Stoffwechsel findet in der Lunge statt. Am untersten Teil der Luftröhre, dort wo sie sich in die beiden Stammbronchien verzweigt, sitzt das **Stimmorgan** (Syrinx), das je nach Form für den unterschiedlichen Gesang bzw. die Imitationsbegabung der einzelnen Vogelarten verantwortlich ist.

Ein besonderes Charakteristikum des Atmungsapparates der Vögel sind die **Luftsäcke**. Es handelt sich dabei um sackähnliche, dünne, lufthaltige Erweiterungen der Bronchien, die sich in fast alle Hohlräume des Körpers erstrecken. Einige Luftsäcke bilden Divertikel (Anhängsel), die in verschiedene Knochen des Schultergürtels, des Beckens, der Wirbelsäule und in die Oberschenkel hineinreichen.

Die Luftsäcke dienen hauptsächlich zur Vergrößerung des Atemvolumens. Die Funktion ist ähnlich der eines Blasebalges. Bei der Einatmung

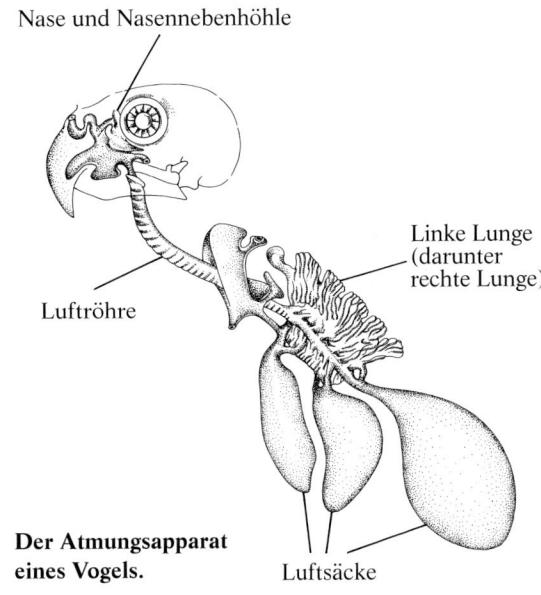

Nase und Nasennebenhöhle

Linke Lunge
(darunter
rechte Lunge)

Luftröhre

**Der Atmungsapparat
eines Vogels.**

Luftsäcke

hören kann. Auch hier sind es wieder die Luftsäcke, die dies ermöglichen. Als Resonanzkörper verstärken sie die Stimme. Nicht zuletzt verringern sie durch ihre bis in die Knochen reichenden Divertikel das Körpergewicht und ermöglichen so überhaupt erst das Fliegen.

Die Luftsäcke haben jedoch nicht nur Vorteile. Durch die Vergrößerung des Atemvolumens ist der Vogel besonders empfindlich gegenüber Gift- und Schadstoffen oder auch Infektionserregern in der Luft.

## Verdauungsorgane

Die Organe und Organteile des Verdauungstraktes sind in ihrer Form und Ausbildung den Lebens- und Freßgewohnheiten der einzelnen Vogelarten angepaßt. Zum Verdauungstrakt (Digestionsapparat) werden folgende Abschnitte gezählt:
– Schnabel
– Speiseröhre
– Kropf
– Vormagen oder Drüsenmagen
– Muskelmagen
– Darm (Dünndarm und Dickdarm)
– Kloake
– Leber
– Bauchspeicheldrüse
Auch dieses Organsystem unterscheidet sich in vielen Teilen wesentlich vom Verdauungstrakt der Säugetiere. Bereits der oberste Teil des Digestionsapparates ist besonders charakteristisch: der zahnlose **Schnabel.** Er dient der Nahrungsaufnahme, der Auswahl von Nahrungsteilen sowie, je nach Art, dem Erjagen lebender Beute oder dem Schälen von Körnern. Dabei spielt auch die Zunge eine wichtige Rolle. Die Form des Schnabels hängt von der Art der Ernährung ab.

Am Schnabelgrund, auf der Zunge und im Rachen befinden sich **Tastkörperchen,** wodurch die gefiederten Tiere wichtige Informationen über die Form und die Oberflächenbeschaffenheit des Futters erhalten. **Geschmacksknospen,** wenn auch in geringerer Zahl als beim Säuger, liegen am Zungengrund. Vor allem bei Papageienvögeln konnte man nachweisen, daß die Bevorzugung bestimmter Nahrungsmittel neben der Farbe und Form

strömt die sauerstoffreiche Luft durch die Bronchien weitgehend direkt in die hinteren großen Luftsäcke, während gleichzeitig die sauerstoffarme Luft aus den Lungen in die vorderen Luftsäcke strömt. Bei der Ausatmung entleeren sich die hinteren Luftsäcke in die Lunge und die verbrauchte Luft strömt aus den vorderen Luftsäcken durch die Trachea in die Außenluft.

Diese enorme Vergrößerung des Respirationstraktes erlaubt den Vögeln eine bessere Ausnutzung der Atemluft, außerdem werden die Körperorgane durch die Luftsäcke gepolstert. Während des Fluges haben sie etwa die Funktion eines Airbags beim Autofahren. Bei der relativ hohen Fluggeschwindigkeit würden die Eingeweide ohne die „Knautschwirkung" der Luftsäcke beim Beschleunigen und Abbremsen durch die auftretenden Trägheitskräfte gequetscht werden und Schaden nehmen.

Darüber hinaus spielen die Luftsäcke eine große Rolle bei der Wärmeregulation und Kontrolle des Wasserhaushaltes, denn Vögel besitzen keine Schweißdrüsen. Die überschüssige Körperwärme wird durch Verdunstung von Wasser über die Atemwege abgegeben. Die Vergrößerung des Atemvolumens durch die Luftsäcke ist auch hier von Vorteil. Es ist erstaunlich, über welche weite räumliche Distanz man die Stimme eines kleinen Singvogels

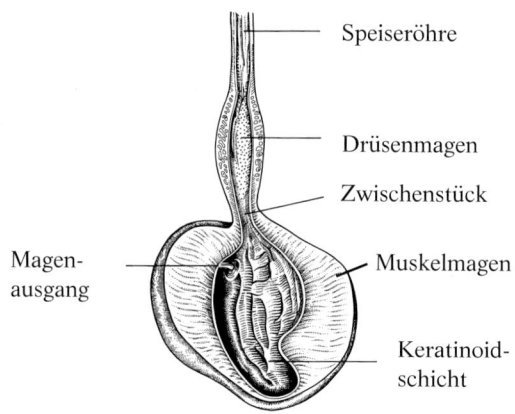

Speiseröhre

Drüsenmagen

Zwischenstück

Magen-
ausgang

Muskelmagen

Keratinoid-
schicht

**Speiseröhre, Muskel- und Drüsenmagen (geöffnet) eines Vogels.**

auch von deren Geschmack abhängt. Der **Kropf** (Ingluvies) ist eine sackartige Erweiterung der Speiseröhre. Er liegt bei den meisten Vogelarten auf der rechten Halsseite und dient als Futterbehälter sowie zur Aufbereitung des Futters für die Verdauung. Die Nahrung wird dort gesammelt, aufgeweicht und die Verdauung von Kohlenhydraten durch das Ferment Amylase aus dem Speichel eingeleitet.

Der **Vogelmagen** besteht aus zwei in ihrer Funktion unterschiedlichen Teilen:
– **Vormagen** oder Drüsenmagen
  (Pars glandularis)
und
– **Muskelmagen** (Pars muscularis)

Der meist spindelförmige Vormagen oder Drüsenmagen liegt, wie aus seinem Namen schon ersichtlich, vor dem Muskelmagen. In die Wand des Vormagens sind Drüsen eingelagert, die neben Magensäure auch Verdauungsenzyme produzieren. Zwischen Drüsen- und Muskelmagen liegt ein dehnbares Zwischenstück, die **Zona intermedia gastris.** Hier staut sich das mit Fermenten und Säure vermischte Futter, bevor es durch die Peristaltik (Magen- und Darmbewegungen) in den Muskelmagen weitergeschoben wird. Die Zona intermedia gastris ist zum Schutz vor Selbstverdauung mit einer Schicht zähem Schleim bedeckt, der aus Drüsen in der Wand des Zwischenstücks ausgeschieden wird. Diese Schleimschicht ist von großer Bedeutung, da hier der säure- und enzymhaltige Fut-

terbrei längere Zeit liegenbleibt, wodurch eine ungeschützte Magenwand geschädigt würde. Bei Magenerkrankungen, die mit einer Zunahme der Säurereproduktion einhergehen, entstehen in der Zona intermedia gastris die meisten Läsionen.

Im **Muskelmagen** wird das Futter durch Bewegungen der starken Wandmuskulatur zerrieben. Kleine Steinchen, die von den Vögeln ab und zu gefressen werden, unterstützen den Mahlvorgang. Körnerfresser haben einen besonders gut ausgebildeten Muskelmagen. Drüsen der Muskelmagenwand produzieren ein Sekret, das an der Magenwand zu einer harten Keratinoidschicht erstarrt und die Reibewirkung verstärkt. Bei ausschließlich insekten-, früchte- oder nektarfressenden Vögeln ist der Muskelmagen nur gering entwickelt.

Auch beim **Vogeldarm** wird, wie beim Säuger, zwischen **Dünn-** und **Dickdarm** unterschieden. In den einzelnen Abschnitten des Dünndarms wird die Nahrung mit dem fermenthaltigen Sekret der **Bauchspeicheldrüse** und der Gallenflüssigkeit aus der **Leber** vermischt und weiter aufgeschlossen. Darmbakterien im Dickdarm sorgen für die Aufspaltung von Zellulose. Ohne diese Darmbakterien könnte pflanzliche Nahrung nicht verwertet werden. Die aufgespaltenen Nahrungsbestandteile werden durch die Darmwand resorbiert und zur Energieversorgung sowie zum Aufbau körpereigener Substanzen verwendet.

Die unverdaulichen Reste des Futters gelangen in die **Kloake,** das gemeinsame Endstück des Verdauungs-, Harn- und Geschlechtsapparates und werden von dort, zusammen mit dem Urin, ausgeschieden. Als Besonderheit innerhalb der Vogelwelt soll nicht unerwähnt bleiben, daß einigen Vogelarten, darunter auch den Papageienvögeln, Blinddarm und Gallenblase fehlen.

# Harnorgane

Die Harnorgane von Vögeln und Reptilien weisen im Aufbau und in ihrer Funktion viele Gemeinsamkeiten auf. Als Endprodukt des Eiweißstoffwechsels wird bei beiden Tierarten unlösliche, kreidebreiartige Harnsäure ausgeschieden. Säugetiere wandeln dagegen die Harnsäure durch einen weiteren Stoffwechselschritt in wasserlöslichen

**Harnstoff** um. Der Vogelkot wirkt durch seinen Gehalt an Harnsäure ätzend, was oft in der Diskussion um Gebäudeschäden durch Taubenkotverschmutzung als Argument angeführt wird. Allerdings entstehen solche Schäden nur bei extremer Kotansammlung über Jahrzehnte und stehen in keinem Verhältnis zu den Zerstörungen, die Industrie- und Autoabgase an historischen Gebäuden bewirken.

Die **Nieren** des Vogels liegen rechts und links der Wirbelsäule in Vertiefungen der Lenden- und Beckenknochen. Sie sind zudem von den Bauchluftsäcken umschlossen und dadurch gut vor mechanischen Verletzungen geschützt. Wenn bei einer Erkrankung oder einem Tumor die Nieren anschwellen, können aus dem Wirbelkanal austretende Nerven gequetscht werden. Dadurch entstehen meist einseitige Lähmungen der Beine.

Im Unterschied zum Säugetier besitzen Vögel, wie Reptilien, kein Nierenbecken, keine Harnblase und keine Harnröhre. Der Urin wird über die **Harnleiter** direkt in die Kloake geleitet. Urin, Kot sowie die Produkte der Geschlechtsorgane (Eier, Spermien) werden über die Kloake ausgeschieden. In der Kloake wird dem Harn eine große Menge Wasser entzogen, bevor er, in der Regel gemeinsam mit dem Kot, an die Außenwelt abgegeben wird. Das Wasser wird dem Körper durch Rückresorption wieder zugeführt. Vögel benötigen daher wesentlich weniger Trinkwasser als Säuger. Der Urin des Vogels ist durch den Entzug von Wasser breiig bis fest.

## Geschlechtsorgane und Geschlechtsbestimmung

Die **männlichen** Geschlechtsorgane bestehen aus zwei **Hoden** mit **Nebenhoden** und **Samenleitern.** Die Hoden sind die Produktionsstätten der Samenzellen (Spermien). Anders als beim Säugetier liegen sie *innerhalb* der Leibeshöhle. Beeinflußt durch die Geschlechtshormone, vergrößern sich die Hoden während der Paarungszeit bis auf das 5-fache ihrer Ausgangsgröße. Über die Nebenhoden und Samenleiter gelangen die Spermien bei der Begattung in die Kloake. Akzessorische Geschlechtsdrüsen wie z.B eine Prostata sowie äußerlich sichtbare Geschlechtsteile fehlen den Vögeln.

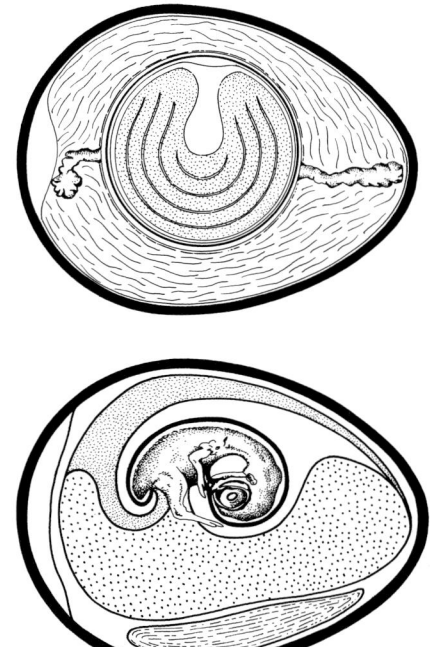

**Unbefruchtetes (oben) und befruchtetes (unten) Vogelei.**

Im unteren Teil der Kloake befindet sich das Kopulationsorgan. Bei den meisten Vogelarten ist es jedoch so klein, daß es mit dem bloßen Auge nicht zu erkennen ist.

**Weibliche** Vögel haben nur *einen* **Eierstock** und *einen* **Eileiter.** Obwohl in der embryonalen Entwicklungsphase zwei Eierstöcke und Eileiter angelegt sind, reift nur der linke Eierstock heran, während die rechte Seite des Geschlechtsapparates verkümmert. Auch die Größe des Eierstocks variiert, wie die Hoden des männlichen Tieres, saisonal. Während der Fortpflanzungszeit nimmt er fast die ganze Bauchhöhle ein. Die reifenden Follikel (Eianlagen) hängen am Eierstock wie Beeren an einer Traube. Ist die Reifung abgeschlossen, verlassen sie den Eierstock und werden vom Eileiter aufgenommen. Dort ist auch der Ort der Befruchtung durch die aufsteigenden Samenzellen.

Die Eizelle entwickelt sich während ihrer Wanderung durch die einzelnen Abschnitte des Eileiters zum fertigen, mit einer festen Kalkschale umgebenen **Ei.** Über die Kloake wird das Ei in die Außenwelt abgelegt. Viele Ziervögel legen Eier und brüten auch dann, wenn sie nicht begattet wurden. Der Eisprung und die Entwicklung zum fertigen Ei ist unabhängig von einer Befruchtung. Aus unbefruchteten Eiern schlüpfen natürlich keine Jungvögel.

Wenn man männliche und weibliche Vögel einer Art durch äußerliche Merkmale voneinander unterscheiden kann, spricht man von **Geschlechtsdimorphismus.** Die Unterschiede können sich im Federkleid, im Wuchs und in der Körperhaltung sowie der Schnabel-, Kopf- oder Augengröße zeigen und sind bei einigen Vogelarten so stark ausgeprägt, daß kein Zweifel über das Geschlecht besteht. Ein gutes Beispiel dafür ist der Glanzsittich (*Neophema splendida*). Das Männchen hat einen roten Fleck auf der Brust, der dem Weibchen fehlt.

Bei vielen Arten sind die geschlechtsunterscheidenden Merkmale allerdings so minimal, daß sie nur ein geübtes Auge erkennen kann. Einen männlichen Prinzessin-von-Wales-Sittich (*Polytelis alexandrae*) kann man z.B. nur an einer winzigen, spatelförmigen Verlängerung der 3. Schwungfeder erkennen. Dem Weibchen, das zudem leicht blasseres Gefieder hat, fehlt diese Verlängerung. Bei den häufig gehaltenen Agaporniden (Rosenköpfchen, Schwarzköpfchen, Pfirsichköpfchen) wird es noch schwieriger. Lediglich durch die Art und Weise, wie die Schwanzfedern beim Sitzen gespreizt sind, kann man Schlußfolgerungen über das Geschlecht des Vogels ziehen.

Geschlechtsdimorphistische Merkmale findet man in der Regel erst beim erwachsenen Vogel. Das Jugendgefieder ist bei Männchen und Weibchen meist unauffällig.

Im Gegensatz zum Geschlechtsdimorphismus bedeutet **Geschlechtsmonomorphismus,** daß es nicht möglich ist, männliche und weibliche Tiere einer Vogelart an äußeren Merkmalen zu erkennen. Unzählige Vogelarten, darunter viele Papageienartige, gehören zu dieser Gruppe. Auch das Verhalten solcher gleichaussehender Tiere läßt keine sicheren Rückschlüsse auf das Geschlecht zu. So können gleichgeschlechtliche Paare einer Vogelart, die einige Zeit zusammen in einem Käfig leben, deutliches Balzverhalten zeigen, wobei der eine Vogel die Rolle des Männchens und der andere die des Weibchens übernimmt.

In den letzten Jahren wurden zur Unterscheidung geschlechtsmonomorpher Vögel spezielle Techniken entwickelt. Eine dieser Techniken ist die **Geschlechtsbestimmung durch Chromosomenuntersuchung.** Chromosomen sind die bei der Zellteilung im Lichtmikroskop sichtbaren Träger der Erbanlagen. Die Anzahl sowie die Form und Größe der Chromosomen sind bei den einzelnen Tierarten verschieden. Der Mensch besitzt 46 Chromosomen. Bei Vögeln findet man zwischen 60 und 90 Chromosomen in jeder Körperzelle.

Zwei dieser Chromosomen sind für das Geschlecht verantwortlich und haben eine etwas andere Form als die übrigen Träger der Erbanlagen. Beim männlichen Vogel sind diese beiden Chromosomen gleich groß. Man nennt sie **Z-Chromosomen.** Beim Weibchen ist eines der beiden Geschlechtschromosomen etwas kleiner und wird **W-Chromosom** genannt. Man kann also an der Form der Geschlechtschromosomen, die man in jeder Körperzelle zusammen mit den übrigen Trägern der Erbanlagen findet, feststellen, ob es sich um ein weibliches oder männliches Tier handelt.

Zur Identifikation muß man die Chromosomen aus den Körperzellen des Vogels isolieren. Eine frühere Technik, wobei die zu bestimmenden Träger der Erbanlagen aus Zellen der Federpulpa von wachsenden Schwungfedern entnommen wurden, hat sich als nicht ausreichend sicher erwiesen.

Heute bestimmt man die Geschlechtschromosomen aus Blutzellen, die auf künstlichen Nährböden vermehrt werden. Diese Methode ist sicherer. Bis vor kurzem benötigte man noch ca. 1 ml Blut, um Geschlechtschromosomen anzuzüchten. Soviel Blut konnte kleinen Vögeln nicht entnommen werden, ohne die Tiere gesundheitlich zu gefährden. Am tierärztlichen Institut der Universität Göttingen wurde ein Verfahren entwickelt, wobei zur Bestimmung des Geschlechtes nur noch 1 Tropfen Vogelblut benötigt wird. Diese geringe Blutmenge kann man z.B. durch Abschneiden einer Kralle ohne große Gefahr für den Vogel gewinnen. Somit eignet sich diese Methode auch für kleinere Vögel. Inzwischen sind bereits viele tiermedizinische Labors darauf eingerichtet, routinemäßig Geschlechtsbestimmungen bei Vögeln über Vogelblut durchzuführen.

Eine weitere Möglichkeit ist die Geschlechtsdifferenzierung über die Bestimmung von **Hormo-**

nen, die aus dem Vogelkot isoliert werden können. Diese Methode steckt jedoch noch in den Kinderschuhen. Es sind noch einige Forschungsarbeiten nötig, bis sie als sichere Technik in die Routineuntersuchung aufgenommen werden kann.

Eine andere Möglichkeit ist die **endoskopische Geschlechtsbestimmung.** Ein Endoskop ist ein kleines, röhrenförmiges Instrument, womit man, wenn es in die Körperhöhle des Vogels eingeführt wird, die inneren Organe und damit auch die Hoden bzw. den Eierstock betrachten kann. In der Gegend der linken Flanke öffnet der Tierarzt die Körperhöhle zum Einführen der Sonde durch einen etwa 2 cm langen Schnitt. Dazu muß der Vogel selbstverständlich narkotisiert werden. Nur gesunde Vögel dürfen endoskopiert werden. Obwohl dieses Verfahren in der Vogelpraxis inzwischen zur Routine geworden ist, birgt es, wie alle chirurgischen Eingriffe, ein gewisses Risiko. Es wird hauptsächlich bei größeren Vögeln (z.B. Großpapageien, Amazonen, Beos) angewandt. Bei kleinen Ziervögeln ist die Endoskopie zur Geschlechtsbestimmung zu gefährlich.

Da die Geschlechtsbestimmung nicht zur Diagnose und Therapie einer Erkrankung dient, sollte ein Vogelliebhaber ganz genau abwägen, ob eine Endoskopie wirklich erforderlich ist. Nur zur Befriedigung der Neugierde, ob es sich bei einem einzeln gehaltenen Vogel um ein Männchen oder ein Weibchen handelt, ist ein chirurgischer Eingriff mit all seinen Risiken abzulehnen. Sinnvoll ist eine solche Geschlechtsdifferenzierung nur, wenn beabsichtigt wird, einen Partner zuzukaufen, um zu züchten. Statistische Untersuchungen in einer holländischen Vogelklinik, in der regelmäßig Endoskopien durchgeführt werden, ergaben eine Sterblichkeitsrate von 0,25% bei dieser Routineuntersuchung. Durch die Möglichkeit der Geschlechtsbestimmung über Chromosomenuntersuchung wird die Endoskopie zu diesem Zweck vermutlich bald überflüssig werden.

## Bürzeldrüse

Die Bürzeldrüse befindet sich am hinteren Ende des Vogelkörpers etwa in der Höhe, in der die Schwanz- bzw. Steuerfedern in der Haut befestigt sind. Es handelt sich um eine zweigeteilte Hautdrüse, die zu einem Organ verschmolzen ist. Die beiden Teile der Drüse haben einen gemeinsamen Ausführungsgang, die Papille. Auf der **Papille** sitzt ein Docht aus Dunenfedern. Sobald der Vogel den Docht mit dem Schnabel berührt, fließt ein flüssiges, wachsartiges Sekret aus der Papille. Mit diesem Sekret fettet der Vogel sein Gefieder mehrmals täglich während der Körperpflege ein.

Die Funktion der Bürzeldrüse mit ihrem Ausscheidungsprodukt ist bis heute nicht vollständig geklärt. Es steht jedoch fest, daß die Drüse bei Wasservögeln besonders groß ist. Die wasserabweisende Wirkung des Sekretes muß daher wohl eine der wichtigsten Funktionen sein. Außerdem machen die Hauptinhaltsstoffe (Fette, Wachse und Glyceride) die Federn flexibler und widerstandsfähiger, so daß sie weniger leicht brechen und sich nicht so schnell abnutzen. Daneben wird der Bürzeldrüsenabsonderung eine bakterienregulierende und pilztötende Wirkung zugesprochen.

Durch Zersetzung der Fette entsteht ein intensiver Geruch. Vermutlich dient er, ähnlich wie die Hautdrüsen bei den Säugetieren, als Erkennungsmerkmal zwischen den einzelnen Individuen. Ein weiterer Inhaltsstoff des Bürzeldrüsensekretes ist 7-Dehydrocholesterol. Diese Substanz verwandelt sich unter Einfluß von Sonnenlicht in Provitamin D, woraus im Vogelkörper Vitamin D gebildet wird. Vögel nehmen das Provitamin bei der Körperpflege mit dem Schnabel auf und sind, vorausgesetzt sie erhalten ausreichend UV-Licht, optimal mit Vitamin D versorgt.

Einige Vogelarten (z.B. Spechte, verschiedene Taubenrassen und manche Papageienvögel) besitzen keine Bürzeldrüse. Zum Schutz der Federn wird bei diesen Vögeln vermehrt Federpuder gebildet.

## Augen

Vogelaugen sind im Verhältnis zu denen der Säugetiere sehr viel größer. Der äußerlich sichtbare Teil der Augen ist jedoch relativ klein und täuscht über die tatsächliche Größe hinweg. Insgesamt nehmen sie aber im Schädel des Vogels mehr Raum ein als das gesamte Gehirn.

Die **Augenmuskeln** dagegen sind weniger stark ausgebildet als beim Säuger. Durch die daraus resultierende geringere Beweglichkeit wirken die Augen des Vogels für den Beobachter etwas starr. Die reduzierte Flexibilität der Augäpfel wird durch eine gesteigerte Bewegung des Kopfes ausgeglichen. Bei den meisten Vögeln stehen die Augen seitwärts. Dadurch wird das Gesichtsfeld enorm erweitert. Zusammen mit der großen Beweglichkeit des Kopfes kann der Vogel seine Umgebung im Umkreis von 360° „im Auge behalten" und bei Gefahr rechtzeitig fliehen. Auch ein von hinten anschleichender Feind hat bei einem gesunden Vogel in der Regel kaum eine Chance.

Im Innern sind die beiden Augäpfel nur durch eine hauchdünne Scheidewand (Septum) voneinander getrennt.

Bei Erkrankung oder Verletzung eines Auges besteht immer die Gefahr, daß das andere ebenfalls in Mitleidenschaft gezogen wird.

Anders als beim Säugetier ist das untere Augenlid des Vogels beweglich, das obere weitgehend fest. Vögel besitzen auch ein drittes **Augenlid** (Nickhaut). Es ist im inneren Augenwinkel befestigt und kann sich zum Schutz des Sehorgans von innen nach außen schräg über die gesamte Augenfläche ziehen. Die Nickhaut des Vogels hat keine knorpelige Grundlage, wie z.B. bei Hund und Katze, sondern besteht nur aus einer dünnen Haut.

Der **Gesichtssinn** unserer gefiederten Freunde ist sehr gut ausgeprägt. Obwohl durch wissenschaftliche Studien bisher bei den meisten Vogelarten nicht eindeutig nachgewiesen, wird dennoch vermutet, daß Vögel Farben sehen können. Welchen Sinn hätten sonst auch die unterschiedlichen Gefiederfarben (z.B. bei der Balz), wenn sie nicht von Artgenossen erkannt werden könnten!

Tagaktive Vögel können Bewegungen in der Dämmerung und im Dunkeln kaum erkennen. Das kann man sich beim Einfangen oder Herausfangen der Tiere aus einem Käfig zunutze machen.

## Ohren

Die Ohren der Vögel liegen als kleine, kreisrunde Öffnungen rechts und links hinter den Augen und sind normalerweise vollständig vom Kopfgefieder bedeckt. Knorpelige Ohrmuscheln sind nicht vorhanden. Im Innenohr befindet sich das sehr leistungsfähige **Gleichgewichtsorgan.** Bei Erkrankungen der Ohren wird es häufig in Mitleidenschaft gezogen. Der betroffene Vogel verliert die Fähigkeit, sich auf der Stange zu halten oder zu fliegen. Oft wird der Kopf nach der Seite des erkrankten Ohres verdreht.

Die **Hörempfindlichkeit,** vor allem der Singvögel, ist hoch. Als untere Hörgrenze werden in der Fachliteratur 40 Hz angegeben. Die obere Hörgrenze liegt bei 20 000 Hz. Lautäußerungen dienen der Kommunikation zwischen den Artgenossen, der Revierabgrenzung und als Warnsignal bei Annäherung von Feinden. Ein ausgeprägter Gehörsinn ist daher für die soziale Einordnung und für das Überleben von großer Bedeutung.

## Zusätzliche Sinne

Neben den in den einzelnen Kapiteln bereits besprochenen Gesichts-, Hör-, Geschmacks- und Geruchssinnen wird über das Vorhandensein weiterer Sinne beim Vogel diskutiert. So berichteten Brieftaubenzüchter vor einigen Jahren, daß unzählige Tauben nach vermehrtem Auftreten von Sonnenflecken nicht mehr in ihren Schlag zurückfanden. Einige der Tiere haben sich bis weit nach Skandinavien verflogen, wo sie von dortigen Brieftaubenzüchtern aufgefunden und an ihre Besitzer zurückgesandt wurden. Kurzzeitige Veränderungen des Erdmagnetfeldes durch die Sonneneruptionen sollen die Desorientierung der Tauben verursacht haben. Wissenschaftliche Beweise für diese Vermutung wurden bisher nicht erbracht.

Ein **magnetischer Sinn** zur Orientierung beim Flug wird jedoch auch bei Zugvögeln vermutet. Es ist faszinierend, wie zielsicher Millionen von Zugvögeln Tausende Kilometer zurücklegen, um dann genau am richtigen Ort zu landen. Die Fähigkeit zur Navigation nach der Sonne und dem Sternenlicht, die schon bei verschiedenen Vogelarten nachgewiesen wurde, kann eine solche Sicherheit bei der Flugroute nicht allein garantieren. Was ist, wenn der Blick auf den Sternenhimmel durch eine dicke Wolkendecke versperrt ist? In diesem Fall scheint ein magnetischer Sinn die Führung zu übernehmen.

Der Zoologe Prof.Dr. Merkel von der Universität Frankfurt beobachtete bei Rotkehlchen zur Herbstflugzeit den Drang, nur in eine ganz bestimmte Richtung, nach Südwesten, wegzufliegen. Das ist die Richtung, die sie einhalten müssen, um zu ihrem Winterplatz Spanien zu gelangen. Ohne Ausnahme versuchten alle Rotkehlchen nach Südwesten aufzubrechen, auch die, die in abgeschlossenen Räumen ohne Blick nach außen gehalten wurden. Nachdem jedoch ein Teil der Versuchstiere in eine für Magnetfelder undurchlässige Stahlkammer verbracht wurde, erlosch der Drang, in Richtung Spanien zu fliegen. Die Vögel flatterten völlig desorientiert in der Stahlkammer herum. Sobald man die Kammer öffnete, entfernten sich die Rotkehlchen in südwestlicher Richtung. Weitere, differenziertere wissenschaftliche Versuche an zoologischen Instituten der ganzen Welt erhärteten in den folgenden Jahren die Theorie vom magnetischen Sinn der Vögel.

**Durch Aufplustern bzw. Abspreizen der Flügel erfolgt beim Vogel die Wärmeregulation.**

## Physiologische Daten

### Körpertemperatur

Die durchschnittliche Körpertemperatur der in diesem Buch besprochenen Vögel liegt zwischen 41°C und 43°C. Temperaturerhöhungen um 0,5°C bis 1°C werden bei Erlangen der Geschlechtsreife, bei der Eiablage und während der Mauser beobachtet.

Bei kranken, erschöpften, hungernden oder verletzten Vögeln sinkt die Körpertemperatur. Diese durch den herabgesetzten Stoffwechsel entstehende Untertemperatur (Hypothermie) führt ohne Gegenmaßnahmen (Wärmebestrahlung) rasch zum Tod des betroffenen Tieres.

Bei hohen Umgebungstemperaturen erfolgt die Abgabe überschüssiger Körperwärme über die Atemwege. Auch das Abspreizen der Flügel hilft bei der Regulation der Körpertemperatur. Die Wärme kann über die federarme Unterseite der Flügel entweichen. Bei Kälte plustern sich die Vögel auf und schaffen sich damit eine wärmende, isolierende Luftschicht zwischen Körperoberfläche und Federn.

### Lebenserwartung

Das Höchstalter eines Organismus ist genetisch festgelegt. Die Chance, dieses Höchstalter zu erreichen, hängt von verschiedenen Umweltfaktoren ab.

Vögel können in Gefangenschaft wesentlich älter werden als in Freiheit – vorausgesetzt, sie werden ihrer Art entsprechend gehalten und ernährt.

Die Ursache für die erhöhte Lebenserwartung in Gefangenschaft ist sicherlich auf den Mangel an

| Vogelart | Gelege (Eizahl) | Brutdauer (Tage) |
|---|---|---|
| Amazone | 2 – 4 | 24 – 30 |
| Ammern | 2 – 6 | 11 – 14 |
| Agapornide | 3 – 5 | 21 – 25 |
| Ara | 2 – 3 | 25 – 28 |
| Edelpapagei | 2 – 5 | 28 – 30 |
| Graupapagei | 3 | 28 – 30 |
| Kakadu | 3 – 6 | 21 – 25 |
| Kanarienvogel | 4 – 6 | 13 – 14 |
| Keilschwanzsittich | 2 – 8 | 21 – 29 |
| Lerche | 2 – 3 | 12 |
| Nymphensittich | 4 – 6 | 19 – 21 |
| Plattschweifsittich | 4 – 9 | 18 – 22 |
| Prachtfink | 2 – 6 | 12 – 19 |
| Prachtsittich | 3 – 6 | 19 – 21 |
| Sonnenvogel | 3 | 13 |
| Sperlingspapagei | 4 | 20 – 23 |
| Wellensittich | 4 – 8 | 18 |
| Zebrafink | 4 – 6 | 13 – 14 |

Überlebenskampf gehört, verhelfen unseren Stubenvögeln, das genetische Höchstalter ihrer Art zu erreichen. So können Großpapageien über 70 Jahre, Nymphensittiche über 20 Jahre, Wellensittiche und Finkenvögel bis zu 15 Jahre und Webervögel bis 12 Jahre alt werden.

Leider stehen diesen günstigen Überlebenschancen in Gefangenschaft die Gefahren falscher Haltung und Ernährung gegenüber. Durch Fehl- und Mangelernährung, mangelnde Hygiene und nicht artgerechte Haltung erkranken und sterben ein Großteil der in der Obhut des Menschen lebenden Ziervögel vorzeitig.

## Anzahl der Eier

Die Anzahl der Eier in einem Gelege variiert bei den einzelnen Vogelarten (siehe Tabelle). Während z.B. Amazonen 2 bis 4 Eier legen, kann ein Plattschweifsittichgelege bis zu 9 Eier enthalten. Die Eiablage erfolgt in der Regel alle 2 Tage. Meist wird sofort nach dem ersten Ei, spätestens jedoch nach Legen des zweiten Eis gebrütet, so daß die Jungen in zweitägigem Abstand schlüpfen.

Feinden zurückzuführen. Im Wohnzimmer gibt es in der Regel niemanden (außer vielleicht die Hauskatze), der unseren gefiederten Freunden nach dem Leben trachtet. Eine gleichbleibende, qualitativ hochwertige Nährstoffzusammensetzung des Futters, keine extremen Temperaturschwankungen sowie das Fehlen von Streß, der ja in der Freiheit zum

## Brutdauer

Die Brutdauer ist die Zeit von der Ablage des ersten Eies bis zum Schlüpfen des letzten Nestlings. Auch sie ist speziesverschieden und kann zwischen 13 Tagen beim Kanarienvogel und bis zu 30 Tagen bei Edelpapageien dauern (siehe Tabelle).

# Krankheitsvorbeugung

## Kauf eines gesunden Vogels

Ziervögel können Sie beim Züchter oder in einem guten Zoofachgeschäft kaufen. Per Kleinanzeigen unter der Rubrik „Tiermarkt" werden in den regionalen Zeitungen oftmals Vögel angeboten, deren Besitzer sich aus irgendwelchen Gründen von ihren Tieren trennen wollen oder müssen. Der Kauf eines Vogels beim **Züchter** oder in einem Privathaushalt hat viele Vorteile:

- Sie können sich vor Ort über die hygienischen Verhältnisse und Haltungsbedingungen im „Geburtshaus" Ihres zukünftigen Hausgenossen informieren.
- Der Züchter kann Ihnen das genaue Schlupfdatum mitteilen.
- Der Vogel wird nur einmal transportiert – vom Züchter oder Privathaushalt zu Ihnen nach Hause. Er hat damit weniger erschreckende Erlebnisse hinter sich als sein Artgenosse im Zoohandel. Dieser muß den Transport ins Tiergeschäft, den Aufenthalt in der fremden Umgebung und danach den Transport zu Ihnen nach Hause verarbeiten.
- Viele Vogelarten, vor allem Sittiche und Papageien, leben paarweise, wobei sich die Paare in der Regel lebenslang treu bleiben. Beim Kauf in einem Tiergeschäft werden solche Paare meist auseinandergerissen, häufig schon bevor sie in den Ausstellungsraum verbracht werden. Beim Züchter ist es schon allein aus organisatorischen Gründen viel einfacher, beim Verkauf vermeidbare seelische Grausamkeiten zu unterlassen.
- Die Gefahr für einen Vogel, sich mit Krankheitserregern zu infizieren, ist dort, wo viele Vögel verschiedener Herkunft zusammentreffen – wie es in einem Tiergeschäft der Fall ist – nicht zu unterschätzen. Durch die psychische Belastung, die die fremde Umgebung mit sich bringt, sind die Tiere zudem krankheitsanfällig.

Selbstverständlich gibt es viele seriöse Tierhandlungen, in denen Sie mit gutem Gewissen einen Vogel erwerben können. Leider gibt es aber auch „schwarze Schafe", die für einen Laien nicht immer sofort zu erkennen sind.

> Wenn Sie einen Vogel in einem Zoofachgeschäft kaufen möchten, schauen Sie sich das Geschäft ganz genau an. Verantwortungsbewußte Zoohändler halten die Vögel in großen Käfigen, die es den Tieren erlauben, ausgiebig zu klettern und die Flügel auszubreiten. Die Einstreu sowie die Futter- und Wasserbehälter sind sauber, die Vögel munter.

Sind die hygienischen Verhältnisse nicht einwandfrei und sitzen einige Vögel aufgeplustert und teilnahmslos auf der Stange oder sogar auf dem Käfigboden, sollten Sie in dieser Tierhandlung keinen Vogel erwerben – schon aus Tierschutzgründen nicht. Auch nicht aus Mitleid! Wenn Sie einen Vogel dort kaufen, wird der nächste nachfolgen, wodurch Sie das Vogelelend nur noch vergrößern.

Adressen von seriösen Züchtern findet man in **Fachzeitschriften** für Vogelliebhaber. Dort kann

**Viele Vögel gehen lebenslange monogame Beziehungen ein. Man sollte sie nicht trennen!**

man auch selbst eine Annonce aufgeben, wenn man eine bestimmte Vogelart sucht. Die AZ (Vereinigung für Artenschutz, Vogelhaltung und Vogelzucht) versendet monatlich die AZ-Nachrichten, in denen neben interessanten Informationen zur Vogelhaltung und -züchtung auch Verkaufsangebote von Züchtern zu finden sind. Allerdings muß man, um die AZ-Nachrichten zu erhalten, Vereinsmitglied werden. Das Institut für Papageienforschung stellt unter bestimmten Voraussetzungen zur Resozialisierung verhaltensgestörter oder fehlgeprägter Papageien Partnervögel zur Verfügung.

Die Adressen der erwähnten Vereine, Zeitschriften und Institute sind am Ende dieses Buches aufgelistet.

## Gesundheitsrisiken bei der Haltung

### Einzel-, Paar- oder Gruppenhaltung

Ein Großteil der in Käfigen gehaltenen Vögel lebt in Freiheit paarweise, in Schwärmen oder Kolonien. Etwa 90% der Vögel gehen teilweise lebenslange monogame Partnerschaften ein. Wellensittiche brüten als Koloniebrüter in der Natur nur in Anwesenheit anderer Paare. Prachtfinken, Agaporniden (Unzertrennliche), Papageien und viele Sittenarten leben paarweise und zugleich in riesigen Schwärmen. Was man solchen geselligen Tieren durch lebenslange „Einzelhaft" antut, kann man nur erahnen – mit Tierliebe hat es sicherlich nichts zu tun!

Wenn man paar- oder gruppenweise gehaltene Vögel beim Balzen, bei der gegenseitigen Körperpflege und beim täglichen Umgang miteinander beobachtet, erkennt man sehr schnell, daß zum Wohlbefinden dieser Tiere der Kontakt mit Artgenossen unumgänglich ist. Natürlich werden Vögel, die Artgenossen als Sozialpartner haben, nicht so schnell zahm, imitieren seltener menschliche Wörter oder singen nicht so ausgiebig. Aber genau hier stellt sich die Frage nach dem Motiv der Vogelhaltung: Ist es Tierliebe oder sind es egoistische Gründe?

Die Erwartungen vieler Vogelbesitzer bezüglich des Verhaltens ihres gefiederten Hausgenossen und die Fehlinterpretationen des angestrebten Verhaltens lassen eher das letztere vermuten. So wird von manchen Wellensittich- oder auch Graupapageien-

besitzern die Einzelhaltung ihrer Vögel damit begründet, daß das Tier „sprechen" lernen soll. Es wird dabei völlig übersehen, daß dieses „Sprechenlernen" ein verzweifeltes Bemühen um Verständigung mit dem menschlichen Partner ist – einem ungeeigneten Ersatzpartner, der niemals richtig auf die Rufe und Werbungen des Tieres reagieren kann, da er die Kommunikation mit dem Vogel nicht beherrscht. Das stereotype und für den wirklichen Tierfreund unerträgliche Geplapper sinnloser Worte spiegelt lediglich die Sehnsucht des einsamen Vogels nach einem Artgenossen wider.

Ganz besonders makaber sind die fast zur Standardeinrichtung eines Wellensittichkäfigs gehörenden **Plastikvögel** oder **Spiegel**. Natürlich beschäftigen sich die Vögel mit dem vermeintlichen Spielzeug. Sie werden durch die Form des Plastikvogels und durch ihr eigenes Spiegelbild getäuscht. Aber weder die Vogelattrappe noch das Spiegelbild reagieren auf die Bemühungen des Käfigbewohners wie ein richtiger Artgenosse, wodurch sie zur immerwährenden Quelle von Frustrationen werden.

Kanarienhähne werden nicht selten in qualvoll engen „Gesangsschränken" (Länge 23 cm, Tiefe 16 cm, Höhe 18 cm) wochenlang isoliert, damit sie das Singen lernen. Aber auch hier wird das aus der Not entstehende Verhalten fehlinterpretiert: Es ist kein fröhlicher Gesang der Lebensfreude, sondern ein Lockruf, mit dem unermüdlich ein weiblicher Artgenosse gerufen wird!

> Aus Einsamkeit, Langeweile und unbefriedigtem Sexualtrieb können Verhaltens- und Gesundheitsstörungen entstehen, die dem Vogelbesitzer oft erst im fortgeschrittenen Stadium auffallen. Das bekannteste Phänomen ist das Federrupfen und die Selbstverstümmelung nicht artgerecht gehaltener Papageienvögel. Aber auch für Mauserstörungen sowie extreme Anfälligkeit für Infektions- und Tumorerkrankungen können seelische Frustrationen die Ursache sein.

Von der Sachverständigengruppe tierschutzgerechter Haltung von Vögeln wurde am 30. November 1994 ein Gesetzesentwurf über die Mindestanforderungen an die Haltung von Papageien und Sittichen herausgegeben. Danach soll die Haltung von Papageien und Sittichen als Einzelvögel

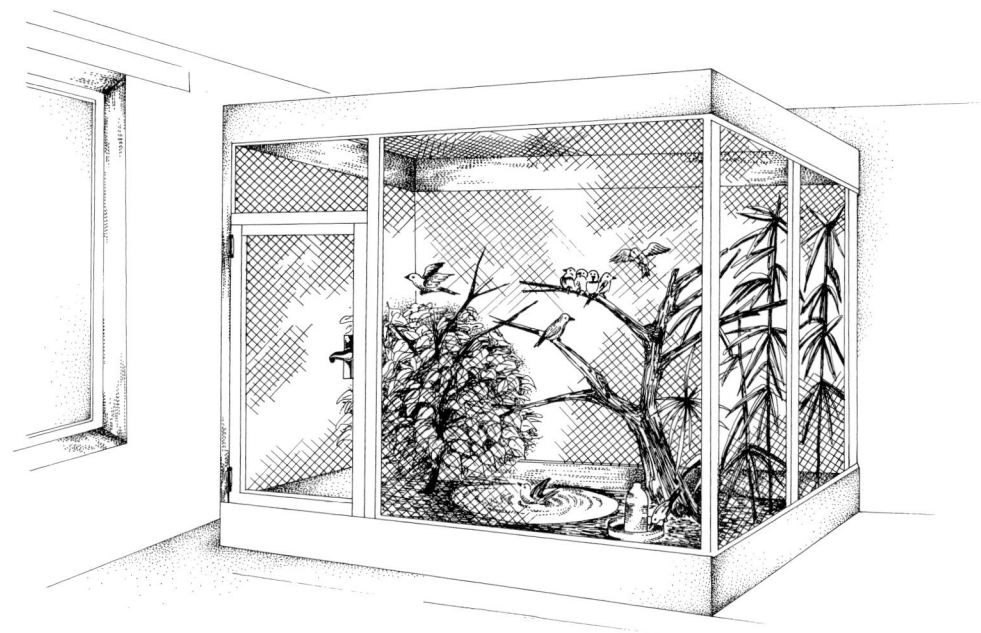

**In einer geräumigen Zimmervoliere können die Vögel ohne Gefahr fliegen.**

gesetzlich verboten werden. Ein Entwurf für andere Ziervögel ist in Bearbeitung. Es ist zu hoffen, daß ein entsprechendes Gesetz baldmöglichst verabschiedet wird.

## Käfiggröße und Freiflug

§2 Abs. 2 des Tierschutzgesetzes lautet:
*„Wer ein Tier hält, betreut oder zu betreuen hat, muß das Tier seiner Art und seinen Bedürfnissen entsprechend angemessen ernähren, pflegen und verhaltensgerecht unterbringen…"*
Wer einen Vogel ausschließlich im Käfig hält, handelt gegen das Tierschutzgesetz, denn das Fliegen ist für diese Tiere ein ihrer Art entsprechendes Grundbedürfnis. Nur wenn dieses Grundbedürfnis ausreichend erfüllt wird, können Vögel gesund bleiben. Ihr gesamter Körperbau und der Stoffwechsel sind auf das Fliegen ausgerichtet.
Käfige müssen so bemessen sein, daß den darin gehaltenen Vögeln mindestens 1 bis 2 Flugschwünge möglich sind. Ergänzend dazu sollte unter Aufsicht regelmäßig Freiflug gewährt werden.

Die im Handel für die einzelnen Arten angebotenen Standardkäfige sind in der Regel alle zu klein. Oftmals vollgestopft mit Stangen, Spiegelchen, Püppchen und sonstigem Spielzeug, erlauben sie dem Vogel nicht einmal, seine Flügel auszubreiten, ohne irgendwo anzustoßen. Solche Käfige eignen sich nur für Vögel, die tagsüber frei in der Wohnung herumfliegen dürfen und den Käfig nur zum Schlafen und Fressen aufsuchen.

Kaufen Sie grundsätzlich nur einen Käfig, der so groß ist, daß Ihre gefiederten Freunde von einer Stange zur anderen mit mindestens zwei Flügelschlägen fliegen können.

Zur Haltung größerer Vogelarten eignet sich nur eine Zimmervoliere. Große Papageien- und Sitticharten (z.B. Aras, Amazonen, Graupapageien) brauchen, um fliegen zu können, fast ein ganzes Zimmer zu ihrer eigenen Verfügung.
**Freiflug** sollte grundsätzlich nur unter Aufsicht erfolgen. Eine Wohnung birgt eine Vielzahl von Gefahren, besonders für junge und unerfahrene Vögel.

Folgende Gefahrenquellen sind für die häufigsten Verletzungen bei Ziervögeln verantwortlich:

- **Fensterscheiben.** Junge Vögel, aber auch ältere Tiere, die erstmals frei fliegen dürfen, erkennen die Fensterscheiben noch nicht als Raumbegrenzung. Wenn sie mit voller Wucht dagegenfliegen, können sie sich das Genick brechen oder sich schwere Schädel- und Gehirnverletzungen zuziehen. Die sicherste Methode das zu verhindern ist ein Vorhang am Fenster. Wenn Sie Fenster ohne Vorhänge bevorzugen, sollten Sie in der ersten Zeit die Jalousie zur Hälfte herunterlassen, wenn der Vogel den Käfig verläßt. Nach einiger Zeit wird diese Vorsichtsmaßnahme überflüssig, denn Vögel sind lernfähig. Haben sie einmal auf der Fensterbank gesessen und die Scheibe mit dem Schnabel untersucht, akzeptieren sie sie als Raumbegrenzung.
- **Gekippte Fenster.** Durch die Spalten gekippter Fenster können Vögel davonfliegen. Da sie daran gewöhnt sind, vom Menschen gefüttert zu werden, finden sie sich in Freiheit kaum zurecht und gehen über kurz oder lang elend zugrunde. Als Fremdlinge in unseren Breiten werden sie häufig von einheimischen Vögeln angegriffen und getötet. Die kalte Witterung im Winter wird vor allem Exoten aus warmen Erdteilen zum Verhängnis.
- **Heiße Herdplatten.** Gar nicht selten werden Vögel mit schwersten Verbrennungen an den Ständern dem Tierarzt vorgeführt, die sie sich auf heißen Herd- oder Ofenplatten zugezogen haben.
- **Kochende Flüssigkeiten.** Fliegt ein Vogel über einen Topf mit kochender Flüssigkeit (Wasser, Suppe), kann er sich an dem aufsteigenden Dampf verbrühen.
- **Stromkabel.** Vor allem krummschnäblige Vögel knabbern alles an, was ihnen unter den Schnabel gelangt. Beim Nagen an Stromkabeln können sie durch einen Stromschlag getötet werden. Ziehen Sie deshalb immer alle Stecker aus der Steckdose, wenn Sie den freifliegenden Vogel nicht ständig beaufsichtigen können.
- **Offene Flüssigkeitsbehälter.** Vögel können in gefüllte Gläser, Vasen, Schalen, Eimer, Wannen, Waschbecken und Toiletten rutschen und ertrinken. Decken Sie daher alle mit Flüssigkeit gefüllten Behälter ab.
- **Türen.** Viele Vögel sitzen gerne auf der oberen Türkante, weil sie von dort aus das ganze Zimmer gut überblicken können. Wird die Tür, auf der der Vogel sitzt, schnell zugeschlagen, so daß er nicht mehr rechtzeitig wegfliegen kann, werden seine Beine gequetscht, nicht selten sogar gebrochen. Daher Vorsicht: Vor dem Türenschließen immer erst nachschauen, ob nicht der Vogel darauf sitzt.
- **Schnüre.** An Schnüren, Ketten, Bind-, Woll- oder Garnfäden kann sich der Vogel beim Spielen erdrosseln oder, wenn er sich mit den Füßen darin verstrickt, die Beine brechen.
- **Der Mensch.** Vor allem anhängliche, auf den Menschen geprägte Vögel werden häufig versehentlich ge- oder zertreten. Wenn Ihr gefiederter Freund im Zimmer fliegt, müssen Sie darauf achten, wohin Sie treten. Wenn Sie sich auf einen Stuhl oder Sessel setzen, schauen Sie immer zuerst, ob nicht der Vogel bereits darauf sitzt.
- **Staubsauger.** Unerschrockenen Vögeln macht es mitunter Spaß, auf dem Staubsauger zu sitzen, wenn der Teppich gereinigt wird. Leider passiert es immer wieder, daß die flinken Tiere in die Nähe der Einsaugöffnung geraten und aufgesaugt werden.
- **Spalten.** Ein verzweifeltes Piepsen alarmiert den Vogelbesitzer, daß der kleine Vogel irgendwo steckt. Die sofort eingeleitete Suche ergibt meist, daß das Tier hinter den Schrank, die Bücher auf dem Regal oder in sonst eine Spalte gerutscht ist und nicht mehr alleine heraus kann. Ohne Hilfe würde der Vogel nach verzweifelten Befreiungsversuchen an Entkräftung sterben.
- **Giftstoffe.** Die Gefahr, sich durch Annagen von Gegenständen und Pflanzen zu vergiften, besteht in allen menschlichen Wohnbereichen. Zum Beispiel treten tödliche Vergiftungen oft durch Aufnahme von Blei aus Vorhangschnüren sowie verbleiten Glas- oder Spiegelscheiben auf. Weitere schädliche Stoffe werden im Kapitel „Vergiftungen" (siehe S. 105) ausführlicher besprochen.

Diese Aufzählung möglicher Gefahren für freifliegende Vögel in der Wohnung hat selbstverständlich keinen Anspruch auf Vollständigkeit. Es gibt unzählige Möglichkeiten für ein Tier, sich zu verletzen oder den Tod zu finden, zumal nicht jeder Wohnbereich gleich gestaltet ist. Die Beispiele sollen Ihnen jedoch eine Anregung geben und Sie dadurch sensibilisieren, damit Sie versteckte Gefahrenquellen in Ihrem Haushalt besser erkennen können.

## Käfig- oder Volierenstandort

Vögel sind zum einen sehr neugierige Tiere, zum anderen, zumindest in der Anfangszeit der Wohngemeinschaft mit dem Menschen, äußerst scheu.

> Stellen Sie daher den Käfig bzw. die Voliere an einen ruhigen Ort, von dem aus der Vogel alles beobachten kann, ohne selbst im Mittelpunkt zu stehen.

Ein etwas erhöhter Standplatz gibt dem Tier weitere Sicherheit. Auch in freier Natur sitzen Vögel meist auf Bäumen. Die meisten Stubenvögel schauen gerne von einem ruhigen, sicheren Fensterplatz aus dem unterhaltsamen Treiben auf der Straße zu. Wenn Sie den Käfig auf das Fensterbrett stellen, achten Sie jedoch darauf, daß der Vogel bei Sonnenschein immer einen Schattenplatz im Käfig findet. Achten Sie auch auf Zugluft durch undichte Fenster. Die meisten Vögel sind sehr empfindlich dagegen.

Durch Fensterglas kann UV-Licht nur spärlich in die Wohnung eindringen. Menschen, die sich überwiegend in geschlossenen Räumen aufhalten, sind daher blaß und häufig weniger widerstandsfähig gegen Krankheitserreger. Bei Vögeln, die ja von Natur aus dafür geschaffen sind, unter freiem Himmel zu leben, verhält es sich nicht anders. Vögel in Freivolieren sind erfahrungsgemäß kräftiger, sie haben ein schöneres Gefieder und sind seltener krank als Stubenvögel. Zudem ist das Leben in einer Freivoliere sehr viel interessanter als in einem Zimmer.

Gönnen Sie Ihren gefiederten Hausgenossen in der warmen Jahreszeit von Zeit zu Zeit ein **Licht- und Frischluftbad** unter freiem Himmel. Stellen Sie den Käfig an das offene Fenster, auf den Balkon oder in den Garten. Auch hier gilt: Vögel niemals der prallen Sonne und Zugluft aussetzen.

Lassen Sie den Käfig aber im Freien nicht völlig unbeaufsichtigt – Katzen, Elstern oder Krähen könnten die Vögel als willkommene Abwechslung auf ihrem Speisezettel ansehen! Selbst wenn die Tiere im Käfig für die Räuber nicht erreichbar sind, werden sie sich ängstigen und sich eventuell durch panikartiges Herumflattern verletzen.

Vögel haben, wenn sie länger an einem Ort verweilen, gerne ein Dach über dem Kopf. In der Natur sitzen sie meist etwas versteckt unter Zweigen und fühlen sich so vor Feinden sicherer. Sie können diesem Bedürfnis nach Sicherheit gerecht werden, indem Sie die Behausung Ihrer Tiere mit einem **Dach** versehen. Bei Käfigen genügt es, etwa ein Drittel mit einem Tuch abzudecken, damit sich die Bewohner bei Gefahr in den geschützten Teil des Käfigs zurückziehen können. Im abgedeckten Teil müssen dann natürlich auch genügend Sitzstangen vorhanden sein. Käfige oder Volieren sollten so aufgestellt werden, daß kein Kot von Wildvögeln hineinfallen kann. Wildvögel sind häufig Träger von Krankheitserregern und Parasiten.

Die Vermutung, daß Fernsehen für Vögel gesundheitsschädlich sei, konnte wissenschaftlich nicht bestätigt werden. Es ist daher nicht weiter schlimm, wenn es sich ein freiliegender Vogel einmal auf dem Fernseher gemütlich macht, sofern er es freiwillig tut und jederzeit wieder wegfliegen kann. Das Flimmern und die Vibration eines laufenden Fernsehgerätes bedeutet jedoch Streß für einen Vogel. Stellen Sie daher den Käfig nicht in die Nähe eines Fernsehapparates oder gar auf das Fernsehgerät.

> Aufgrund ihres besonderen Atmungsapparates sind Vögel gegen Schadstoffe aus der Luft sehr empfindlich. Räume, in denen geraucht oder gekocht wird, eignen sich daher nicht als Standort für Käfig oder Voliere.

Auch Exoten aus warmen Erdteilen sind nicht temperaturempfindlich. Abgehärtete Tiere, die im Sommer in Freivolieren oder auf dem Balkon leben, können niedrige Temperaturen (bis minimal +5°C) gut vertragen. Zugluft und extreme Temperaturschwankungen (abrupter Wechsel zwischen geheizten Wohnräumen und kalten Außenvolieren) sind allerdings gesundheitsschädlich.

## Sitzstangen

Käfig- und Volierenvögel verbringen den größten Teil ihres Lebens sitzend auf Stangen. Mit wenigen Ausnahmen bevorzugen wildlebende Vögel aber bei längeren Aufenthalten breite Sitzflächen, auf denen sie die Füße waagerecht auflegen und sich zum Schlafen mit dem ganzen Körper niederlassen können. Sie wählen also immer einen bequemen Sitzplatz.

Die Sitzstangen, mit denen Vogelkäfige im Handel standardmäßig ausgerüstet sind, erfordern nicht selten akrobatisches Können von unseren gefiederten Freunden. Sie sind in fast allen Fällen viel zu dünn. Zudem bestehen sie aus zu glattem Hartholz oder sind gar aus Plastik. Um sich festzuhalten, müssen die Tiere die Stangen mit Kraft umklammern, was vor allem für ältere Vögel und solche mit Gelenk- und Fußkrankheiten eine wahre Qual sein kann. Der einheitliche Durchmesser aller im Käfig vorhandenen Stangen erlaubt nur eine Fußstellung. Das gesamte Körpergewicht wird ausschließlich auf einen Punkt des Fußes konzentriert. Auf der glatten Oberfläche rutschen die Füße unentwegt.

Technopathien, d.h. haltungsbedingte Veränderungen an Füßen und Gelenken, sind dadurch vorprogrammiert. Zum Beispiel bildet sich bei vielen Vögeln innerhalb kurzer Zeit eine gerötete **Druckstelle** am Auflagepunkt, die sich im weiteren Krankheitsverlauf bis zu einem Sohlenballengeschwür entwickeln kann. Mit dieser schmerzhaften Druckstelle müssen die Vögel weiter auf den Stangen ausharren. Man kann das Leid der Tiere etwas nachvollziehen, wenn man sich vorstellt, mit einer Blase am Fuß in zu engen Schuhen laufen zu müssen – und das lebenslang!

Besonders tierquälerisch sind die sogenannten **Sandstangen**. Es handelt sich dabei um Sandpapierhülsen, die über die Käfigstangen gezogen werden. Angeblich sollen sie übermäßiges Krallenwachstum verhindern. Tatsächlich aber wirken sie wie Schmirgelpapier auf die meist schon vorgeschädigten Vogelfüße. Auf das Krallenwachstum haben sie keinen Einfluß.

Am besten eignen sich **Zweige einheimischer Bäume** (z.B. Birke, Kastanie, Buche) als Sitzstangen. Wenn sich noch etwas Rinde daran befindet, umso besser. Sie wird gerne abgenagt, was einerseits Langeweile vertreibt und zum anderen durch die Aufnahme der Gerbsäure aus der Baumrinde die Darmfunktion günstig beeinflußt. Sind dann die Stangen völlig abgenagt, kann man sie durch neue ersetzen.

> Um eine Verschleppung von Krankheitserregern und Parasiten von Wildvögeln in die Wohnung zu vermeiden, sollten Sie die beim Spaziergang gesammelten Äste mit sehr heißem Wasser und einer Bürste gründlich säubern, bevor Sie sie als Käfigstangen verwenden.

Achten Sie auf unterschiedliche Durchmesser der Äste und Zweige. Dadurch sind die Tiere nicht gezwungen, die Zehen immer in der gleichen Krümmung zu halten. Das Klettern auf unterschiedlich dicken Stangen ist Fußgymnastik. Es fördert die Durchblutung und ist dadurch eine gute Vorbeugung gegen Druckgeschwüre.

Zur **Schonung der Gelenke** haben sich Sitzstangen bewährt, die beim Anflug leicht wippen. Man erreicht diesen Effekt, wenn man die Äste nur einseitig befestigt. Es gehört etwas Bastelgeschick dazu, denn die Stangen dürfen nicht wackeln, sondern nur leicht nachgeben, wenn die Vögel mit ihrem gesamten Körpergewicht darauf springen. Ähnlich wie der schwingende Fußboden in guten Turnhallen belasten solche nachgebenden Sitzstangen weit weniger die Gelenke der Käfigbewohner als starre, unnachgiebige Hölzer.

Alle Vögel versuchen, auf die oberste Stange zu gelangen. Sie ist die Aufenthalts- und Schlafstange und wird am häufigsten aufgesucht. Diese Sitzgelegenheit sollte so dick sein, daß der Vogelfuß waagerecht aufsitzt und das Körpergewicht auf die ganze

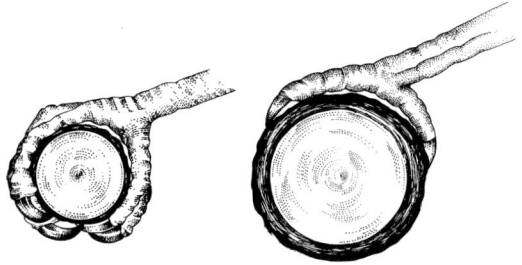

**Wenn die Sitzstangen zu dünn sind, werden die Fußgelenke falsch belastet (links). Dicke Sitzstangen dagegen (rechts) schonen Gelenke und Krallen.**

Fußfläche verteilt wird. Die meisten Streitereien unter Käfig- und Volierenbewohnern entstehen durch den Kampf um die oberste Stange. Wer oben sitzt hat in der Rangordnung das Sagen. Um Streitereien zu vermeiden, empfiehlt es sich, im oberen Teil des Käfigs so viele Schlafplätze in gleicher Höhe anzubringen, wie Vögel vorhanden sind.

## Tränkeanlagen

Ungeeignete und damit hygienisch nicht immer einwandfreie Tränkeanlagen sind häufig Ursache für schwere, mitunter tödlich verlaufende Erkrankungen von Käfig- und Volierenbewohnern. Bei routinemäßig durchgeführten Sektionen verstorbener Vögel werden oft Wasserkeime gefunden, die für den Tod der Tiere verantwortlich sein können.

Hygienisch besonders problematisch sind die weit verbreiteten **Wasserspender.** Selbst wenn sie, was leider nicht selbstverständlich ist, täglich mit heißem Wasser und Bürste geschrubbt werden, können sich in diesen fast abgeschlossenen Gefäßen Bakterien innerhalb weniger Stunden millionenfach vermehren. Durch Wärmeeinwirkung (besonders im Sommer) wird die Anreicherung von Krankheitserregern im Wasser noch beschleunigt.

Wesentlich besser sind **offene Wassernäpfchen,** die an der Käfigwand so eingehängt werden, daß das Wasser weder mit Spelzen noch mit Vogelkot verschmutzt werden kann. Der Napf muß mindestens einmal täglich, im Sommer etwas häufiger, mit Bürste und heißem Wasser gereinigt und das Wasser erneuert werden. Geschieht das nicht, so kann man oft schon nach einem Tag, wenn man mit dem Finger über den Boden des Gefäßes streicht, einen schleimig-schmierigen Belag ertasten, in dem es von Bakterien nur so wimmelt. Sicherlich wird ein gesunder Organismus und ein intaktes Immunsystem damit zurechtkommen. Für Jungvögel sowie alte und gesundheitlich vorgeschädigte Tiere kann ein solcher Hygienemangel aber zum Verhängnis werden.

Je nach Härtegrad des Leitungswassers entsteht am Rand des Näpfchens nach kurzer oder längerer Zeit ein **Kalkrand.** Da sich in den Poren der Kalkschicht Schmutzpartikel und Krankheitserreger festsetzen können, sollten Wasserbehälter (auch Badehäuschen) regelmäßig z.B. mit einem Kaffeemaschinenentkalker oder Haushaltsessig behandelt und gespült werden.

## Futternäpfe

Wenn Sie Futternäpfe auf den Boden stellen, dürfen keine Sitzstangen darüber befestigt sein, da das Futter sonst durch Vogelkot verunreinigt wird. Besser eignen sich **Futternäpfe,** die in Höhe der Sitzstangen an der Käfigwand befestigt werden.

Obwohl **Futterautomaten** hygienisch nicht so bedenklich sind wie Wasserspender, sind sie dennoch nicht für alle Vogelarten geeignet. Vor allem Wellensittiche neigen zu übermäßiger Futteraufnahme und damit zu Übergewicht. Auch Großpapageien können sich überfressen, wenn das Futter nicht rationiert wird. Für solche Vögel eignen sich Futterspender nicht. Sie würden die Möglichkeit, soviel zu fressen wie sie wollen, nutzen und mehr Nahrung aufnehmen, als sie benötigen. Außerdem funktionieren diese Automaten nicht immer einwandfrei. Sie müssen täglich kontrolliert werden. Wenn der Inhalt nicht nachrutscht, verhungern die Vögel vor dem gefüllten Futterspender.

Für Salat, Obst oder Kräuter eignet sich bei Höhlenbrütern (Papageien und Sittiche) z.B. ein Kanarienvogelnest aus Plastik oder Metall, wie man es im Zoofachhandel kaufen kann. Es läßt sich in die Gitterstäbe einhängen und verhindert, daß das Frischfutter mit Kot in Berührung kommt. Verwenden Sie kein Nest aus Korbmaterial. Dieses Material läßt sich nur unzureichend reinigen. Nestbrütern sollte man allerdings kein Nest in den Käfig hängen, da dadurch Brutstimmung ausgelöst werden kann. Als Alternative kann das Frischfutter mit Plastik-Wäscheklammern an der Käfigwand befestigt werden.

## Einstreu

Der im Handel als Einstreu angebotene **Vogelsand** enthält neben den für die Funktion des Muskelmagens notwendigen Quarzsteinchen (Grit) Kalkbei-

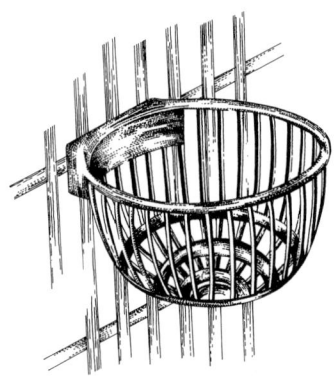

**Bei Höhlenbrütern kann man für Frischfutter ein Nest an der Käfigwand befestigen.**

mischungen und Anis. Aniszusätze haben für die Vögel selbst keinerlei Bedeutung. Sie geben dem Vogelsand lediglich einen für Menschen angenehmen Geruch, wodurch Tiergerüche überdeckt werden.

Der Quarzsand selbst und die Kalkstückchen werden von den Käfigbewohnern gefressen. Das ist hygienisch nicht ganz unproblematisch. Freilebende Vögel setzen ihren Kot ab und fliegen dann weiter. Ihr Lebensraum ist so groß, daß sie kaum mit ihren eigenen Ausscheidungen oder denen anderer Vögel in Berührung kommen.

Anders ist das bei unseren Ziervögeln. Ihr Leben spielt sich in eng gesteckten Grenzen ab. Auch wenn sie frei in der Wohnung fliegen dürfen, halten sie sich doch zum überwiegenden Teil (v.a. nachts) im Käfig auf. Ein kleiner Vogel setzt pro Tag etwa 25- bis 50mal ein Gemisch aus Kot und Urin ab (nachts sogar noch häufiger).Da kommt schon einiges zusammen, wodurch der Vogelsand auf dem Boden des Käfigs verschmutzt wird. Selbst im Kot eines gesunden Vogels können neben unschädlichen Bakterienarten auch krankmachende Arten in geringer Zahl vorhanden sein. Normalerweise schädigen diese wenigen Krankheitserreger einen gesunden Organismus nicht. Die körpereigene Abwehr des Tieres macht sie unschädlich. In einem Käfig jedoch nimmt der Vogel zusammen mit dem verschmutzten Sand immer wieder erneut die ausgeschiedenen Erreger auf, bis er schließlich dem Ansturm der Keime nicht mehr gewachsen ist. Das Tier wird krank. Fressen von mit Kot verunreinigtem Sand ist vergleichsweise

so, als würden Menschen aus schmutzigen Toilettenschüsseln essen. Zugegeben – das ist ein etwas drastischer Vergleich, aber damit sehr anschaulich.

Es gibt **Sandpapier** als „Auslegeware" für Käfige und Volieren zu kaufen. Es handelt sich dabei um feste Pappe, auf die eine sehr dünne Sandschicht aufgeklebt ist. Der Grundgedanke, warum Vogelbehausungen mit Sand ausgestreut werden, ist der, daß eine dicke Sandschicht beim Landen für die Vögelfüße und -gelenke schonender sei. Eine hauchdünne Sandschicht auf Papier aufgeklebt hat jedoch überhaupt keine positive Wirkung auf Vogelbeine. Im Gegenteil: Sie wirkt auf die Ballen der Tiere ähnlich wie die Sandpapierhülsen auf den Sitzstangen – wie Schmiergelpapier. Papageien und Sittiche, die jede Gelegenheit beim Schopf packen, um sich die Zeit zu vertreiben, zerfetzen gerne die Auslegeware. Wenn Sand darauf geklebt ist, besteht die Gefahr, daß die Tiere das feste Papier fressen, wodurch Kropfverstopfung oder sogar Darmverschluß entstehen kann.

**Natürliches Material,** wie z.B. Torf, Walderde oder Moos, wäre für Vögel sicherlich am angenehmsten. Es schimmelt jedoch sehr schnell, und zudem können Krankheitserreger und Parasiten aus Wildvogelkot eingeschleppt werden.

> **Aufsaugendes Papier** (z.B. Küchentücher oder Zellstoff) hat sich zum Auslegen von Vogelbehausungen am besten bewährt und wird auch in Vogelkliniken und Tierarztpraxen verwendet. Es ist gesundheitlich unbedenklich, hygienisch und hat gegenüber Sand den Vorteil, daß größere Verschmutzungen im Umkreis des Käfigs oder der Voliere vermieden werden.

**Zeitungen** sind wegen der sehr giftigen Druckerschwärze nicht zu empfehlen. Ein separates Näpfchen mit Quarzsand, hilfreich für den Mahlvorgang im Muskelmagen, muß dann zur beliebigen Aufnahme an der Käfigwand befestigt werden.

## Tag-Nacht-Rhythmus

Bei Einbruch der Dunkelheit gehen die meisten Vögel schlafen und werden morgens, mit dem Sonnenaufgang, wieder munter. Leben sie mit

Menschen zusammen, so kommt dieser natürliche Tag-Nacht-Rhythmus häufig durcheinander. Wenn z.B. in dem Zimmer, in dem der Vogelkäfig steht, bis spät in die Nacht Licht brennt, wird der Vogel am Schlafen gehindert. Da er ja bei Morgengrauen bereits wieder wach wird, wird er mit der Zeit an chronischem Schlafmangel leiden.

Das Gegenteil ist der Fall, wenn es in den Wintermonaten schon sehr früh am Nachmittag dunkel wird und am Morgen sehr spät hell. Tiere, deren Käfig in einem Raum steht, der nicht bei Dämmerung und früher Dunkelheit regelmäßig beleuchtet wird, können in den Wintermonaten ihren Bedarf an Nährstoffen nicht ausreichend decken, da sie im Dunkeln nicht fressen. Vor allem Ziervögel aus Regionen, in denen es keinen Winter in unserem Sinne gibt, werden auf die Dauer durch die Unterernährung geschwächt und krank.

> Als Faustregel gilt für Ziervögel: 15 Stunden Licht und 9 Stunden Schlaf.

Für beide Haltungsprobleme gibt es Lösungen: Vogelbehausungen, die in stark frequentierten Wohnbereichen stehen, kann man am späten Abend mit einem luftdurchlässigen und lichtabhaltenden Tuch abdecken, damit die Tiere durch Licht und Aktivitäten im Zimmer nicht am Einschlafen gehindert werden. Das Tuch muß jedoch am frühen Morgen wieder entfernt werden. Vogelbesitzer, die gerne länger schlafen, sollten sich dazu den Wecker stellen! Vögel besitzen einen relativ schnellen Stoffwechsel und brauchen kontinuierlich Nahrung. Nachdem sie nachts nichts fressen, sind sie am Morgen richtig ausgehungert und stürzen sich sofort auf den Freßnapf. Wenn der Käfig jedoch mit einem Tuch verdunkelt ist, können die Vögel das Futter nicht finden.

In Räumen, in denen Sie sich selten aufhalten, müssen Sie im Winter am Abend und am Morgen künstliches Licht brennen lassen. Eine Zeitschaltuhr hat sich dafür gut bewährt.

## Badegelegenheit

Viele Vögel baden sehr gerne und häufig. Vor allem in geheizten Wohnbereichen ist das Baden für die Gesunderhaltung des Gefieders und, durch die Erhöhung der Luftfeuchtigkeit, auch für die Schleimhäute des Atemtraktes sehr wichtig.

Einige Vogelarten, z.B. Wellensittiche, baden selten. In ihrer Heimat Australien müssen sich diese Tiere während der Trockenperioden mit etwas Taufeuchtigkeit begnügen, um das Gefieder zu reinigen. In menschlicher Obhut haben sie diese aus der Not geborene Gewohnheit beibehalten und nehmen am liebsten ein „Taubad" in **feuchtem Salat**. Auch Großpapageien plantschen selten in stehendem Wasser. Sie lieben es jedoch, sich naßregnen zu lassen. Vogelbesitzer können diesem Bedürfnis entgegenkommen, indem sie die Tiere mit Hilfe einer Blumenspritze mit lauwarmem Wasser besprühen. Achten Sie jedoch auf peinliche Sauberkeit des Wassers und der Blumenspritze! Abgestandenes, brackiges Wasser ist gesundheitsschädlich, da sich darin gerne Bakterien und Pilze vermehren. Besonders Papageienvögel reagieren empfindlich auf Pilzsporen.

Auch ein warmer **Sommerregen** ist eine beliebte Abwechslung im Vogelalltag. Wenn man die Vogelbehausung in den Regen stellt, sollte eine Hälfte des Käfigs bzw. der Voliere abgedeckt werden, damit die Tiere selbst bestimmen können, wie sehr sie sich naßregnen lassen wollen.

Im Zoofachhandel gibt es **Badehäuschen,** die man mit der Öffnung nach innen an der Käfigtür befestigen kann. Wählen Sie ein weißes oder zumindest helles Badehäuschen, da Vögel ungern in dunkle Behälter hineingehen. Wichtig ist, daß der Boden gerillt ist, damit die Tiere beim Baden nicht ausrutschen. Das gilt ganz besonders für Vögel mit Erkrankungen, die das Gleichgewicht beeinträchtigen. Sie sind aufgrund ihrer Behinderung weniger standfest und können in einem Badehäuschen ertrinken. Für größere Käfige und Volieren eignen sich flache Schalen, die etwa 3 cm hoch mit Wasser gefüllt sind. Auch hier verhindern Rillen oder kleine Steinchen auf dem Boden der Schale das Ausrutschen.

Wenn die Tiere gebadet haben, muß das Wasser baldmöglichst ausgewechselt werden. Häufig wird in das Bad gekotet, wodurch es innerhalb kurzer Zeit zu einer starken Bakterienanreicherung im Wasser kommt. Da die Vögel auch aus dem Badewasser trinken, ist, wie bei den anderen Wassergefäßen, Hygiene das A und O der Gesundheitsvorsorge.

## Spielzeug

Als Spielzeug für Vögel bietet der Handel Vogelattrappen aus Plastik, Glöckchen, Stehaufmännchen, Spiegel und viele andere, teilweise völlig absurde Gegenstände an. Manche Käfige sind damit so vollgestopft, daß sich die Bewohner kaum drehen können. Ein einzeln gehaltener Vogel wird sich selbstverständlich mit dem „Spielzeug" beschäftigen – was soll er auch anderes tun in seiner Einsamkeit?

Für Vögel, die mit Artgenossen leben dürfen, ist Spielzeug so gut wie überflüssig. Es ist auch gar nicht so ungefährlich. Glöckchen oder Spiegel werden in der Regel mit einer Schnur oder einem Kettchen am Käfigdach befestigt. Unerfahrene Jungvögel können leicht daran hängenbleiben und sich ein Bein brechen oder sich erdrosseln. Auch Abrisse vom Oberschnabel werden bei Sittichen nicht selten durch solche Kettchen verursacht. **Spiegel** und **Vogelattrappen** sind ganz besonders problematisch. In Ermangelung eines Partnervogels „füttern" z.B. Wellensittiche solche toten Gegenstände. Plastikattrappe und Spiegel sind dann über und über mit Körnern und Schleim bedeckt. Das an sich ganz natürliche Verhalten der Partnerfütterung artet beim Wellensittich, der zu seiner Unterhaltung allein auf das Spielzeug angewiesen ist, nicht selten zu einer Fütterneurose aus. Der Grund dafür ist wahrscheinlich, daß der künstliche Partner nicht wie ein richtiger Artgenosse reagiert. Die Tiere fressen zwar sehr viel, würgen jedoch das meiste für ihren „Partner" wieder aus. Sie magern stark ab und werden häufig Opfer von Krankheitserregern.

Ein weiteres negatives Beispiel sind **Glocken** für Großpapageien. Für den nicht nachdenkenden Beobachter ist die stereotype Betätigung der Glocke oft sehr belustigend. Die Begeisterung seines Besitzers empfindet der Vogel als Zuwendung, wodurch das Verhalten verstärkt wird. Wenn man jedoch etwas genauer hinschaut, sieht man, daß das vermeintlich lustige Spielen mit der Glocke nur Ausdruck von Aggression und Wut des frustrierten Einzelvogels ist. Ein Tierfreund kann sich daran nicht erfreuen.

**Zweige** einheimischer Bäume mit Rinde und Knospen zum Zernagen, viel menschliche Zuwendung und ein Platz, von dem aus die Tiere geschützt, zusammen mit Artgenossen, ihre Umgebung beobachten können (z.B. Fenster, Garten, Balkon) sind eine gesunde Alternative zum fragwürdigen Plastikspielzeug.

## Hygiene

Obwohl das Thema Hygiene in den vorangegangenen Kapiteln schon mehrfach gestreift wurde, soll es hier nochmals zusammenfassend behandelt werden. Es ist ein sehr wichtiges Thema, da viele Erkrankungen von Stubenvögeln zumindest teilweise auf Hygienemängel zurückzuführen sind.

An kotverschmierten Käfigstangen, in schmierigen und kalkhaltigen Belägen in Wassernäpfen und Badehäuschen, in brackigem abgestandenem Wasser, verschimmeltem Körnerfutter, verwelktem Frischfutter sowie verdorbenem Eiweißfutter entstehen, leben und vermehren sich Krankheitserreger, die die Gesundheit der Käfigbewohner bedrohen. Durch Wetzen des Schnabels und Reiben juckender Körperstellen können Schmutz und Bakterien in die Haut eingerieben werden. Verschimmeltes und verdorbenes Futter führt zu Vergiftungen, Pilzerkrankungen und Infektionen. Unsauberes Wasser verursacht häufig Erkrankungen des Verdauungstraktes.

Es wird empfohlen, folgende **Reinigungsmaßnahmen** regelmäßig durchzuführen:

1. **Tägliche** Reinigung der Futter- und Wassergefäße sowie verschmutzter Sitzstangen mit kochendem Wasser und Bürste. Wenn Sie Seifenlauge dazu verwenden möchten, müssen alle Reste nach der Reinigung gründlich abgespült werden. Achten Sie vor allem auf Ritzen und Ecken der Plastikgefäße. Dort setzen sich gerne Beläge ab. Verwenden Sie keinen Vogelsand als Einstreu auf dem Käfigboden, sondern Papiereinlagen wie z.B. Küchentücher oder Zellstoff. Die Papiereinlagen müssen täglich erneuert werden. Quarzsand sollte den Vögeln in einem extra Napf angeboten werden. Frischfutter darf nie länger als einen Tag in der Vogelbehausung bleiben. Leicht verderbliches Futter (z.B. Ei und Fleischreste) muß im Sommer bereits nach wenigen Stunden entfernt werden.

2. **Wöchentliche** Grundreinigung des gesamten Käfigs. Verwenden Sie dazu keine Desinfektionsmittel, es genügt heißes Wasser. Haushaltsdesinfektionsmittel sind gegen die meisten, wirklich gefährlichen Krankheitserreger ohnehin nicht ausreichend wirksam. Bei ständigem Gebrauch solcher Präparate züchtet man sich lediglich resistente Keime – ähnlich wie beim Hospitalismus in manchen Krankenhäusern. Rückstände von Desinfektionsmitteln können zudem den Vögeln schaden.

3. **Einmal im Monat,** bei hartem Leitungswasser etwas häufiger, empfiehlt es sich, Wassergefäße und Badehäuschen zu entkalken, da sich in ihnen relativ rasch ein Kalkrand bildet, wo sich Schmutz und Keime ansiedeln – eine häufige Infektionsquelle für Ziervögel.

4. Kontrollieren Sie regelmäßig die Futtervorratsbehälter auf **Schädlingsbefall.** Mehlmottenlarven findet man häufig während der warmen Jahreszeit. Sie erkennen den Befall an den wie Spinnweben aussehenden Fäden im Futter und den kleinen Löchern in den Samen. Die Larven der Mehlmotten fressen die Körner regelrecht von innen aus, so daß der Nährwert des Futters verlorengeht.

## Desinfektionsmaßnahmen

Eine Desinfektion des Käfigs und seiner Einrichtungen ist dann erforderlich, wenn ein Tier oder sogar mehrere erkrankt oder gestorben sind und eine Infektion mit Bakterien, Pilzen, Chlamydien (= Erreger der Papageienkrankheit) oder Viren vermutet wird.

Die Desinfektion muß fachgerecht durchgeführt werden, damit sie erfolgreich ist. Einmaliges kurzes Übersprühen mit einem Desinfektionsmittel reicht nicht aus. Man erreicht damit eher das Gegenteil: Wenn die krankmachenden Keime nur teilweise abgetötet werden, kann es passieren, daß die Nachkommen der überlebenden Krankheitserreger gegen das angewendete Präparat resistent (unempfindlich) sind.

Jeder Desinfektion muß eine **gründliche Reinigung** vorausgehen. Es hat keinen Sinn, ein noch so aggressives Mittel auf Kotrückstände zu

sprühen! Es dringt nicht tief genug in grobe Schmutzpartikel ein, um alle Keime zu beseitigen. Zur Reinigung wird am besten kochendes Wasser mit Haushaltsreiniger verwendet. Käfigeinrichtungen aus Holz kann man in einem Topf etwa eine Stunde auskochen. Wenn das nicht möglich ist, wirft man die Gegenstände lieber weg und besorgt sich neue. Bei Infektionen mit den Erregern der Papageienkrankheit oder anderen auf den Menschen übertragbaren Krankheiten müssen Käfigeinrichtungen, die nicht gut zu reinigen und zu desinfizieren sind, unschädlich beseitigt werden, um die Verbreitung der Erkrankung zu verhindern. Am besten geht das durch Verbrennen.

Auf keinen Fall dürfen undesinfizierte Käfige oder Käfigeinrichtungen in den Hausmüll geworfen werden. Die Gefahr einer Verbreitung der Krankheitserreger auf Wildvögel wäre zu groß.

> Nicht jedes Desinfektionsmittel ist gegen alle Krankheitserreger ausreichend wirksam.
> Fragen Sie Ihren Tierarzt nach dem für Ihre Situation geeigneten Präparat. Er hat es entweder vorrätig oder kann es Ihnen zumindest besorgen.

Verwenden Sie zum Desinfizieren nach Möglichkeit eine **Sprühlösung,** damit das Präparat auch tief genug in alle Ecken und Ritzen eindringen kann. Das Desinfektionsmittel sollte mindestens 6 Stunden, besser 24 Stunden einwirken, bevor es gründlich mit klarem Wasser wieder vollständig entfernt wird. Erst wenn keine Spuren des für Vögel giftigen Präparates mehr vorhanden sind, dürfen die Tiere wieder in ihre Behausung einziehen.

**Parasiten,** wie z.B. Milben oder Wurmeier, lassen sich durch herkömmliche Desinfektionsmittel nicht ausrotten. Zu ihrer Bekämpfung gibt es Spezialpräparate (Antiparasitika). Ebenso wie Desinfektionsmittel sind sie für Vögel gesundheitsschädlich und dürfen niemals am Tier selbst angewandt werden – auch nicht in Räumen, in denen sich Vögel befinden. Reste müssen nach der vorgeschriebenen Einwirkungszeit ebenfalls gründlich von Käfig, Voliere und Einrichtungsgegenständen abgespült werden.

# Richtige Ernährung

Papageien-, Finken- und Webervögel werden im allgemeinen als Körnerfresser bezeichnet. Das ist irreführend, denn die ausschließliche Ernährung von reifen und unreifen Samen ist, zumindest in Gebieten mit einer dem Jahreszeitenwechsel angepaßten Vegetation, gar nicht möglich. Abwechslung und Vielseitigkeit charakterisieren das Nahrungsspektrum der meisten Vogelarten. Je nach Jahreszeit, Regen- oder Trockenperioden variiert der Speiseplan in freier Natur ganz erheblich. Neben einer Vielfalt verschiedener Wildsamen werden Knospen, junges Blattgrün, Früchte, Baumrinde, Flechten, Algen und tierisches Eiweiß in Form von Insekten aufgenommen.

Der Bedarf an essentiellen Aminosäuren, den Bausteinen des Körpereiweißes, ist in der Wachstumsphase des Vogels besonders hoch. Tierisches Eiweiß hat im Gegensatz zu Eiweiß aus pflanzlicher Herkunft einen höheren Anteil an den benötigten Aminosäuren. Nestlinge der sogenannten Körnerfresser werden daher überwiegend mit Insekten aufgezogen.

Unseren Ziervögeln werden häufig **nur** im Tierhandel erhältliche **Körnerfuttermischungen** gereicht, die dem wechselnden Nahrungsangebot in freier Natur nicht entsprechen. Wenn auch viele Vögel in der Obhut des Menschen trotz dieser einseitigen Ernährung Jahre überleben können – eine artgerechte Fütterung ist es nicht. Mauserstörungen, Übergewicht, Nieren- und Leberschäden und Fruchtbarkeitsstörungen sind nur Beispiele der vielen Erkrankungen, die durch einseitige Ernährung verursacht oder zumindest ausgelöst werden. Vitamin- und Eiweißmangel schwächen zudem die körpereigene Abwehr der Vögel und machen sie wehrlos gegenüber Krankheitserregern.

> Die beste Gesundheitsvorsorge ist eine vollwertige und abwechslungsreiche Ernährung.

Nun ist es sicherlich nicht möglich, unseren Ziervögeln das gleiche Nahrungsspektrum wie in der Freiheit zu bieten, zumal detaillierte Untersuchungen darüber für die einzelnen Vogelarten bisher kaum vorliegen. Wichtig für eine gesunderhaltende Ernährung ist es jedoch, daß die Nährstoffe der angebotenen Futterbestandteile den Bedarf des Vogels decken. Durch eine **abwechslungsreiche** und vielseitig zusammengesetzte Nahrung ist dies weitgehend erreichbar. In besonderen Belastungssituationen (Mauser, Brut) und beim älteren Vogel können durch zusätzliche Vitamin- und Mineralsalzgaben Versorgungslücken abgedeckt werden. Vitaminzusätze sind jedoch kein Ersatz für eine artgerechte Fütterung!

Die tägliche Ration eines Käfig- oder Volierenvogels (Papageien-, Finken- und Webervögel) sollte aus einer Mischung verschiedener Samen und Frischfutter bestehen. Ein- bis zweimal in der Woche (während der Aufzuchtperiode täglich) wird tierisches Eiweiß gereicht. In den folgenden Abschnitten werden die drei Hauptbestandteile der Vogelration:
– Körnerfutter
– Frischfutter
– Eiweißfutter
im einzelnen besprochen. Den Mineralstoffen, Vitaminen, Grit und dem Wasser, die auch Teil der Nahrung des Vogels sind, wird ebenfalls je ein Abschnitt gewidmet.

## Körnerfutter

Reife und unreife Samen bilden die Grundlage der Ernährung unserer „körnerfressenden" Ziervögel. Entscheidend für die Gesundheit der Tiere ist die Zusammensetzung und die Qualität der angebotenen Körnermischung.

Ernährungsphysiologisch sind die verschiedenen Samenarten von unterschiedlicher Bedeutung. Während Getreide (Weizen, Hafer, Mais, Hirse) und Getreidearten im weiteren Sinn oder Samen (Glanz, Gras-, Salat- und Wildsamen) sehr kohlenhydratreich und Hülsenfrüchte (Erdnuß) sehr eiweißreich sind, überwiegen in Ölsaaten (Sonnenblumenkerne, Rübsen, Mohn, Negersaat, Leinsamen, Hanf, verschiedene Nüsse) als Hauptinhaltsstoffe die Fette. Eine Mischung der Körner ist daher wichtig.

Für die Vogelfütterung werden folgende Getreidearten verwendet:

### Weizen

Wegen seines Gehaltes an Schwefel kann er Papageien, Sittichen und anderen größeren Körnerfressern als „Mauserzusatzfutter" gereicht werden. Schwefel wird für den Aufbau neuer Federn benötigt, während der Mauser ist der Bedarf daher besonders hoch. Für kleinere Vögel ist Weizen wegen seiner Größe und Härte ungeeignet.

### Hafer

Hafer enthält neben Kohlenhydraten einen hohen Anteil der wichtigen Eiweißbausteine Lysin und Cystin. Diese Aminosäuren werden v.a. während der Wachstumsphase benötigt. Hafer ist daher ein geeignetes Futter für Jungvögel. Beim erwachsenen Vogel sollte er mit maximal 10% der Körnermischung zugesetzt werden. Ein Zuviel dieses energiereichen Getreides führt zu Übergewicht.

### Mais

Mais ist relativ eiweiß- und vitaminarm, aber sehr kohlenhydratreich. Gekochte Maiskörner werden von Papageien und größeren Sittichen gerne als Belohnung zwischendurch angenommen.

### Hirse

Es gibt viele verschiedene Hirsearten (z.B. gelbe Plata Hirse, rote Hirse, weiße Coloradohirse), die alle zur Ernährung kleiner Körnerfresser geeignet sind. Noch an der Rispe hängend (Kolbenhirse) wird dieses Getreide sehr gerne gefressen. Aber Vorsicht: Kolbenhirse zusätzlich zur täglichen Ration führt zur Verfettung v.a. beim Wellensittich.

### Glanz

Glanz oder Kanariensaat ist Bestandteil vieler handelsüblicher Körnermischungen und wird gerne aufgenommen. Er enthält vorwiegend Kohlenhydrate und relativ wenig lebenswichtige Eiweißbausteine (Aminosäuren).

**Wildsamen, wie diese Rispengräser, sind eine willkommene Abwechslung auf dem Speisezettel unserer Ziervögel.**

### Gras- und Salatsamen

In Gärtnereien und Samenfachgeschäften kann man eine Vielzahl verschiedener Gras- und Salatsamen kaufen. Sie werden von den meisten kleinen Körnerfressern mit Leidenschaft aufgenommen. Achten Sie beim Kauf darauf, daß die Samen nicht gebeizt wurden!

### Wildsamen

Im Spätsommer und Herbst kann man die Samen verschiedener Wildpflanzen selbst sammeln und damit den Speiseplan seines gefiederten Freundes um einige Leckerbissen erweitern. Die Samen folgender einheimischer Pflanzen können ohne Gefahr an Exoten, kleine Papageien, Finken- und Webervögel verfüttert werden: **Löwenzahn, Hirtentäschelkraut, Sauerampfer, Wegericharten, Rispengräser.**

Trocken und luftig gelagert oder tiefgefroren halten sie, wenn sie nicht vorher gefressen werden, bis zur nächsten „Erntezeit". Samentragende Rispengräser kann man zu kleinen Sträußchen zusammenbinden und in den Vogelkäfig hängen – ein Leckerbissen für kleine Ziervögel!

### Ölsaaten

Neben den genannten Getreiden und Samenarten gehören auch die Ölsaaten zum Speiseplan unserer Ziervögel. Hauptsächlich verfüttert werden:

– Sonnenblumenkerne
– Rübsen
– Mohn
– verschiedene Nüsse (Hasel-, Wal- und Paranuß)
– Leinsamen
– Hanf

Zusätzlich kann man das Spektrum der Ölsaaten durch selbstgesammelte Samen einheimischer Nadelbäume (Tanne, Fichte, Lärche, Kiefer) ergänzen. Allen Ölsaaten gemeinsam ist der hohe Gehalt an – für den Vogel wichtigen – ungesättigten Fettsäuren. Dadurch verderben sie aber auch sehr schnell. Überlagerte Ölsaaten führen zu Verdauungsstörungen und schweren Leberschäden. Achten Sie beim Kauf auf den Geruch und probieren Sie ruhig auch einmal ein Körnchen: Verdorbene Ölsaaten schmecken und riechen ranzig.

> Körnermischungen, die Ölsaaten enthalten, sollten grundsätzlich im Kühlschrank gelagert werden.

Füttern Sie Ölsaaten nur in geringen Mengen, da sie bei übermäßiger Gabe zur Verfettung der Tiere führen. Einige Ölsaaten haben, in hohen Mengen verfüttert, noch andere negative Einflüsse auf den Organismus. So enthalten Rübsen das Glykosid Goitrin. Bei Anwesenheit von Goitrin kann das mit der Nahrung aufgenommene Jodid nicht ausreichend verwertet werden. Dadurch können Schilddrüsenfunktionsstörungen auftreten. Futtermischungen dürfen daher nicht mehr als maximal 5-10% Rübsen enthalten.

Von den **Hülsenfrüchten** als dritte Gruppe der Futtersamen spielt eigentlich nur die Erdnuß eine gewisse Rolle bei der Fütterung von Papageien und großen Sittichen. Hier ist jedoch besondere Vorsicht geboten. Bei unsachgemäßer Lagerung entwickelt sich auf Erdnüssen sehr schnell der Schimmelpilz *Aspergillus flavus*. Er erzeugt das hochgiftige und krebserregende Aflatoxin.

Kaufen Sie für Ihren gefiederten Freund nur frische Erdnüsse, die auch für den menschlichen Verzehr geeignet sind! In fertigen Vogelfuttermischungen sind Erdnüsse häufig überlagert.

Der gefährliche Schimmelpilz ist mit dem bloßen Auge meist nicht zu erkennen. Eine verdorbene Erdnuß schmeckt mehlig-ranzig und ist im In-

nern dunkler als frische Nüsse. Probieren Sie grundsätzlich die zu verfütternde Hülsenfrucht.

Die für die Gesundheit der Vögel erforderlichen Kohlenhydrate, Aminosäuren, essentiellen Fettsäuren, Vitamine, Mineralstoffe und Spurenelemente sind nicht in jeder Samenart in ausreichender Menge vorhanden. Die ausschließliche Fütterung einer oder nur weniger Samenarten führt daher unweigerlich zu Mangelerscheinungen. Auf die **vielfältige Mischung** kommt es an!

Das im Handel für die einzelnen Ziervogelarten angebotene Körnerfutter wurde nach Erfahrungswerten von Ornithologen und Züchtern zusammengestellt. Es eignet sich als Grundlage Ihrer persönlichen Körnerfuttermischung. Wie bereits erwähnt sind wissenschaftliche Bedarfsanalysen, wie sie für Haussäugetiere vorliegen, im größeren Umfang bei Vögeln nicht durchgeführt worden. Je nach Jahreszeit und Vogelart sollte daher die Körnermischung durch Zugabe weiterer Samen ergänzt werden, um durch Körnervielfalt eine bessere Versorgung mit den verschiedenen Nährstoffen zu erreichen.

Neben der Zusammensetzung einer Samenmischung ist auch die **Qualität der Körner** von entscheidender Bedeutung für den Nährwert des Futters. Auf Vogelfutterpackungen ist, meist am Boden der Schachteln, das Verpackungsdatum eingestanzt. Das Futter sollte nicht länger als ein Jahr gelagert werden.

Machen Sie die **Keimprobe:** Nehmen Sie einen Teelöffel Körner aus der Packung und lassen Sie sie in einem Keimapparat (z.B. aus dem Reformhaus) oder auf feuchter Watte auskeimen. Je nach Samenart dauert es ein bis drei Tage, bis der Keimling sichtbar wird. Geben Sie Ihren Vögeln nur keimfähiges Körnerfutter. Das Verfüttern „toter" Samen führt zu Gesundheitsstörungen. Lagern Sie das Vogelfutter kühl und trocken in verschlossenen, aber nicht luftdicht abgeschlossenen Behältern, am besten im Kühlschrank. Mit Mehlmotten kontaminierte Samen sind ernährungsphysiologisch wertlos, da diese Getreideparasiten die Körner aushöhlen und nur unverdauliche Reste übriglassen.

Für Käfig- und Volierenvögel gibt es **Körner in Herz- oder Stangenform.** Es handelt sich dabei meist um die gleiche Samenmischung, wie in den angebotenen Packungen. Die Körner werden durch Honig oder Zuckerlösungen klebrig gemacht und in der entsprechenden Form getrocknet. Für Vögel sind sie ein willkommener Zeitvertreib, da die Tiere sich das Futter mit dem Schnabel selbst herauspicken müssen. Es gilt jedoch das gleiche wie bei der Kolbenhirse: zusätzlich zur Ration machen sie nur dick. Wenn man also Körnerstangen reicht, sollte der Futternapf leer bleiben.

> Die tägliche Körnerfuttermenge beträgt für einen Vogel in der Größe eines Kanaris 1 Teelöffel, in der Größe eines Wellensittichs 2 schwach gehäufte Teelöffel, in der Größe eines Nymphensittichs 1 Eßlöffel, in der Größe einer Amazone 2 Eßlöffel und in der Größe eines Aras 4 Eßlöffel.

Vieles, was im Zoofachhandel angeboten wird, dient mehr dem menschlichen Auge als der Gesundheit der Vögel. So enthalten z.B. sogenannte **Früchtecocktails** oder **Früchtestangen** Körnchen von getrocknetem, bunt gefärbtem Brot. Durch die Farben wird besonderer Vitaminreichtum der an sich ernährungsphysiologisch wenig wertvollen Bestandteile vorgetäuscht. Auch das leider sehr häufig gekaufte **Zusatzfutter** (Mauser-, Sing-, Sprechperlen usw.) hat für den Organismus des Vogels nicht die angepriesene Wirkung. Als Ersatz für eine ausgewogene und abwechslungsreiche Ernährung ist es nicht geeignet. Unsere Ziervögel sind auf das Futter angewiesen, das sie von uns erhalten. Zum Wohl der Tiere sollte es mit Bedacht und Verstand zusammengestellt werden.

# Frischfutter

Grüne Pflanzenteile, Blüten, Früchte, Knospen und Baumrinde werden von freilebenden Vögeln regelmäßig aufgenommen. Vögeln in der Obhut des Menschen sollte täglich Frischfutter zur beliebigen Aufnahme angeboten werden. Folgende Pflanzen und Pflanzenteile eignen sich als Frischkost für Käfig- und Volierenvögel:

### Salate
Salate aller Art sind während des ganzen Jahres im Lebensmittelhandel erhältlich. Ihr Gehalt an Vitaminen und Mineralstoffen variiert nach Kultur-form. Freilandsalat ist dabei den Gewächshauspflanzen vorzuziehen.

### Gemüse
Geraspelte Karotten, Fenchel, Chicorée, Tomaten, grüne Teile der Roten Bete, Kohlgewächse und andere Gemüsearten im rohen Zustand werden gerne gefressen.

### Küchenkräuter
Küchenkräuter kann man im Blumentopf selbst auf dem Fensterbrett ziehen. Petersilie, Kresse, Basilikum, Thymian und andere frische Kräuter können Sie einzeln oder als gemischten Strauß zusammengebunden in den Käfig hängen.

### Wildpflanzen
Löwenzahn, Vogelmiere, Schafgarbe, Wegericharten, Sauerampfer, Brennessel, Hirtentäschelkraut, Huflattichblüten, Blüten der Kapuzinerkresse sind nur eine kleine Auswahl der Wildpflanzen, die sie Ihrem gefiederten Freund von einem Spaziergang mitbringen können. Um eine Kontamination mit Schadstoffen sowie vogelspezifischen Krankheitserregern auszuschließen, sollten Sie Wildpflanzen nicht an Rändern autobefahrener Straßen oder auf Flächen sammeln, die mit Insektiziden behandelt wurden und auf denen Hühner oder sonstiges Geflügel Auslauf haben.

### Blätter und Zweige
Bringen Sie Ihren Vögeln am besten ganze Zweige mit grünen Blättern von verschiedenen Bäumen mit nach Hause. Dadurch können die Tiere ihren Vitaminbedarf decken und gleichzeitig ihr Nagebedürfnis befriedigen. Die Blätter und Zweige von Obstbäumen, Eiche, Buche, Birke, Ulme, Weide, Kastanie, Ahorn und Holunder können Sie Ihren Vögeln ohne Bedenken anbieten. In den Wintermonaten knabbern v.a. Papageienvögel gerne die Knospen und die Rinde von den genannten Zweigen ab. Die darin enthaltenen Gerbsäuren, Ballaststoffe und Mineralien sind für sie sehr bekömmlich. Außerdem macht es Spaß, die Zweige zu zerfetzen – eine ausgezeichnete Therapie gegen Langeweile!

### Obst
Südfrüchte wie Orangen, Mandarinen oder Pampelmusen enthalten viel Vitamin C. Der Vogelkör-

per kann Vitamin C zwar selbst herstellen und ist nicht unbedingt auf die Zufuhr über die Nahrung angewiesen. Untersuchungen haben jedoch gezeigt, daß Vitamin-C-haltige Nahrung die körpereigenen Abwehrkräfte auch von Vögeln steigert.

An Stubenvögel darf nur das Fruchtfleisch der Südfrüchte verfüttert werden. Die Schalen sind meist mit Chemikalien behandelt. Kernobst, wie Apfel oder Birne, wird den Tieren am besten geschält und etwas kleingeschnitten serviert. Kirschen, Kiwis, Bananen und alle anderen Obstsorten eignen sich gleichfalls zur Vogelernährung. Probieren Sie einfach aus, was Ihr gefiederter Freund mag. Unter den Beeren kommen als Vogelfutter v.a. die Früchte der Eberesche (Vogelbeere), Holunderbeeren, Hagebutten sowie die Beeren von Weiß- und Feuerdorn in Frage. Für den Winter können sie getrocknet oder tiefgefroren aufbewahrt werden.

> Alle Grünpflanzen oder Früchte, seien es gekaufte oder selbst gesammelte, müssen vor dem Verfüttern sorgfältig gewaschen werden, um Reste von Pflanzenschutzmitteln oder Krankheitserregern zu entfernen.

Verwelkte oder verfaulte Pflanzenteile können schwere Verdauungsstörungen verursachen. Beim Putzen von Frischfutter für Vögel sollte daher die gleiche Sorgfalt angewandt werden wie beim Anrichten von Salat für den menschlichen Verzehr.

Grünpflanzen halten sich auch im Kühlschrank nicht unbegrenzt. Schon nach einem Tag haben sie einen Großteil ihres Vitamingehaltes verloren. Sie sollten daher möglichst frisch verfüttert werden. Plastiktüten eignen sich nicht zur Aufbewahrung von feuchten Salaten oder Früchten, da sich in diesem luftabgeschlossenen Milieu Bakterien und Pilze innerhalb weniger Stunden sprunghaft vermehren. Nicht selten ist das eine Ursache von Kropf- und Darmentzündungen.

## Keimfutter

Durch Keimen werden Körner vitaminreicher und für den Vogel leichter verdaulich. Die Zubereitung von Keimfutter ist denkbar einfach:

Im Handel (z.B. Reformhäusern) werden kleine Keimapparate aus Plastik oder Ton angeboten, in denen Samen und Getreidekörner innerhalb von zwei bis drei Tagen auskeimen. Waschen Sie die gekeimten Körner vor dem Verfüttern unter fließendem Wasser in einem Sieb, um eventuell gebildeten Schimmel zu entfernen. Wenn Sie die Körner sofort, nachdem der weiße Keimling erscheint, verfüttern, so dienen sie als Ersatz für ungekeimtes Körnerfutter. Ist der Keimvorgang weiter fortgeschritten und der Keimling bereits grün, so eignet sich das Keimfutter als Grünfutter. In diesem Fall muß die übliche Ration ungekeimter Körner zusätzlich angeboten werden, da das grüne Keimfutter nicht ausreichend Kalorien zur Energieversorgung des Vogels enthält.

Keimfutter verdirbt sehr schnell. Stellen Sie es daher immer nur in geringen Mengen frisch her und bieten Sie den Tieren nur soviel an, wie innerhalb weniger Stunden gefressen wird.

## Eiweißfutter

Zum Aufbau körpereigenen Eiweißes benötigt ein Organismus 20 verschiedene Aminosäuren. Einige werden vom Körper durch Umwandlung aus anderen Nährstoffen selbst hergestellt. Zehn unterschiedliche Aminosäuren müssen jedoch mit der Nahrung zugeführt werden. Man nennt sie essentiell, d.h. lebensnotwendig, da ohne ihre Zufuhr über die Nahrung der Organismus nicht überleben könnte.

Jungvögel sowie Vögel während der Mauser und Brutperiode haben einen besonders hohen Bedarf an essentiellen Eiweißbausteinen. Nicht in jedem Nahrungsmittel ist das gesamte Spektrum der benötigten Aminosäuren enthalten. Erst die Mischung verschiedener Eiweißträger garantiert eine optimale Versorgung.

Grundsätzlich gilt: Tierisches Eiweiß hat einen höheren Gehalt an essentiellen Aminosäuren als Eiweiß pflanzlicher Herkunft.

Auch zum Eiweißbedarf der einzelnen Vogelarten liegen bisher leider kaum wissenschaftliche Studien vor. Aus Beobachtungen weiß man jedoch, daß auf dem Speiseplan freilebender Körnerfresser auch Insekten stehen. Jungvögel werden überwiegend mit Insekten aufgezogen. Zur Versorgung mit allen essentiellen Aminosäuren scheint daher auch bei Körnerfressern die Zufuhr von tierischem Eiweiß notwendig zu sein. Untersuchungen haben gezeigt, daß bei Käfigvögeln, die niemals tierisches Eiweiß erhielten, Knochenveränderungen auftraten.

Eine Überversorgung mit Eiweiß kann jedoch Stoffwechselstörungen hervorrufen. Empfohlen wird daher, tierisches Eiweiß einmal pro Woche, während der Mauser zweimal pro Woche und nur während der Brut- und Aufzuchtperiode täglich anzubieten. Das Verfüttern lebender Insekten läßt sich im Wohnraum nur schlecht durchführen. Als Alternative haben sich folgende tierische Eiweißträger bewährt:

### Magerquark und Joghurt

Milcheiweiß hat einen hohen Gehalt an essentiellen Aminosäuren und ist leicht verdaulich. Der unter Umständen Durchfall erzeugende Milchzucker ist in Magerquark nur gering, in Joghurt durch die Vergärung fast gar nicht mehr enthalten. Quark und Joghurt können separat in einem Schälchen oder mit Zwieback vermischt gegeben werden. Zahme, auf den Menschen geprägte Vögel nehmen das Eiweißfutter auch gerne vom Löffel.

### Eier

Eier dürfen nur gekocht angeboten werden. In rohen Eiern können vogelspezifische Viren oder Bakterien (z.B. Salmonellen) enthalten sein. Manche Vögel mögen ihr wöchentliches „Frühstücksei" kleingehackt mit etwas Zwieback vermischt oder halbiert, um daran zu knabbern. Zahme Vögel essen ihr Ei oft am Tisch mit.

### Fleisch

Viele Sittiche und Papageien fressen für ihr Leben gerne rohes Fleisch. Mageres Hackfleisch vom Rind (ungewürztes Tatar) ist für sie gut verträglich. Da Hackfleisch schnell verdirbt, sollte man nur kleine Portionen verfüttern und nicht gefressene Fleischreste nach ein bis zwei Stunden wieder aus dem Käfig entfernen. Vögel in Wellensittichgröße erhalten einmal pro Woche eine bohnengroße Menge Tatar; größere Ziervögel entsprechend ihrer Körpergröße etwas mehr. Papageien und größere Sittiche nagen gerne das Fleisch von Knochen ab. Es eignen sich dazu rohe oder gekochte Rinder- oder Kalbsknochen ohne Gewürze.

### Aufzuchtfutter

Im Zoohandel gibt es Aufzuchtfutter für die einzelnen Vogelarten. Es enthält getrocknete Insekten und eignet sich ebenfalls als Eiweißzusatzfutter. Sie können es in separaten Näpfchen trocken oder etwas angefeuchtet (z.B. mit Möhrensaft) füttern. Angefeuchtetes Aufzuchtfutter verdirbt schnell, ähnlich wie Fleisch, und muß nach ein paar Stunden ausgetauscht werden. Aufzuchtfutter sollte **immer im Kühlschrank** gelagert werden.

## Mineralstoffe

Freilebende Vögel nehmen zur Deckung ihres Bedarfes mineralhaltige Erde auf. Auch unsere Käfig- und Volierenvögel benötigen zusätzliche Mineralstoffe. Als Mineralstoffquellen sind die im Handel erhältlichen **Kalksteinchen** und **Sepiaschalen** sowie **Eierschalen** zu nennen. Die Zusammensetzung der Sepiaschale ist für die Mineralstoffversorgung der Vögel ähnlich optimal wie die der Eierschalen. Ein Nachteil besteht jedoch in ihrem hohen Salzgehalt. Das ist verständlich, wenn man weiß, daß es sich bei der Sepiaschale um den Rückenschulp des Gemeinen Tintenfisches *(Sepia officinalis)* – einem im Salzwasser lebenden Tier – handelt.

> Da Kochsalz für Vögel schädlich sein kann, empfiehlt es sich, Sepiaschalen 1 bis 2 Tage zu wässern, danach zu trocknen und erst dann in den Käfig zu hängen.

Oft findet man Muschelschalenteile oder sonstige Kalkstückchen als Beimischung zum Vogelsand. Nicht ganz geklärt ist, ob diese Vermischung mit dem Sand nicht eine übermäßige Aufnahme kalkhaltiger Substanzen provoziert und damit eine schädliche Überversorgung mit Kalzium.

In Eierschalen liegen alle notwendigen Mineralstoffe in einem für Vögel optimalen Verhältnis zueinander vor. Man kann im Haushalt beim Kochen und Backen anfallende Eierschalen sammeln und etwa eine halbe Stunde in kochendem Wasser oder im Backofen bei 150°C erhitzen. Dadurch werden eventuell daran haftende Krankheitserreger abgetötet. Anschließend werden die Schalen zermörsert und z.B. in einem Futterautomaten zur beliebigen Aufnahme in den Käfig gehängt.

## Vitamine

Wenn Vögel vollwertig und vielseitig ernährt werden, ist eine zusätzliche Vitaminzufuhr überflüssig. Im Gegenteil – auch Vitamine kann man überdosieren und damit Krankheiten verursachen! Lediglich bei alten, kranken und solchen Vögeln, die sich konstant weigern, Grünfutter oder Obst zu fressen, ist es ratsam, Vitamine über das Trinkwasser zu verabreichen.

**Vitaminpräparate,** die für Vögel meist in Tropfenform angeboten werden, sind nur begrenzt haltbar. Auf der Flasche ist das Verfallsdatum aufgedruckt. Werden die Präparate jedoch falsch gelagert (zu warm oder nicht lichtgeschützt), so verlieren sie schon lange vor Ablauf des Verfallsdatums ihre Wirksamkeit. Kaufen Sie Vitaminpräparate nur dort, wo fachkundiger Umgang mit Medikamenten gewährleistet ist – am besten beim Tierarzt.

Die meisten Vitaminpräparate haben einen starken Eigengeschmack. Viele Vögel, v.a. Papageienvögel, trinken kein Wasser, in dem solche Zusätze enthalten sind. Wenn es sich um Tiere handelt, die kein Obst und keinen Salat fressen, sollten Sie die notwendigen Vitamine von einem Tierarzt einmal im Monat als Injektion verabreichen lassen. Keine Angst: Eine Vitaminspritze tut nicht weh.

## Wasser

Obwohl viele Vogelarten (v.a. Papageienartige) wenig trinken, muß ihnen immer frisches, hygienisch einwandfreies Wasser zur Verfügung stehen. Leitungswasser ist für gesunde Vögel völlig ausreichend. Spezielle Vogeltränken, die häufig in Plastikflaschen angeboten werden, sind aus hygienischen Gründen weniger zu empfehlen.

Der Verbrauch erfolgt in der Regel nach Öffnen der Flasche nur langsam, da sich in den meisten Haushalten nur wenige Vögel befinden. Das stehende Wasser reichert sich schnell mit Bakterien an und wird so zu einer gefährlichen Infektionsquelle. Außerdem trinken auch Vögel, genau wie wir, lieber frisches als abgestandenes, muffiges Wasser. Lediglich nierenkranke Vögel benötigen ein speziell angefertigtes Mineralwasser (siehe Seite 89).

**Abgekochtes Wasser und Tees** (z.B. Kamillentee) sind für Vögel **ungeeignet!** Sie beschleunigen durch ihren Mangel an Elektrolyten die Ausscheidung von Flüssigkeit aus dem Körper und können, vor allem bei nierenkranken Vögeln und solchen mit Durchfall, zur Austrocknung und zum Tode führen.

## Vogelsand (Grit)

Obwohl Grit nicht verdaut wird und damit im eigentlichen Sinn kein Nahrungsmittel ist, wird er mit Absicht im Kapitel Ernährung besprochen.

Vögel haben keine Zähne. Zum Zerkleinern der Nahrung dient der Muskelmagen. Er besteht, wie sein Name sagt, aus starken Muskelpartien, die noch zusätzlich von einer Platte aus sehr hartem Material überzogen sind. Durch die Bewegungen der Muskelmagenmuskulatur werden die Magenwände aneinandergepreßt und die im Muskelmagen befindlichen Körner zerrieben. Zur Unterstützung dieses Mahlvorganges schluckt der Vogel Steinchen.

Diese Steinchen, vorwiegend aus hartem Quarz, liegen im Muskelmagen und verstärken beim Zusammenpressen der Magenwände die Mahlwirkung auf die Körner. Sie dienen also als Zahnersatz und sind für die Verdauung des Vogels unbedingt notwendig. Nach einiger Zeit sind die Steinchen „aufgearbeitet" und müssen durch neue ersetzt werden. Ohne ausreichende Versorgung mit Grit entstehen nach kurzer Zeit Verdauungsstörungen. Die angebotenen Steinchen dürfen nicht scharfkantig und müssen in ihrer Größe der Körpergröße des Vogels angepaßt sein. Im Zoohandel gibt es Vogelsand aus Quarzsteinchen für große und kleine Vögel.

Kaufen Sie nur Quarzsand ohne Beimengungen. Kalkgrit ist kein Ersatz für die Quarzsteinchen, da Kalk von der Magensäure aufgelöst wird.

Häufig sieht man Vogelsand mit einem Zusatz von Kohle. Kohle ist ein altes Hausmittel, das als Medikament bei akuten Vergiftungen und bei Durchfällen eingesetzt wird. Sie bindet Gifte und Bakterien im Darm und macht sie damit weitgehend unschädlich. Gleichzeitig werden jedoch auch wichtige Nährstoffe und Vitamine von der saugfähigen Kohle aufgenommen und ausgeschieden. Bei täglicher Aufnahme von Kohle entstehen schwere Mangelerscheinungen, da die an die Kohle gebundenen Nährstoffe und Vitamine für den Körper verlorengehen. Vogelsand mit Kohlezusatz ist daher gesundheitsschädlich. Ebenso verhält es sich mit Zusätzen aus Kalk oder Muschelschalen. Als Beimengung zum Sand stehen sie im Verdacht, zu Kalziumüberversorgung zu führen (siehe auch S. 28).

Geben Sie den Vogelsand aus hygienischen Gründen in einem separaten Näpfchen zur freien Verfügungn in den Käfig. Sand auf dem Käfigboden führt dazu, daß die Tiere bei Aufnahme der Quarzkörner mit ihren Ausscheidungen in Berührung kommen. Zudem wird die Umgebung des Käfigs beim Herumfliegen der Tiere im Käfig durch herausstreuenden Sand verunreinigt.

# Krankheitszeichen

In der Natur werden kranke und schwache Tiere ausgemerzt, indem sie, von den Futterstellen verdrängt, verhungern oder von Feinden getötet werden. Oft sind es sogar die Artgenossen, die kranke und verletzte Schwarmmitglieder attackieren und zu Tode hacken. Man nennt das natürliche Auslese.

Für die Gesunderhaltung einer Art hat das sicherlich einen Sinn. Durch Eliminierung schwacher Tiere wird verhindert, daß sich krankes Erbmaterial weitervermehrt oder sich Infektionen verbreiten. Das Individuum tritt in der Natur hinter der Erhaltung der Art zurück. Für ein krankes Tier ist das natürlich – menschlich gesehen – ein grausames Schicksal, dem es nach Möglichkeit zu entgehen versucht. Viele Vogelarten haben, um bei Krankheit ihre Ausmerzung zu verhindern, Strategien entwickelt, die es nun wiederum uns Menschen erschweren, Krankheitszeichen zu erkennen.

Wenn man z.B. einen Schwarm Sperlinge beobachtet, findet man oft mindestens einen Vogel, der nicht ganz gesund ist. Fühlt er sich unbeobachtet, sitzt er aufgeplustert auf dem Boden. Wenn jedoch Schwarmmitglieder in seine Nähe kommen, ist er plötzlich nicht mehr aufgeplustert und pickt aufgeregt auf dem Boden, auch wenn es da gar nichts zu picken gibt. Nur ja keine Schwäche zeigen!

Käfig- und Volierenvögel verhalten sich ähnlich. Sie fressen, auch wenn sie todkrank sind, oft bis sie von der Stange fallen. Auch starke Schmerzen werden so gut wie nie durch Schmerzäußerung gezeigt. Das Federkleid verdeckt einen eventuellen chronischen Gewichtsverlust. So ist es zwar ärgerlich, aber auch verständlich, daß unerfahrene Besitzer Krankheiten ihrer Vögel erst im fortgeschrittenen Stadium bemerken. Häufig sind die Tiere dann so abgemagert und geschwächt, daß jede Behandlung zu spät kommt.

Ein aufmerksamer Beobachter, der weiß, auf was er achten muß, kann jedoch schon recht früh erkennen, wenn mit seinem Vogel etwas nicht stimmt. Folgende Anzeichen deuten darauf hin, daß eine Gesundheitsstörung vorliegt:

## Verhalten

Wenn Sie Ihren gefiederten Freund schon längere Zeit besitzen, werden Sie ihn gut kennen. Jede Veränderung seines Verhaltens ist krankheitsverdächtig. Spielt er weniger (z.B. zahme Wellensittiche), singt er plötzlich nicht mehr (z.B. Kanarienhähne) oder bleibt er, obwohl die Käfigtür offen ist, im Käfig sitzen? Ist er aufgeplustert, wenn er sich unbeobachtet fühlt? Steckt er den Kopf auch tagsüber in das Gefieder und schläft ungewöhnlich viel? Wird er von Käfigmitbewohnern, mit denen er sich immer gut vertragen hat, plötzlich gehackt und gejagt?

Kranke Vögel sind in der Regel ruhiger als gesunde, oft etwas apathisch, d.h. sie zeigen weniger Interesse an ihrer Umwelt. Wenn ein scheuer Vogel plötzlich zahm erscheint und sich sogar anfassen läßt, ist das ein Alarmzeichen: hier stimmt etwas nicht.

## Körperhaltung

Kranke Vögel halten sich im Schlaf meist mit beiden Füßen auf der Sitzstange fest, wogegen gesunde Vögel häufig nur auf einem Bein schlafen. Wenn allerdings tagsüber ein Bein immer wieder hochgezogen oder ganz geschont wird, deutet das auf eine Verletzung oder Erkrankung des Fußes hin.

Das Hocken mit mehr oder weniger aufgekrümmtem Rücken und nach unten gebogenem Schwanz sieht man bei Veränderungen und Schmerzen im Bauchbereich, z.B. bei Tumoren, Legenot oder Darmerkrankungen.

Akute Atemnot sehen Sie deutlich am verstärkten Wippen der Schwanzfedern im Rhythmus der Atmung. Bei extremen Atembeschwerden ist der Schnabel zum „Luftschnappen" geöffnet.

Aufgrund der Störung im Wärmehaushalt, die bei kranken Vögeln in der Regel besteht, frieren die Tiere. Zum Ausgleich, um die Abstrahlung der

**Sitzen mit aufgekrümmtem Rücken deutet auf eine Erkrankung im Bauchraum hin.**

Körperwärme zu verringern, sind die Federn gesträubt. Sind die sonst strahlenden knopfartigen Augen trübe, halbgeschlossen und tiefliegend, liegt mit Sicherheit eine Gesundheitsstörung vor.

## Ausscheidungen

Kot und Urin werden vom Vogel gleichzeitig ausgeschieden. Bei Körnerfressern ist der Kot von dickbreiiger bis fester Konsistenz. Die Farbe hängt hauptsächlich von der aufgenommenen Nahrung ab und kann dunkelgrün, braun bis schwärzlich sein. Auf den abgesetzten Kothäufchen sitzt in der Regel ein Klecks aus weichem, weißlichem Harn.

Ist der dunklere Kotanteil der Ausscheidung flüssig, so besteht Durchfall. Bei Absetzen von flüssigem Harn, der wie ein kleiner See um den festen Kotanteil schwimmt, besteht der Verdacht, daß eine Nierenerkrankung vorliegt. In Streßsituationen, z.B. nach dem Transport zum Tierarzt, kann für kurze Zeit der Harn flüssig sein, ohne daß eine Erkrankung besteht. Der Tierarzt wird das bei seiner Diagnosestellung mitberücksichtigen. Es handelt sich dabei um ein durch das Nervensystem ausgelöstes, harmloses Phänomen.

## Gefieder

Abgebrochene Federn, kahle Stellen, stumpfes Federkleid, übermäßig viele „Stacheln" am Kopf durch nicht enthülste nachwachsende Federn, Verklebungen, Verblassen oder Verfärben des Gefieders fallen dem Beobachter sofort ins Auge. Sie sind Anzeichen für eine bestehende Erkrankung.

## Handgriffe zur Untersuchung eines Vogels

Viele, v.a. kleine Vogelarten, sind sehr schockanfällig, so daß das Herausfangen aus Käfig und Voliere mit einem Risiko verbunden ist. Ganz besonders wenn der Verdacht besteht, daß das Tier krank ist, sollte das Einfangen ohne Hektik, schnell und schonend geschehen. Auf gar keinen Fall darf der Vogel herumgejagt werden.

Die beste und schonendste Methode ist das „Abpflücken" von der Stange im Dunkeln. Der Raum, in dem sich der Patient befindet, wird dazu vollständig abgedunkelt. Bevor das Licht gelöscht wird, müssen Sie sich genau den Sitzort des Vogels merken. Die hier im Buch besprochenen Vogelarten können im Dunkeln Bewegungen sehr schlecht sehen, so daß Sie sie ohne viel Mühe ergreifen können. Der erste Griff sollte „sitzen".

Kleinere Vögel werden so gehalten, daß der Rücken des Vogels in der Handfläche liegt. Der Kopf wird dann mit Daumen und Zeigefinger fixiert. Mittel-, Ring- und kleiner Finger der Hand halten den Rumpf des Tieres und, wenn nötig, die Beine. Mit der anderen Hand kann der so fixierte Vogel abgetastet werden. Um zusätzliche Kreislaufbelastungen zu vermeiden, sollten Sie darauf achten, daß der Kopf des Patienten immer nach oben gerichtet ist. Es darf kein größerer Druck auf den Vogelkörper ausgeübt werden!

Größere Vögel können mit ihrem Schnabel dem Fänger ernste Verletzungen zufügen. Daher empfiehlt es sich, dem Tier ein Tuch über den Kopf zu stülpen, um ihn dann schnell und mit sicherem Griff im Genick zu greifen, wobei der Kopf fixiert wird. Mit der anderen Hand werden die oft sehr wehrhaften Beine festgehalten. Feste

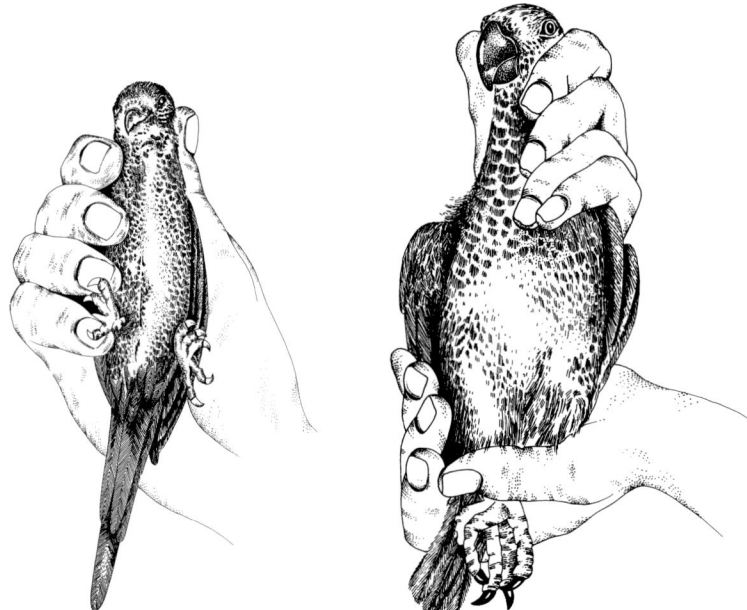

**Links: Richtiges Festhalten eines kleinen Vogels.
Rechts: Der Griff muß richtig sitzen, da größere Vögel mit ihrem Schnabel dem Halter ernsthafte Verletzungen zufügen können.**

Lederhandschuhe haben sich dazu bewährt. Die Untersuchung des Patienten muß dann eine zweite Person durchführen.

> Denken Sie immer daran, daß sie nur einen Eindruck davon gewinnen möchten, ob der Vogel krank ist und tierärztliche Hilfe benötigt. Die genauere Untersuchung sollten Sie einem Tierarzt überlassen. Vermeiden Sie, wenn Sie bereits mit Bestimmtheit wissen, daß etwas nicht in Ordnung ist, längere Manipulation. Neben der bereits erwähnten Schockgefahr, v.a. bei kranken Vögeln, werden die Tiere leicht handscheu.

Fächern Sie vorsichtig nacheinander den linken und rechten **Flügel** auf und kontrollieren Sie die Federn. Eventuellen Milbenbefall erkennen Sie mit einer Lupe. Die **Augen- und Nasenöffnungen** sollten ohne jeglichen Ausfluß und Verkrustungen sein. Streichen Sie dem Vogel vorsichtig über die **Brustmuskulatur.** Bei einem gesunden Tier ist sie leicht nach außen gerundet. Entlang der Mittellinie der Brust spüren Sie das **Brustbein.** Wenn es auffallend stark hervorspringt und sich spitz an-

fühlt, ist das ein Zeichen für Unterernährung. Entweder wurde der Vogel nicht mit genügend Futter versorgt, oder er ist seit längerer Zeit krank.

Schauen Sie sich auch die **Kloakenöffnung** an. Es handelt sich dabei um die gemeinsame Öffnung für die Kot- und Urinausscheidung. Auch die Eier, die ein weiblicher Vogel im Laufe seines Lebens legt, gelangen durch diese Öffnung in die Außenwelt. Die Federn um die Kloakenöffnung müssen sauber sein. Sind sie mit Kot oder weißlichen Kristallen verschmutzt, deutet das auf Durchfall bzw. eine Nierenerkrankung hin. Drücken Sie ganz leicht auf den **Bauch** des Patienten unterhalb des Brustbeins. Er sollte weich und flach sein. Ist er über das Niveau des Brustbeins gewölbt und hart, besteht der Verdacht, daß ein Tumor, Legenot oder sonstige raumfordernde Prozesse in der Körperhöhle des Vogels vorliegen.

**Ekzeme** oder **Wunden** unter dem Gefieder findet man, indem man die Federn leicht gegen den Strich bläst. Die **Beine** und **Füße** des zu untersuchenden Vogels sind auf Verletzungen, Auflagerungen, Schwellungen und Verdickungen zu überprüfen. Achten Sie dabei auch auf die Fußunterseiten, wo Druckstellen oder Geschwüre die kleinen Patienten quälen können.

## Kotuntersuchungen (Richtlinien zur Einsendung des Materials)

Aus dem Kot eines Vogels kann man oft wichtige Erkenntnisse über die Ursache einer Gesundheitsstörung gewinnen. Viele Krankheitserreger (z.B. Bakterien, manche Viren, Pilze, Darmparasiten, Chlamydien) können durch Kotuntersuchungen im Labor nachgewiesen werden.

Dazu wird eine etwa erbsengroße, nicht ausgetrocknete Kotmenge ohne Beimischung von Sand oder sonstiger Einstreu benötigt. Zur Gewinnung der erforderlichen Kotmenge wird der Käfigboden mit einem nicht aufsaugenden Material (z.B. Alufolie) ausgelegt. Die Alufolie braucht dann nur noch zusammen mit dem darauf befindlichen Kot eingerollt und so verpackt zu werden, daß sie auf dem Postweg nicht zerdrückt wird. Gut geeignet sind dafür Plastikbehälter, in denen Negativ- oder Diafilme für Fotoapparate verkauft werden.

Der Einfachheit halber senden Sie die Proben an Ihren Tierarzt, der sie an ein entsprechendes Speziallabor weiterleitet. Sie können aber auch Kotproben zur Untersuchung an die Universitäts-Vogelkliniken oder ein Landesuntersuchungsamt schicken. Wichtig ist, daß jeder Probe ein schriftlicher Bericht darüber beigelegt wird, von welchem Tier der Kot stammt, sowie warum und auf welche Krankheitserreger er untersucht werden soll.

## Sektion (Richtlinien zur Einsendung toter Vögel)

Zur Untersuchung der genauen Todesursache können auf natürliche Weise gestorbene oder eingeschläferte Vögel z.B. an die uaf Seite 121 aufgeführten Untersuchungsinstitute gesandt werden. Dabei müssen jedoch einige wichtige Regeln beachtet werden, damit der Tierkörper nicht auf dem Transportweg verdirbt und eine Untersuchung unmöglich wird.

Nachdem der Vogel gestorben ist, behält er noch eine gewisse Zeit seine Körperwärme. Man läßt ihn deshalb erst etwas abkühlen, bevor man ihn verpackt, damit der Zersetzungsprozeß durch die in der Verpackung eingeschlossene Wärme nicht beschleunigt wird. Wenn Sie einen Vogel finden, der schon ein paar Stunden tot ist, achten Sie v.a. im Sommer darauf, daß sich keine Fliegeneier in den Körperöffnungen befinden. Auf dem Transportweg würden die Fliegenlarven ausschlüpfen und den Vogelkörper zerfressen, bevor er untersucht werden kann.

Verpacken Sie den Tierkörper in Zeitungspapier und versenden Sie ihn so schnell wie möglich (am besten per Bahnexpreß) in einem stabilen Karton. Legen Sie den Karton mit weiterem saugfähigem Material aus. Es darf keine Flüssigkeit austreten. Der Absender ist für eventuelle Beschädigungen anderer Briefsendungen durch auslaufende Flüssigkeit haftbar! Saugfähiges Material ist z.B. Zellstoff oder Küchentücher.

Der Karton muß so fest sein, daß er nicht zerdrückt werden kann. Vergessen Sie nicht, einen ausführlichen Bericht über den Krankheitsverlauf, über Haltung und Fütterung, über Alter und Geschlecht sowie den Todesumstand des Tieres beizulegen. Hilfreich ist auch die Mitteilung, ob noch weitere Tiere im Haushalt oder Bestand erkrankt sind.

Kann die Verschickung nicht am gleichen Tag erfolgen (z.B. am Wochenende), so bewahren Sie den Vogel bis zum nächstmöglichen Versendungstermin im Kühlschrank auf. Frieren Sie den Tierkörper jedoch nicht ein. Beim Einfrieren wird die Zellstruktur zerstört, so daß eine histologische (feingewebliche) Untersuchung nicht mehr möglich ist.

Wenn Sie den kranken Vogel erst kurz vor seinem Tod gekauft haben, können Sie an den Verkäufer eventuell Regreßansprüche stellen. Bei Streitfällen ist es von Vorteil, wenn durch eine Sektion nachgewiesen wird, daß die Erkrankung bereits beim Kauf bestanden hat. Sicherlich kann ein Rechtsstreit den Vogel nicht mehr zum Leben erwecken – er kann jedoch mithelfen, Schlamperei sowie unsachgemäße Haltung der Tiere im Handel zu verhindern. Nach Möglichkeit sollte der Vogel dann umgehend einem Untersuchungsinstitut überbracht werden.

# Die richtigen Maßnahmen bei Erkrankungen

## Erste Hilfe

Grundsätzlich gilt, daß ein kranker Vogel so schnell wie möglich tierärztlich versorgt werden sollte. Tagelanges Abwarten, ob sich der Gesundheitszustand bessert, oder Behandlungsversuche mit Hausmitteln ohne genau zu wissen, um welche Krankheit es sich eigentlich handelt, haben schon vielen Vögeln das Leben gekostet. Je früher eine Diagnose gestellt und eine spezifische Behandlung begonnen werden kann, desto größer sind die Heilungschancen. Ist der Vogel aufgrund einer länger bestehenden Krankheit bereits extrem abgemagert, kommt meist jede Hilfe zu spät.

Die tierärztliche Versorgung ist auch am Wochenende und an Feiertagen in den Großstädten durch Tierkliniken und den tierärztlichen Notdienst relativ gut. Außerhalb der Städte kann es jedoch vorkommen, daß bei Notfällen ein fachkundiger Tierarzt für das Spezialgebiet Vögel nicht sofort zu erreichen ist. In solchen Fällen müssen Sie einige **Notfallmaßnahmen** beherrschen, um dem kleinen Patienten helfen zu können:

## Wärmebestrahlung

Während Säugetiere auf krankmachende Keime häufig mit Fieber reagieren, kühlen Vögel, deren normale Körpertemperatur schon über 41°C liegt, ab. So wie das Fieber bei den Säugetieren, ist bei Vögeln die Absenkung der Körpertemperatur eine Abwehrmaßnahme des Organismus. Er versucht damit, die Wachstums- und Vermehrungsbedingungen für Krankheitskeime ungünstiger zu gestalten. Ist die körpereigene Abwehr des Vogels jedoch nicht in der Lage, die schädigenden Keime innerhalb kurzer Zeit zu vernichten, so kann die andauernde Unterkühlung dem Tier zum Verhängnis werden – genau wie lang andauerndes Fieber

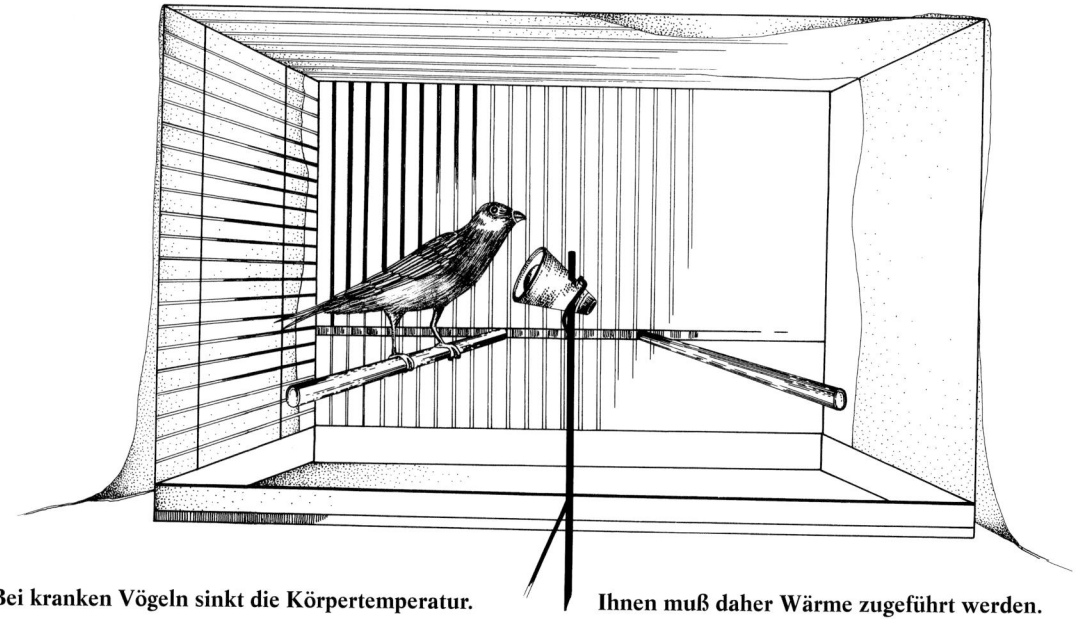

**Bei kranken Vögeln sinkt die Körpertemperatur.**     **Ihnen muß daher Wärme zugeführt werden.**

beim Säuger. Während man z.B. beim Menschen mit hohem Fieber durch kalte Wadenwickel versucht, Wärme aus dem Körper abzuführen, muß beim kranken Vogel **Wärme zugeführt** werden.

Am besten eignet sich dazu eine schwenkbare Lampe mit einer ganz normalen 60-Watt-Glühbirne. Verwenden Sie keine Halogenstrahler – sie sind zu hell und schädigen die Augen. Infrarotstrahler sind nur bedingt zu empfehlen, da man sie aufgrund der Brandgefahr, die von ihnen ausgeht, nicht über lange Zeit in Betrieb halten kann. Das ist jedoch ganz besonders wichtig, denn die Unterbrechung der Wärmezufuhr führt, wenn der Vogel noch nicht gesund ist, erneut zum Absinken der Körpertemperatur.

Bei kranken Vögeln kann die Bestrahlung mehrere Tage und Nächte erforderlich sein. Der oft gehörte Einwand, daß die Tiere durch das Licht nicht schlafen könnten, ist zwar richtig, aber in diesem Zusammenhang von untergeordneter Bedeutung. Wichtig ist die Wärme. Decken Sie eine Seite des Käfigs mit einem Tuch ab, damit die Wärme nicht nach hinten durch die Gitterstäbe verlorengeht. Richten Sie die Lampe im Abstand von etwa 10 cm vom Käfig entfernt so auf die Schlafstange des Vogels, daß er, wenn es ihm zu warm wird, auf eine andere Stange ausweichen kann.

Zunächst sind die meisten Vögel irritiert und weichen an das andere Ende des Käfigs aus. Es dauert aber meist nicht lange, bis die frierenden Patienten die Wärmequelle als solche entdecken und sich davorkuscheln.

Oft entgegnen Patientenbesitzer auf den Rat, eine Wärmebestrahlung bei ihrem kranken Vogel durchzuführen, daß es in ihrer Wohnung sehr warm sei und der Käfig in der Nähe der Heizung stehe. Aber selbst eine Raumtemperatur von über 25°C, die von uns Menschen als sehr warm empfunden wird, ist für einen kranken Vogel viel zuwenig!

> **Wichtig**
> Bei zentralnervösen Störungen (Lähmungen, Krämpfe) oder Gehirnverletzungen nach Unfällen (z.B. wenn der Vogel gegen eine Fensterscheibe geflogen ist), ist Wärmebestrahlung schädlich! Sie erhöht den Blutdruck im geschädigten Gehirn und verschlimmert damit das Krankheitsgeschehen.

Vögel mit Gehirnverletzungen oder offensichtlichen Gehirnerkrankungen sollten bis zum Transport zum Tierarzt in einen abgedunkelten Raum verbracht werden. Lassen Sie den Patienten am besten völlig in Ruhe und halten Sie äußere Reize von ihm fern. Ist der Unfall gerade erst passiert und besteht keine akute Blutung, ist es ratsam, zunächst ein bis zwei Stunden zu warten, bevor Sie den schockanfälligen Vogel transportieren.

## Zwangsfütterung

Achten Sie darauf, ob Ihr Vogel Nahrung aufnimmt. Bedingt durch seinen schnellen Stoffwechsel kann er nur kurze Zeit ohne Futter überleben. Schon durch zwei oder drei Tage andauernde Futterverweigerung magert ein Vogel stark ab und erliegt aufgrund der Entkräftung schnell seiner Krankheit. Vögel, die sich konstant weigern zu fressen, müssen daher **zwangsgefüttert** werden. Dazu eignet sich am besten dickflüssiger Kinderfertigbrei, den man dem Patienten tropfenweise eingibt.

Nehmen Sie dazu eine 1-ml-Einwegspritze (z.B. Insulinspritze ohne Nadel aus der Apotheke). Verwenden Sie auf keinen Fall Glaspipetten! Sie zerbrechen leicht, wenn z.B. ein Papagei mit seinem starken Schnabel darauf beißt, und können dann zu lebensgefährlichen Verletzungen führen. Halten Sie beim Eingeben des Breis den Vogel aufrecht, damit er sich nicht verschluckt.

> Vögel in der Größe von Wellensittichen erhalten 3- bis 4mal am Tag etwa 1 ml Flüssignahrung, Großpapageien 3- bis 4mal täglich ca. 5 bis 10 ml.

Sicherer, wenn man die Technik beherrscht, ist das Eingeben von flüssiger oder breiiger Nahrung mit Hilfe einer Knopfkanüle direkt in den Kropf. Da diese Methode einer gewissen Übung bedarf, sollte sie nur von geschulten Personen ausgeführt werden. Bitten Sie Ihren Tierarzt, Ihnen diese Technik der Zwangsfütterung genau zu zeigen. Wenn Sie sie unter Anleitung einmal selbst durchgeführt haben, ist es ganz leicht. Auch Medikamente können einem kranken Vogel so verabreicht werden.

Da das Zwangsfüttern für den Vogel eine große Belastung darstellt, darf es nur in wirklichen Notsituationen angewandt werden, d.h. wenn der Vogel zwei bis drei Tage überhaupt nichts gefressen hat.

## Blutungen stillen

**Akute Blutungen** müssen immer sofort gestillt werden. Besonders kleine Vogelarten, deren Gesamtblutmenge ohnehin gering ist, kann der Verlust von wenigen Tropfen Blut das Leben kosten. Die beste Blutstillung ist Druck. Dazu wird mit dem Finger, eventuell auch mit einem in Eisen-III-Chlorid getränkten Tupfer oder blutstillender Watte solange auf das beschädigte Gefäß gedrückt, bis die Blutung steht. Man muß dabei jedoch etwas Geduld haben. Je nach Größe des Blutgefäßes kann es einige Minuten dauern, bis sich Erfolg zeigt.

Alle genannten Maßnahmen verstehen sich als Erste Hilfe und als zusätzliche Pflegemaßnahmen zu der tierärztlichen Behandlung und ersetzen nicht den Gang zum Tierarzt!

## Transport zum Tierarzt

Vor einigen Jahren war die Untersuchung und Behandlung von Vögeln in der Tiermedizin noch ein Spezialgebiet, in dem sich nicht alle Tierärzte über die Notfallversorgung hinaus auskannten. Inzwischen hat sich auf diesem Gebiet viel getan. Während früher im Studium der Schwerpunkt der Ausbildung bei Nutzgeflügel lag, wird heute auch umfangreiches Wissen über Krankheiten von Ziervögeln an den Universitäten vermittelt. Fortbildungen, zu der jeder niedergelassene Tierarzt verpflichtet ist, informieren über die neuesten Erkenntnisse der Vogelheilkunde.

Dennoch zeigt sich eine gewisse Spezialisierung in den tierärztlichen Praxen. Viele behandeln hauptsächlich Hunde, Katzen, Kleintiere und nur in Ausnahmefällen Vögel. Hier ist wenig Erfahrung auf diesem Gebiet zu erwarten. Fragen Sie

daher, bevor Sie Ihren kleinen Patienten transportieren, beim Tierarzt Ihrer Wahl telefonisch an, ob er auch Vögel behandelt.

Bestehen Sie bitte nicht auf einem Hausbesuch, wenn Ihr Tierarzt es nicht für richtig hält. Meist sind schon die Lichtverhältnisse in einer Privatwohnung für eine gründliche Untersuchung nicht ausreichend. Viele Diagnosetechniken (z.B. Röntgen) können nur in der tierärztlichen Praxis durchgeführt werden.

Die Körpertemperatur sinkt beim kranken Vogel in den meisten Fällen ab. Es ist daher besonders wichtig, ihn beim Transport vor Kälte und Zugluft zu schützen. Decken Sie den Käfig mit einer Decke ab. Vorsicht ist geboten bei Plastiktüten: Bei längeren Transporten kann der Sauerstoffgehalt im Innern eines so eingewickelten Käfigs gefährlich absinken!

Wenn Sie den Patienten im gewohnten Käfig bringen, reinigen Sie den Käfig **nicht** vor dem Tierarztbesuch. Der behandelnde Arzt kann dann Veränderungen von Kot und Urin sowie mögliche, von Ihnen unbeabsichtigte Haltungsfehler besser beurteilen. Lebt der kranke Vogel in einer Voliere oder in einem großen, nicht transportablen Käfig, bringen Sie ihn in einer kleinen Schachtel oder in einem kleinen Transportkäfig in die Tierarztpraxis. Legen Sie die Schachtel mit rutschfestem Material aus (z.B. Küchentücher), damit der Vogel Halt hat. Bringen Sie auch Futterproben und eventuell bereits verabreichte Medikamente mit.

Häufig ist es für den Tierarzt gerade beim Vogel nicht möglich, innerhalb von 10-15 Minuten, solange die normale Konsultation dauert, eine endgültige Diagnose zu stellen. In diesen Fällen ist die stationäre Aufnahme dringend erforderlich, damit der Tierarzt Gelegenheit hat, den Patienten zu beobachten und Spezialuntersuchungen durchzuführen. Längere Manipulationen oder Injektionen kann er, um kein unnötiges Risiko einzugehen, sowieso erst durchführen, wenn sich der Vogel vom Transportstreß erholt hat – die Schockgefahr wäre sonst zu groß. Auch wenn das Tier über mehrere Tage behandelt werden muß, sollten Sie sich nicht dagegen wehren, den Vogel beim Tierarzt zu lassen. Sie ersparen dem geschwächten Patienten damit unnötige Transporte. Wählen Sie daher einen Tierarzt, der neben Vogelerfahrung auch die Möglichkeit zur stationären Pflege hat.

## Checkliste für den Besuch beim Tierarzt

Mitleid und Sorge mit dem gefiederten Freund lassen Patientenbesitzer oft wichtige Informationen vergessen. Für den Tierarzt ist jedoch ein exakter Vorbericht sehr hilfreich.

Machen Sie sich daher zu Hause Notizen und nehmen Sie diese schriftlichen Aufzeichnungen mit in die Praxis. Wichtige Details, die für eine Diagnose und erfolgreiche Therapie von Bedeutung sind, gehen damit nicht verloren.

Folgende Fragen sollen Ihnen bei der Aufstellung einer schriftlichen Checkliste behilflich sein:

| Checkliste |
| --- |
| Wie alt ist der Vogel? |
| Seit wann ist er in Ihrem Besitz? |
| Wo haben Sie ihn erworben (Tiergeschäft, Züchter, Privat)? |
| Haben Sie noch andere Vögel? |
| Sind weitere Vögel erkrankt oder gestorben? |
| Haben Sie einen neuen Vogel zugekauft? |
| Haben Sie einen Vogel in Pflege genommen oder Ihren Vogel in Pflege gegeben? |
| Welche Symptome haben Sie beobachtet? |
| Wann traten die Symptome erstmals auf? |
| War der Vogel schon früher einmal krank? |
| Wurde der Vogel von Ihnen oder einem anderen Tierarzt vorbehandelt? |
| War der Vogel auf einer Ausstellung? |
| Was füttern Sie? |
| Wie wird der Vogel gehalten (Käfig, Voliere, Freiflug)? |
| Standort des Käfigs oder der Voliere? |
| Sind Sie selbst oder Familienmitglieder erkrankt (Fieber, Durchfall etc.)? |

# Krankheiten des Federkleides

## Stockmauser

Das Abwerfen alter und gleichzeitiges Nachwachsen neuer Federn nennt man **Mauser.** Während die meisten Singvögel zu bestimmten Jahreszeiten fast vollständig ihr Gefieder erneuern, mausern Papageienvögel das ganze Jahr hindurch, wobei nacheinander Kopf-, Körper- und Schwanzfedern ausfallen.

Die nachwachsenden Federn sind zunächst mit einer dünnen Hornschicht umhüllt und wie kleine Stacheln aufgerichtet. Vor allem am Kopf ist das sehr gut zu erkennen. Um die Federn von ihrer Hülle zu befreien, kratzen, picken und putzen sich die Vögel während der Mauser besonders intensiv. Oft wird dieses Verhalten als Juckreiz aufgrund von Parasitenbefall fehlgedeutet.

> Die Mauser ist keine Krankheit, sondern ein ganz natürlicher Vorgang. Gesunde und vollwertig ernährte Vögel haben damit auch in der Regel keine Probleme. Bei Vogelarten, die saisonal vollständig ihr Gefieder wechseln, dauert die Mauser maximal eine Woche. Während dieser Zeit findet man am Boden des Käfigs viele abgeworfene Federn. Bei gesunden Papageienvögeln fällt die Federerneuerung kaum auf. Ab und zu fallen ein paar Federn aus, deren Fehlen im Gesamterscheinungsbild des Vogels kaum zu erkennen ist.

Anders ist es bei der **Stockmauser** oder Dauermauser. Wie der Name schon sagt, handelt es sich dabei um eine Verzögerung, manchmal sogar um einen vollständigen Stillstand des Federwechsels. Die betroffenen Tiere sehen meist sehr zerrupft aus. Die Körperfedern sind abgenutzt und fasrig. Auf dem Köpfchen bildet sich ein richtiges Stachelkleid aus ungeöffneten Federschäften.

Für die Neubildung von Federn werden hochwertige Nährstoffe benötigt. Offenbar reichen die Nährstoffreserven der Stockmauser-Patienten nicht aus, um eine zügige Mauser zu gewährleisten. Ursache dafür sind entweder einseitige Fütterung (Mangel an Aminosäuren, Vitaminen und Mineralstoffen), unsachgemäße Haltung (zu wenig UV-Licht, zu geringe Luftfeuchtigkeit), eine versteckte Krankheit (Leber- und Nierenerkrankungen, Tumoren) oder hormonelle Störungen. Die Stockmauser ist damit keine eigenständige Krankheit, sondern ein Symptom, das zeigt, daß mit der Gesundheit des kleinen Patienten etwas nicht stimmt.

Ein Vogel, der unter Stockmauser leidet, sollte grundsätzlich einem Tierarzt vorgestellt werden, um versteckte Organerkrankungen auszuschließen. **Vitaminpräparate** mit einem hohen Anteil an Vitamin A sowie stoffwechselaktivierende Medikamente (Roborantien) helfen bei Mangelsituationen. Diese Präparate, die man vom Tierarzt bekommt, können bei Stubenvögeln über das Trinkwasser verabreicht werden.

Eine Ausnahme bilden die Papageienvögel und manche gelben und weißen Kanarienvögel. Papageien und Sittiche trinken zu wenig, um über das Trinkwasser ausreichend mit Vitaminen oder sonstigen Medikamenten versorgt werden zu können. Diesen Tieren sollten notwendige Arzneimittel (auch Vitamine) grundsätzlich vom Tierarzt injiziert werden. Bei vielen gelben und weißen Kanaris liegt eine angeborene, genetisch bedingte Resorptionsstörung für Vitamin A aus dem Darm vor. Das bedeutet, daß die Tiere Vitamin A, das sie durch Frischfutter oder als Vitamin-Tropfen im Trinkwasser erhalten, nicht ausreichend verwerten können. Auch hier sind regelmäßige Vitamin-Injektionen (etwa einmal im Monat) von Vorteil, um Mangelerscheinungen vorzubeugen.

Selbstverständlich ist auf eine **vielseitige** und **vollwertige Ernährung** zu achten. Viel Grünfutter und Obst sowie hochwertiges Eiweiß (z.B. Eier, Fleisch, Aufzuchtfutter) sowie häufiger Aufenthalt im Freien, wenn es die Witterung erlaubt, helfen Stockmauser-Patienten meist über die kritische

Stockmauser beim Wellensittich.

Abwerfen der Schwanzfedern in Schrecksituationen.

Zeit hinweg. Zusätzlich empfiehlt es sich, die **Luftfeuchtigkeit,** vor allem in beheizten Räumen, zu erhöhen.

## Schreckmauser

Unter Schreckmauser versteht man ein Phänomen, das für freilebende Vögel durchaus lebensrettend, für den behandelnden Tierarzt jedoch unangenehm sein kann. In Angstsituationen, z.B. beim Herausfangen aus dem Käfig oder bei tierärztlichen Untersuchungen, verliert mancher ängstliche Vogel spontan Federn an bestimmten Körperregionen. Am häufigsten werden einzelne oder sogar sämtliche Schwanzfedern abgeworfen. Die Schwungfedern sind davon nicht betroffen.

In freier Natur kann die Schreckmauser unter Umständen sehr wichtig sein. Von einem Freßfeind angegriffen und festgehalten, kann der Vogel durch Abwurf der Schwanzfedern manchmal noch entkommen. Der Angreifer hat dann nur die Federn erwischt, die Beute ist – ohne Schwanz – davongeflogen. Die abgeworfenen Federn wachsen relativ schnell wieder nach.

Das plötzliche Abwerfen von Federn in einer Schrecksituation ist demnach keine Krankheit. Die Schreckmauser kann immer, auch bei vorsichtiger Handhabung, auftreten. Sie sollte kein Anlaß sein, den Tierarzt zu wechseln, denn um eine gründliche Untersuchung durchzuführen, hat er keine andere Wahl, als das Risiko einzugehen und den Patienten in die Hand zu nehmen.

## Französische Mauser

Französische Mauser wird der Verlust von wachsenden Flügel- und Schwanzfedern genannt. Dieses Krankheitsbild tritt vor allem bei Wellensittichen auf, seltener sind auch Kanarien und Prachtfinken davon betroffen. Ende des 19.Jahrhunderts wurde diese Gefiederstörung erstmals in südfranzösischen Wellensittich-Zuchten beobachtet. Daher auch der Name **Französische Mauser.**

Die Vögel verlieren dabei gleich nach jeder Mauser die nachwachsenden Schwung- und Schwanzfedern wieder und bleiben lebenslang flugunfähig. Sie bewegen sich laufend und klet-

**Verlust der Schwungfedern bei der Französischen Mauser.**

Zucht verwendet werden. Züchter töten aus diesem Grund Wellensittiche mit den beschriebenen Gefiederstörungen. Abgesehen davon, daß ein „Renner" nicht fliegen kann, ist er jedoch munter und gesund und will sicherlich nicht sterben. Solche Vögel werden in der Obhut des Menschen sehr schnell zahm. In einem seiner Behinderung entsprechenden Käfig mit etwas mehr Sitzstangen als üblich, damit er durch Klettern überall hinkann, wird sich der Vogel wohlfühlen. Eventuell kann man ihm ein Ausstiegsleiterchen basteln, über das er im Zimmer herumspazieren kann. Wenn sich dann noch ein zweiter flugunfähiger Wellensittich findet, steht einem glücklichen Vogelleben nichts im Wege.

# Federrupfen

Meist sind es Papageien und Sittiche, die sich selbst umfangreiche Gefiederschäden zufügen. Finkenvögel dagegen malträtieren häufiger den Partner- oder Kontaktvogel.

Bei Vögeln, die sich selbst rupfen, findet man federlose Stellen vor allem an der Brust, am Unterflügel und am Bauch; das Kopfgefieder ist intakt. Wird die Schädigung durch einen Partnervogel verursacht, ist auch der Kopf betroffen. Die ausgerissenen Federn sind zerrupft, abgebissen und ausgefranst. Werden noch „lebendige" Federn ausgerissen oder abgebissen, entstehen starke Blutungen. Häufig geben sich die betroffenen Tiere nicht mit dem Rupfen der Federn zufrieden, sondern nagen sich tiefe Wunden in die Brust- und Flügelmuskulatur.

Lange Zeit wurde das Federrupfen ausschließlich als **Verhaltensstörung** aufgrund von Langeweile, nicht artgerechter Haltung und verdrängter Aggressionen gedeutet. Bei Sektionen verstorbener oder euthanasierter „Rupfer" werden jedoch häufig Schimmelpilzinfektionen (Aspergillose), Nierenerkrankungen sowie Verfettung der inneren Organe durch Über- und Fehlernährung gefunden. Es wird daher auch ein Zusammenhang zwischen diesen Gesundheitsstörungen und dem Fehlverhalten diskutiert. Hier drängt sich allerdings die Frage auf, ob die genannten Krankheiten wirklich Ursache und nicht ebenfalls Folge falscher Haltung und see-

ternd vorwärts und werden auch „Hopser" oder „Renner" genannt.

Die **Ursache** dieser Erkrankung ist noch immer unbekannt. In jüngster Zeit wird von Experten über die Beteiligung eines Virus am Krankheitsgeschehen diskutiert. Andere wiederum vermuten, daß Überlastungen der Elterntiere bei der Brut (mehr als drei Gelege hintereinander) und Eiweißmangel bei der Aufzucht der Jungvögel Einfluß auf das Entstehen von „Rennern" hat.

Eine erfolgreiche **Behandlung** der Französischen Mauser gibt es nicht. Immer wieder wird von spontanen Heilungen einzelner „Hopser" berichtet. Bei näherem Betrachten dieser Therapieerfolge stellt sich dann aber meist heraus, daß es sich bei den Patienten um Überlebende der Wellensittich-Nestlingskrankheit handelt. Solche Tiere leiden anfangs unter den gleichen Gefiederstörungen wie Tiere mit Französischer Mauser. Nach dem ersten oder zweiten Federwechsel bleiben jedoch, anders als bei „Rennern", die Schwung- und Schwanzfedern erhalten.

Da bis heute nicht ausgeschlossen werden kann, daß die Krankheit **erblich** bedingt ist, sollten Tiere mit Französischer Mauser nicht zur lischer Frustrationen sind. Vielleicht treten sie aus diesem Grund zusammen mit dem Federrupfen auf? Eventuell werden Vögel auch durch Haut-, Feder- und Stoffwechselerkrankungen, die mit starkem Juckreiz einhergehen, zum Kratzen und schließlich zum Ausreißen der Federn stimuliert.

In freier Natur gibt es keine Federrupfer, denn ein intaktes Gefieder ist zum Überleben unbedingt notwendig. Ein solches Fehlverhalten würde unweigerlich innerhalb kurzer Zeit zum Tode führen. Federrupfen sowie Selbst- und Partnerverstümmelung ist daher eine Erkrankung, die nur in Gefangenschaft auftritt. Nachfolgend einige Beispiele für seelische Frustrationen, die häufig als **Ursache** bei betroffenen Vögeln gefunden wurden:

*a) Trennungsangst handaufgezogener und auf den Menschen fehlgeprägter Vögel*
Da ein menschlicher „Partner", im Gegensatz zu einem wirklichen Vogelpartner, in der Regel nicht 24 Stunden anwesend sein kann, entstehen immer wieder Trennungssituationen, die ein von Natur aus geselliges Tier oft nicht verkraften kann.

*b) Ungeeignete Paarbildung*
Die Zugehörigkeit zur gleichen Spezies garantiert auch in der Vogelwelt nicht immer Sympathie. Es gibt Tiere, die sich, auch wenn sie Jahre zusammenleben, nicht ausstehen können.

*c) Streß, Schlafmangel*
Überbesetzung des Käfigs und ständige Reizüberflutung (andere Haustiere, Kinder, Fernsehen) sind nur einige Beispiele für Streß, denen ein Vogel wehrlos ausgesetzt sein kann.

*d) Langeweile*
Monotone Käfigeinrichtung, Einzelhaltung und wenig Zuwendung durch einen menschlichen Betreuer lassen vor allem intelligente Sittiche und Papageien seelisch verkümmern.

*e) Sexuelle Frustration*
Wenn das Federrupfen bei Eintritt der Geschlechtsreife erstmals auftritt, ist sexuelle Frustration als Ursache sehr wahrscheinlich.

Die **Therapie** des Federrupfens hat nur dann Aussicht auf Erfolg, wenn die Ursache gefunden und

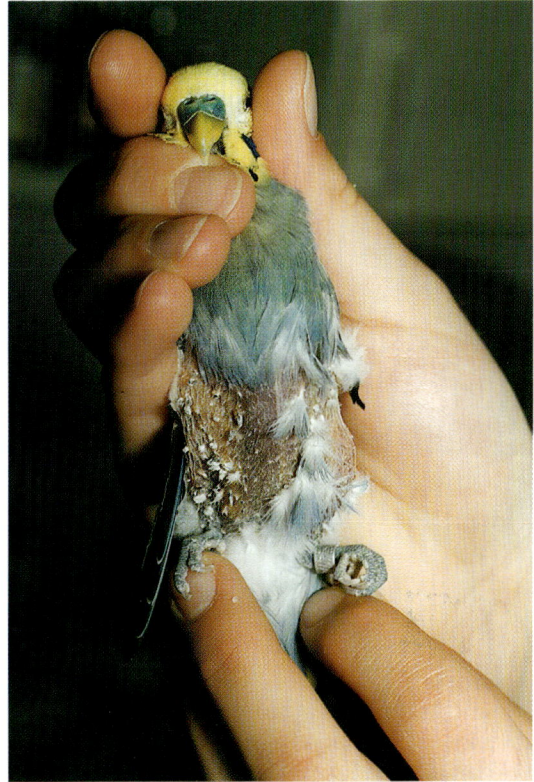

**Federrupfen kann organische und psychische Ursachen haben.**

abgestellt werden kann. Eine gründliche Untersuchung durch einen fachkundigen Tierarzt sollte jeder Therapie vorausgehen. Wenn eine körperliche Erkrankung des Tieres ausgeschlossen werden konnte, sollte nach psychischen Ursachen geforscht werden. Das Institut für Papageienforschung (Adresse siehe Seite 121) kann Ihnen dabei mit kompetentem Rat zur Seite stehen. Halskragen als Therapie des Federrupfens und der Selbstverstümmelung sind abzulehnen, da sie lediglich die Symptome und nicht die Ursache des Problems beseitigen. Sobald der Halskragen entfernt wird, wird der Patient sein Fehlverhalten wieder aufnehmen. Lebenslanges Tragen eines Halskragens ist Tierquälerei, da der Kragen keinerlei Körper- und Gefiederpflege zuläßt und damit ein Grundbedürfnis des Vogels unbefriedigt läßt.

**Federdeformation bei einem Kanarienvogel.**

Wenn Juckreiz als Ursache des Federrupfens vermutet wird, so kann, neben der Behandlung der den Juckreiz auslösenden Krankheit, das Bestäuben der Haut mit Anästhesin-Puder helfen. Wichtig ist, ein Austrocknen der Haut zu vermeiden, Käfige also nicht in der Nähe von Zentralheizungen, Öfen oder direktem Sonnenlicht aufstellen!

## Federdeformationen

Federdeformationen und Federmißbildungen haben unterschiedliche **Entstehungsursachen.** Abgebrochene, zerfaserte Schwanzfedern entstehen durch ständiges Anstoßen an der Käfigwand oder an Einrichtungen der Behausung. Entweder ist der Käfig insgesamt zu klein bzw. mit Gegenständen überfüllt oder die Sitzstangen sind so angeordnet, daß das Sitzen ohne Berührung mit dem Gitter oder einer anderen Stange nicht möglich ist. „Krüppelfedern" wachsen dann nach, wenn bei tiefen Verletzungen der Haut die Federfollikel mit betroffen sind.

Bei **Eiweißmangel,** vor allem bei Mangel an den Eiweißbausteinen (Aminosäuren) Arginin , Methionin und Glycin sowie bei Zinkmangel findet man häufig schlecht entwickelte oder mißgebildete Federn. Treten gleichzeitig bei mehreren Vögeln veränderte Federn auf, wobei die Tiere sehr unruhig sind und verstärkt Körperpflege betreiben, ist Parasitenbefall nicht ausgeschlossen.

Es gibt außerdem genetische, d.h. **angeborene** Störungen in der Federentwicklung (z.B. Federdeaster), gegen die man nichts unternehmen kann. Auch Virusinfektionen können therapeutisch aussichtslose Gefiederstörungen hervorrufen (z.B. Federverlustsyndrom der Kakadus; Wellensittich-Nestlingskrankheit).

Die **Behandlung** von Federdeformationen hängt von der Ursache ab. Bei Parasitenbefall wachsen nach Ausrottung der Schädlinge wieder gesunde Federn nach. Bei Eiweißmangel hilft die gezielte Zufuhr von Aminosäuren. Geeignete Präparate erhalten Sie bei Ihrem Tierarzt. Zusätzlich zu diesen Präparaten sollte einmal in der Woche tierisches Eiweiß (ungewürztes Tatar, Quark, Joghurt, hartgekochtes Ei) verfüttert werden. Das Besprühen mit lauwarmem Wasser, Aufenthalte unter freiem Himmel (UV-Licht) und im Winter die Erhöhung der Luftfeuchtigkeit in geheizten Räumen begünstigen die Ausbildung normaler Federn.

Geringgradige Verletzungen der Federfollikel können sich wieder regenerieren, so daß nach einigen Mausern wieder normale Federn die „Krüppelfedern" ersetzen.

> Mißgebildete Federn dürfen nicht aus der Haut herausgezogen werden, solange sie nicht abgetrocknet sind, da sonst Blutungen und erneute Verletzungen der Follikel entstehen. Am besten wartet man, bis sie bei der nächsten Mauser von selbst ausfallen.

Lediglich wenn die veränderte Feder den Vogel durch eine Fehlstellung stark behindert, hat man keine Wahl und muß sie vorzeitig entfernen. Das gleiche gilt für abgebrochene, vaskularisierte („lebendige") Federn, die immer wieder bluten. Auch sie muß man vorsichtig entfernen. Dabei sollte man darauf achten, sie gerade und ohne Verletzung der äußeren Haut herauszuziehen. Die meist stark blutenden Federfollikel werden mit einem in Eisen-III-Chlorid getränkten Tupfer zusammengedrückt, bis die Blutung aufhört.

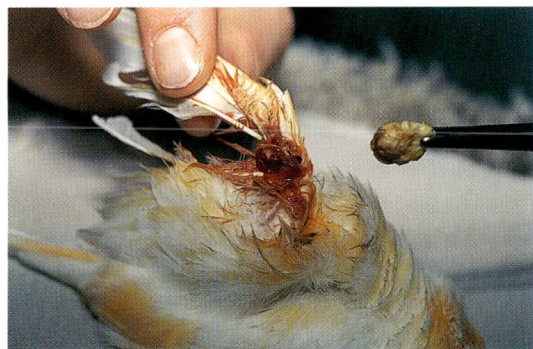

**Chirurgische Entfernung einer Federbalgzyste unter Vollnarkose.**

## Federfollikelzysten

Federfollikelzysten oder Federbalgzysten treten gehäuft beim Kanarienvogel auf. Seltener findet man diese Gefiederstörung bei Sittichen und Papageien. Beim Kanarienvogel, insbesondere beim gelben und weißen Kanari ist eine erbliche Disposition (Veranlagung) wahrscheinlich. Die betroffenen Vögel leiden vielfach gleichzeitig unter einer Augenlinsentrübung, die bis zum völligen Erblinden führen kann.

**Ursache** der Federfollikelzysten sind zu weiche Federn. Die wachsende Feder kann die Haut nicht durchstoßen und rollt sich innerhalb des Follikels zu einer Spule auf. Um die Spule bildet sich ein käsiges, krümeliges Sekret. Federfollikel und die umgebende äußere Haut sind entzündet, wobei man oft harte Verkrustungen vorfindet. Die Zysten können so groß werden, daß sie den Vogel sehr behindern. Nur ein Tierarzt sollte sie entfernen, denn es können starke Blutungen dabei entstehen. Die Federbalgzysten werden chirurgisch, eventuell unter Narkose, ausgeräumt. Je nach Größe der Zyste ist manchmal eine Hautnaht erforderlich, um die Wunde zu verschließen.

Es gibt Vögel, die so viele Follikelzysten haben, daß sie flugunfähig sind. Für einen Käfigvogel ist das in der Regel nicht weiter schlimm, wenn der Käfig entsprechend seiner Behinderung eingerichtet wird. Ab einer bestimmten Größe sollten die Zysten immer fachgerecht entfernt werden, um zu verhindern, daß der Vogel die Krusten selbst aufreißt oder irgendwo damit hängenbleibt und verblutet. Bei dafür veranlagten Vögeln sind Federbalgzysten ein immer wieder auftretendes Dauerproblem, das Tierarztbesuche in mehr oder weniger regelmäßigen Abständen erfordert.

**Intensive Orangefärbung durch Farbstoffe im Futter.**

**Verblassen des Gefieders.**

## Verblassen der Gefiederfarben

Viele Vogelliebhaber kaufen Farbfinken und Kanaris wegen ihrer intensiven Rot- oder Orangefärbung (siehe Abbildung Seite 53). Groß ist dann die Enttäuschung, wenn – was nicht selten passiert – die Farben nach der ersten Mauser im neuen Zuhause verblassen. Der Grund dafür ist in vielen Fällen **Bewegungsmangel**. Beobachtungen haben nämlich gezeigt, daß die Gefiederfarbe mit der Größe der Voliere korreliert. Dieses Phänomen läßt sich leicht erklären: Alle Körperfunktionen eines Vogels sind auf das Fliegen ausgerichtet. Wenn man nun einen Vogel, der beim Züchter die Möglichkeit hatte in einer Voliere zu fliegen, in einen kleinen Käfig mit wenig Freifluggelegenheiten sperrt, so wird der Stoffwechsel des Tieres aufgrund des Bewegungsmangels beeinträchtigt. Das Verblassen der Gefiederfarbe ist dann ein Zeichen für krankmachende Haltungsbedingungen.

Manche Züchter füttern allerdings Farbkomponenten, um die Farben ihrer Tiere zu intensivieren. Von diesen ist lediglich das β-Karotin, das als Provitamin z.B. in Paprika oder Gelben Rüben enthalten ist, für die Tiere unschädlich. Der Zusatz von – leider häufig verwendeten – Karotinoiden im Futter ist dagegen nicht zu empfehlen. Diese Stoffe können Leberschäden hervorrufen. Vom Standpunkt des Tierschutzes ist es sicherlich nicht zu vertreten, Tiere mit gesundheitsbelastenden Substanzen zu füttern, nur um ein nach menschlichen Kriterien ästhetischeres Aussehen zu erzielen. Umso weniger, als man dieses Ergebnis auch durch eine Verbesserung der Lebensbedingungen (Freiflug, optimale Ernährung) erreichen kann.

## Nackenknick

Vorwiegend bei Gouldamadine, Zebrafink, Kanarienvogel, seltener bei männlichen Wellensittichen, findet man den Nackenknick, auch Hinterhauptalopezia (Hinterhauptkahlköpfigkeit) genannt.

Die kleinen Patienten verlieren Federn im Bereich des Nackens, wobei die kahlen Stellen zunächst nur als schmaler federloser Streifen sichtbar sind, wenn man das Federkleid am Rücken ge-

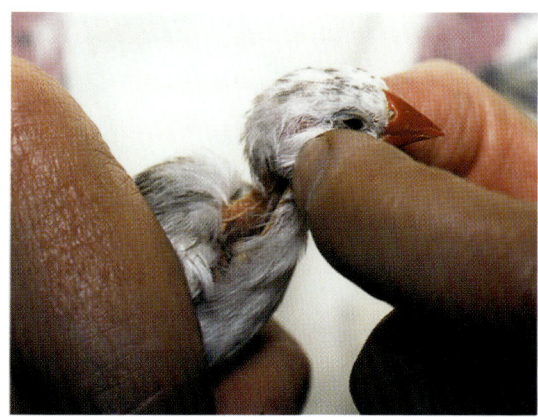

**Beginnender Nackenknick beim Zebrafink.**

gen den Strich bläst. Nach und nach vergrößert sich die federlose Stelle bis zur völligen Kahlheit des Hinterhauptes. Manchmal ist auch der Bereich unter dem Unterschnabel vom Federausfall betroffen. Zwar wachsen nach der Mauser in vielen Fällen zunächst wieder Federn nach. Man kann sie auf der kahlen Haut schon frühzeitig als kleine Stacheln ertasten. Nach kurzer Zeit fallen sie jedoch wieder aus und die Haut des Hinterkopfes kommt wieder zum Vorschein.

Die Ursache des Problems ist nicht geklärt. Man vermutet eine **Hormonstörung**, da die Therapie mit männlichen Geschlechtshormonen oft zum Erfolg führt.

Als **Behandlung** wird dem Patienten im Abstand von 3 bis 4 Tagen über die Dauer von etwa 14 Tagen ein Hormonpräparat (Testosteron) auf die Haut im Nacken geträufelt oder einmal pro Woche, bis zu 6 Wochen lang, injiziert. Nach ungefähr 2 bis 3 Wochen wachsen neue Federn und bleiben meist erhalten. Allerdings ist diese Therapie bei älteren männlichen Tieren nicht ganz ungefährlich. Bestehende Lebererkrankungen können sich durch die Zufuhr männlicher Geschlechtshormone verschlimmern. Bei männlichen Vögeln traten nach Testosteron-Behandlungen Todesfälle auf, wobei durch die Sektion ein Leberversagen als Ursache festgestellt wurde. Da ein Vogel mit gering- bis mittelgradiger Leberschädigung meist keine Symptome zeigt, kann das Risiko der Hormonbehandlung auch durch eine tierärztliche Voruntersuchung kaum verkleinert werden.

Bei älteren Vögeln sollte daher die Hinterhauptalopezia zunächst mit Multivitaminpräparaten behandelt werden. In vielen Fällen führt auch das, zusammen mit einer Optimierung der Haltungsbedingungen, zum Nachwachsen neuer Federn.

## Parasiten des Gefieders

Parasiten sind Schmarotzer, die in oder auf anderen Lebewesen existieren, bei ihnen Nahrung finden und in der Regel ihre Wirte dabei schädigen. Die Parasiten des Gefieders werden auch als **Ektoparasiten** bezeichnet, d.h. sie leben **auf** dem Körper ihrer Wirte (griech. *ekto* = außen), im Gegensatz zu den **Endoparasiten,** die **innerhalb** des Wirtskörpers schmarotzen (griech. *endo* = innen).

Die meisten freilebenden Vögel beherbergen auf oder in ihrem Körper eine gewisse Anzahl von Parasiten. Das ist normalerweise nicht weiter schlimm, denn das Immunsystem gesunder Tiere verhindert die ungehemmte Vermehrung der ungeliebten „Gäste". Der **Massenbefall** eines Vogels mit Parasiten ist jedoch ein Alarmzeichen und darf nicht nur als primäre Erkrankung gesehen und behandelt werden. Tiere mit starkem Parasitenbefall sind meist nicht gesund, ihr Immunsystem ist nicht intakt. Daher muß neben der Ausrottung der Schädlinge gleichzeitig nach weiteren immunschwächenden Faktoren gefahndet werden. Eine gründliche Untersuchung der Vögel durch den Tierarzt sowie die zusätzliche Gabe von Multivitaminpräparaten und Immunstimulanzien ist zu empfehlen.

### Federlinge

Federlinge (Mallophagen) werden auch als Lästlinge bezeichnet, weil sie wegen ihrer überaus starken Beweglichkeit die befallenen Vögel belästigen und beunruhigen. Die kleinen Patienten leiden unter Juckreiz und Schlafmangel.

Federlinge leben ausschließlich **auf** den Federn ihrer Wirte und legen dort, rund um die Federspulen, ihre Eier ab. Die Entwicklungsdauer vom Ei zum geschlechtsreifen Federling dauert (je nach Temperatur) bis zu 6 Wochen. Ein Federling lebt etwa 40 Tage. Als Nahrung dieser Gefiederparasiten dienen Hautschuppen und Federteile. Die Lästlinge weiden auf den Federn und fressen hauptsächlich Bogen und Hakenstrahlen. Eine von Mallophagen zerfressene Feder sieht aus wie eine durchgescheuerte Hose.

Obwohl die Schädlinge so groß sind, daß man sie eigentlich mit bloßem Auge erkennen könnte, bedarf es zur **Diagnose** einer gewissen Übung. Der Grund ist die überaus geschickte Mimikry der Mallophagen: Sie gleichen sich oft der Federfarbe ihrer Wirte an. So kann es vorkommen, daß auf einem Vogel verschiedenfarbige Federlinge parasitieren, z.B. im Bereich dunkler Schwanzfedern schwarze und im hellen Flügelbereich helle Mallophagen. In der Regel sind sie jedoch dunkelfarbig. Zudem sind Federlinge lichtscheu und huschen blitzschnell unter das Gefieder.

Die **Bekämpfung** ist relativ einfach und wirksam. Puder mit dem Wirkstoff **Pyrethrum** sind für Ziervögel gut verträglich. Andere Kontaktinsektizide sollten mit Vorsicht verwendet werden, denn viele Kleinvögel sind dagegen sehr empfindlich. Die befallenen Tiere werden so eingepudert, daß vor allem die Federunterseiten, dort wo die meisten Mallophagen sitzen, gründlich mit dem Insektizid bestäubt sind.

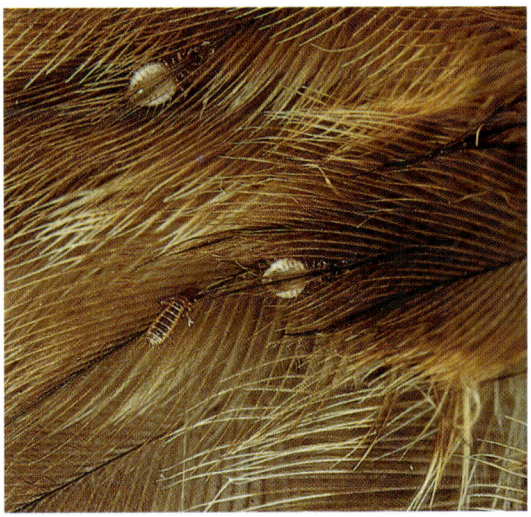

**Federlinge.**

**Federverlustsyndrom der Kakadus.**

Verwenden Sie keine Sprays! Durch die Besonderheit ihres Atmungssystems nehmen Vögel Wirkstoffe in Form von Spray über die Atmung vermehrt auf, wodurch Vergiftungen entstehen können.

## Federmilben

Federmilben *(Proctophyllodes)* leben **auf** der Unterseite der Federn nahe dem Schaft und werden häufig beim Kanarienvogel, aber auch bei anderen Ziervögeln vorgefunden. Sie sind so klein, daß sie nur mit einer Lupe zu erkennen sind. Im Gegensatz zu Federlingen bewegen sie sich bei Licht sehr langsam. Auch sie ernähren

sich von Federbestandteilen und schädigen das Gefieder.

Die **Bekämpfung** mit insektizidhaltigem Puder (Pyrethrum) ist nicht immer erfolgreich. Besser wirksam ist 0,1%iges Ivermectin, das auf die Nackenhaut des Patienten getropft wird. Diese Behandlung nennt man „Spot-on-Methode"; sie sollte nur von einem Tierarzt durchgeführt werden. Bei Überdosierung können Todesfälle auftreten.

## Federspulmilben

Diese Parasiten *(Syringophilus)* leben in der Federfahne, besonders in neuen, z. T. noch vaskularisierten (d.h. lebendigen) Federn, nahe dem Schaft oder in den Kielen der Flügel- und Schwanzfedern. Diese Kiele sind durch Blutgerinnsel im Innern rötlichschwarz verfärbt; häufig brechen sie ab. Federspulmilben können auch zu Federmißbildungen führen.

Zur **Diagnose** wird der Kiel einer veränderten Feder aufgeschnitten, der graue, pulvrige Inhalt herausgedrückt und unter dem Mikroskop betrachtet. Die Milben sind dabei gut zu erkennen.

Als **Therapie** hat sich ebenfalls die Spot-on-Methode mit Ivermectin bewährt.

## Virusbedingte Gefiederstörungen

Einige Viren verursachen Erkrankungen, in deren Gefolge Gefiederstörungen auftreten. Typische Beispiele dafür sind

– Federverlustsyndrom der Kakadus,
– Schnabel- und Federkrankheit der Papageienvögel,
– Wellensittich-Nestlingskrankheit.

Das **Federverlustsyndrom der Kakadus** (beak and feather syndrom) ist vom Erscheinungsbild identisch mit der **Schnabel- und Federkrankheit der Papageienvögel.** Ob es sich um die gleiche Erkrankung handelt, ist noch nicht eindeutig geklärt. Bei am Federverlustsyndrom leidenden Kakadus hat man ein bisher allerdings noch nicht endgültig identifiziertes Virus gefunden, während bei der symptomgleichen Erkrankung anderer Papageienvögel bisher kein Erreger nachgewiesen werden konnte.

Beide Erkrankungen beginnen meist nach der ersten Mauser und können sich über Monate hinziehen. Zunächst verlieren die erkrankten Vögel Kontur- und Daunenfedern. Die nachwachsenden Federn sind unterschiedlich verändert. Zum Beispiel findet man deformierte, lockige oder kurze, keulenförmige Federn. Auch bräunliche Verfärbungen durch Blutungen innerhalb des Federschaftes sind typisch. Im **fortgeschrittenen Stadium** treten zusätzlich Veränderungen des Schnabelhorns wie Erweichung, übermäßiges Wachstum, Risse und Brüche auf. Im Innern der Schnabelhöhle entstehen massive Entzündungen. Die Schnabelhöhlenschleimhaut, durch das Virus vorgeschädigt, wird durch Pilze und Bakterien überwuchert, wodurch sich die Entzündungen verschlimmern. Die erkrankten Vögel können bald kein Körnerfutter mehr aufnehmen und müssen mit Weichfutter, Brei und Obst ernährt werden. Eine Heilung ist bisher noch nie beobachtet worden. Immunstimulanzien und Multivitaminpräparate können, regelmäßig injiziert, das Fortschreiten der Krankheit verzögern.

Unter liebevoller Pflege und **symptomatischer Behandlung** (Versorgung der Schleimhautentzündung, Ernährung mit geeignetem Weichfutter) können erkrankte Tiere über längere Zeit am Leben erhalten werden. Die betroffenen Vögel sind von anderen Papageienvögeln getrennt zu halten, um eine Übertragung zu vermeiden.

Allerdings ist zu beachten, daß vor allem die Schnabelveränderungen und Schnabelhöhlenentzündungen oftmals starke Schmerzen verursachen. Eine Euthanasie ist dann – selbstverständlich nach Prüfung jedes Einzelfalles – aus Tierschutzgründen zu empfehlen.

Der Erreger der **Wellensittich-Nestlingskrankheit** ist bekannt. Es handelt sich um ein Papovavirus, das mit Federstaub und mit Kropfinhalt infizierter Alttiere übertragen wird. Es erkranken nur Nestlinge. Erwachsene Vögel können zwar Virusträger und Virusüberträger sein; krankhafte Veränderungen zeigen sich bei ihnen jedoch nicht. Bis zu 100% der infizierten Nestlinge sterben etwa drei Wochen nach der Infektion. Die wenigen (< 0,01%) überlebenden Tiere zeigen Gefiederstörungen. Oft fehlen die Daunenfedern am Kopf und am Hals. Schwung- und Schwanzfedern sind verkürzt, so daß die Tiere flugunfähig sind. Im Gegensatz zur Französischen Mauser, bei der ähnliche Gefiederveränderungen zu finden sind, wachsen bei den Überlebenden der Wellensittich-Nestlingskrankheit nach der ersten oder zweiten Mauser wieder völlig normale Federn nach.

Da die Überlebenden dieser Nestlingskrankheit auch als Altvögel das Virus noch in sich tragen und übertragen können, darf mit solchen Tieren nicht gezüchtet werden.

# Krankheiten der Haut

## Entzündungen der Haut (Dermatitiden)

Eine ulzerative (geschwürige) Hautentzündung tritt bevorzugt bei Agaporniden und Wellensittichen in den Achselhöhlen, unter den Flügeln sowie im Bereich der Schultern auf. Die Patienten benagen unaufhörlich die veränderte Haut. Es bilden sich große Hautdefekte. Das umliegende Gefieder ist meist mit Blut, Sekret und Schorf verklebt. In Extremfällen beißen sich die Tiere solange, bis sie ein größeres Gefäß eröffnen und verbluten.

Oft findet der Tierarzt keine Gesundheitsstörung bei den betroffenen Vögeln. Bei genauer Beobachtung des Sozialverhaltens der Patienten fällt auf, daß sich die meisten in einer Dauerstreßsituation befinden. Sie haben innerhalb einer Vogelgruppe den niedrigsten sozialen Rang und werden von anderen gehackt und gejagt. Nicht so deutlich zeigt sich der Streß bei ungeeigneter Paarbildung. Auch wenn sich das Pärchen manchmal gegenseitig das Gefieder putzt, kann eine gegenseitige Antipathie vorliegen. Da psychische Faktoren als Hauptursache vermutet werden, hat diese Hauterkrankung den Namen **Streßdermatitis** erhalten.

**Streßdermatitis bei einem Wellensittich.**

Ähnliche Hautentzündungen entstehen im Zusammenhang mit verschiedenen Juckreiz auslösenden Erkrankungen, z.B. Nierenkrankheiten mit Erhöhung des Harnsäurespiegels im Blut, Lebererkrankungen oder Parasitenbefall der Haut und des Gefieders. Bakterien und Pilze können die vorgeschädigte Haut überwuchern und den Zustand verschlimmern. Als Therapie eignen sich folgende Maßnahmen:

a) Betupfen der nässenden Wunden mit adstringierenden und desinfizierenden Lösungen. Verwenden Sie keine Salben, da diese das umliegende Gefieder verkleben und die Patienten zum weiteren Benagen der Region animieren.

b) Antibiotika-Injektionen verhindern zusätzliche Infektionen mit Bakterien. Multivitamin-Injektionen und Immunstimulantien stabilisieren die Abwehrkräfte des Vogels. Die Verabreichung von Antibiotika bei Papageien und Sittichen über das Trinkwasser ist inzwischen fast als Kunstfehler zu werten. Papageien trinken in der Regel sowieso schon sehr wenig. Bei Geschmacksveränderungen des Wassers oder auch des Futters verweigern sie die Aufnahme vollständig. Ein ausreichend wirksamer Gewebespiegel des verabreichten Medikamentes kann so nicht erreicht werden. Bei Antibiotika ist das besonders gefährlich, da eine nur unterschwellige Versorgung zur Entstehung antibiotikaresistenter Keime führt. Die falsche Gabe von diesen eigentlich segensreichen Medikamenten bei Mensch und Tier hat in den letzten Jahren dazu geführt, daß immer mehr Bakterien auftreten, die gegen fast alle Antibiotika unempfindlich (resistent) geworden sind.

c) Bei vermutetem Juckreiz hat sich Anästhesin-Puder bewährt. Die betroffenen Hautstellen werden 1- bis 2mal täglich mit diesem unschädlichen Lokalanästhetikum (Oberflächenbetäubungsmittel) bestäubt. Die Haut wird dadurch gefühllos, der Juckreiz verschwindet.

d) Ein Halskragen sollte dem Patienten, wenn überhaupt, nur kurzzeitig und nur in solchen

Fällen angelegt werden, in denen Lebensgefahr durch starken Blutverlust besteht. Ein Vogel mit Halskragen ist nicht glücklich. Wenn vor allem psychische Ursachen die Auslöser für Hautentzündungen sind, kann eine künstlich herbeigeführte Situation, in der sich das Tier noch unwohler fühlt, sicherlich nicht zur Lösung des Problems beitragen.

> Alle therapeutischen Maßnahmen werden auf Dauer nicht zum Erfolg führen, wenn die verursachende Streßsituation oder die Juckreiz erzeugende Krankheit nicht beseitigt werden können.

## Hypertrophie der Wachshaut

Als Wachshaut wird ein gut abgesetzter Wulst an der Wurzel des Oberschnabels von Papageienvögeln bezeichnet. Bevorzugt bei älteren weiblichen Wellensittichen kann sich die Wachshaut stark verhornen und verdicken. Diese aus braunem, bröckeligem Gewebe bestehende Wucherung ist aus mehreren Schichten aufgebaut und zeigt die unterschiedlichsten Formen und Vorsprünge. Es handelt sich dabei um eine harmlose, nicht krankhafte Veränderung. Wenn die Nasenlöcher nicht eingeengt werden, ist keine Behandlung notwendig.

Wird die Atmung jedoch durch die Wucherungen behindert, so werden diese einige Tage mit Lebertran- oder Vitamin-A-Salbe eingerieben und damit aufgeweicht. Danach kann man sie vorsichtig ablösen, ohne daß es blutet. Die leicht wunde Haut darunter sollte dann noch einige Tage mit Vitamin-A-Salbe behandelt werden. Die harmlosen Wucherungen können nach einiger Zeit erneut auftreten, so daß Wiederholungsbehandlungen nötig werden.

## Xanthomatose

Xanthomatose ist eine Hauterkrankung, die hauptsächlich bei Papageienvögeln vorkommt. Die betroffene Haut ist verdickt, gelblich verfärbt und wirkt teilweise wie gepolstert. Es handelt sich dabei um Fetteinlagerungen, die flächig vor allem im Brust-, Unterflügel-, Bauch- und Oberschenkelbereich auftreten. An den veränderten Hautflächen wachsen zunächst verkrüppelte und später überhaupt keine Federn mehr. Wahrscheinlich besteht Juckreiz, da die gelblichen Hautregionen benagt werden. Oft entstehen dadurch ausgedehnte Ekzeme.

Auffallend ist, daß die Xanthomatose vielfach bei solchen Vögeln angetroffen wird, die ausschließlich oder überwiegend mit Körnerfutter ernährt werden. Die Tiere werden nicht selten in einem Käfig zum Tierarzt gebracht, der übervoll mit Kolbenhirse, Knabberstangen, Kräcker und Hirse in Futterautomaten ist. Ein Stück Obst, Kräuter oder sonstige Vitaminspender sucht man vergeblich. Meist sind die Vögel übergewichtig, so daß die Vermutung nahe liegt, daß es sich bei der beschriebenen Hautveränderung um eine **Fettstoffwechselstörung** handelt.

Eine spezielle **Behandlung** der Xanthomatose ist nicht möglich. Bestehende Fetteinlagerungen bilden sich in der Regel auch bei Futterumstellung nicht mehr zurück. Ekzeme werden lokal mit einer desinfizierenden Lösung bepinselt. Bei vermutetem Juckreiz hilft oft das Bestäuben der Haut mit Anästhesinpuder. **Vorbeugend** ist auf eine vielseitige und dem Energiebedarf des Vogels angepaßte Ernährung zu achten.

## Tumoren der Haut

Tumoren der Haut können bei allen Vogelarten an verschiedenen Körperstellen auftreten. Besonders anfällig für Tumoren allgemein und damit auch für Hauttumoren sind Wellensittiche. Die Ursache für diese Prädisposition ist nicht bekannt. Am häufigsten sind gutartige Lipome (Fettgewebstumoren). Aber auch von anderen, bei Säugetieren als bösartig bekannten Geschwulsten (z.B. Adenome, Adenokarzinome, Fibrosarkome) sind Vögel nicht verschont. Sie metastasieren (streuen) jedoch bei dieser Tierart fast nie, so daß die chirurgische Entfernung eines solchen Hauttumors in den meisten Fällen einer Heilung gleichkommt.

Die **Operation** wird unter Narkose durchgeführt. Am schonendsten ist die Inhalationsnarko-

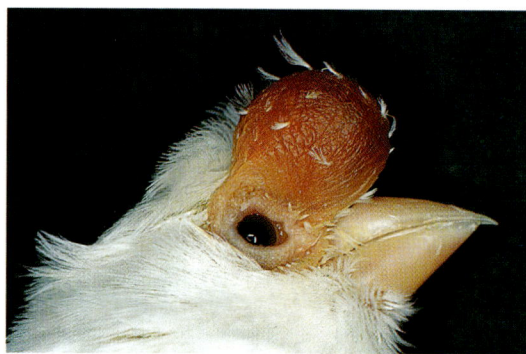

**Tumoren der Haut.**

se, die in fast allen tierärztlichen Praxen und Vo-gelkliniken angewandt wird. Dabei liegt der Vogel mit dem Kopf in einer Maske und atmet das Nar-kosegas ein. Nach Beendigung der Operation wacht der kleine Patient fast unmittelbar nach Abschalten des Narkosegerätes wieder auf.

Die Inhalationsnarkose ist für den Tierarzt bes-ser steuerbar als die früher verwendete Injektions-narkose und für den Vogel weniger belastend. Die lange Nachschlafzeit mit ihrer hohen Kreislaufbela-stung, die bei Injektionsnarkosen oft Probleme machte, fällt ebenfalls weg. Durch diese beim Vogel erst seit ein paar Jahren angewandte Narkosetech-nik haben heute auch größere Operationen, die län-gere Zeit in Anspruch nehmen, Aussicht auf Erfolg.

## Verletzungen der Haut

Oberflächliche Verletzungen der Haut heilen bei Vögeln im allgemeinen schnell und ohne Komplika-tionen. Als Behandlung genügt es, die Läsionen zu säubern und zu desinfizieren. Wenn allerdings die darunterliegende Muskulatur ebenfalls betroffen ist, muß die Wunde vom Tierarzt genäht werden.

Da die Vogelhaut sehr schmerzempfindlich ist, sollte, wenn es der Allgemeinzustand des Vogels erlaubt, die Naht möglichst unter Narkose durch-geführt werden. Eine Lokalanästhesie (lokale Betäubung) wird von den meisten Vögeln leider nicht vertragen. Wenn der Patient jedoch noch un-ter Schock steht oder durch Blutverlust zu sehr ge-schwächt ist, wird er eine Narkose wahrscheinlich

nicht überleben. In diesem Fall muß die oberfläch-liche Reinigung und Desinfektion der Verletzung zunächst genügen. Blutungen müssen durch Druck mit dem Finger, eventuell mit einem in Ei-sen-III-Chlorid getränkten Tupfer oder blutstillen-der Watte gestoppt werden.

Zusätzlich wird der Tierarzt dem Vogel, wenn nötig, ein Antibiotikum und, je nach Kreislaufzu-stand, eine subkutane Infusion verabreichen. Da-bei erhält das Tier die Infusionsflüssigkeit unter die Haut im Bereich des Nackens gespritzt. Dort ist genügend Platz, um eine größere Flüssigkeits-menge aufzunehmen. Innerhalb kurzer Zeit wird die Infusionslösung aus dem Unterhautdepot in die Blutbahn aufgenommen und stärkt dort den Kreislauf. Nach diesen **Erste-Hilfe-Maßnahmen** sollte man den Patienten ganz in Ruhe lassen, am besten in einem kleinen Käfig in einem abgedun-kelten Raum. Erst wenn sich der Allgemeinzu-stand stabilisiert hat, kann die chirurgische Ver-sorgung der Verletzung erfolgen.

> Bei Katzenbissen ist die sofortige Injektion eines Antibiotikums absolut notwendig und lebensrettend, auch dann, wenn es sich nur um eine oberflächliche Wunde handelt.

Katzen haben in ihrem Speichel ein Bakterium *(Pasteurella multocida)*, das mit dem Biß in die Blutbahn des Vogels gelangt und innerhalb weni-ger Stunden zum Tode führt.

## Hyperkeratose

Unter Hyperkeratose versteht man eine übermäßi-ge Verhornung der Haut. Meist entsteht eine sol-che Verhornung bei ständiger Überbeanspruchung, wie z.B. das Hühnerauge beim Menschen durch zu enge Schuhe. Bei Vögeln findet man „Hühnerau-gen" an der Unterseite der Füße. Ihre Entstehung wird durch Fehlbelastung (z.B. bei Erkrankungen oder Verletzungen eines Fußes), durch Überge-wicht (v.a. bei Wellensittichen), durch zu dünne Sitzstangen und zu wenig Bewegung gefördert. Aus den Verhornungen an den Fußunterseiten können sich Sohlenballengeschwüre entwickeln.

**Hornplatten an den Ständern bei Vitamin-A-Mangel.**

Hauptsächlich bei Kanarienvögeln treten als Folge von chronischem Vitamin-A-Mangel dicke Hornplatten an den Ständern auf. Besonders die weißen und gelben Kanarienvögel haben nicht selten eine genetisch bedingte Resorptionsstörung für das Provitamin A. Das bedeutet, daß diese Vögel, auch wenn sie mit genügend Grünfutter und Obst versorgt sind, die darin enthaltene Vitamin-A-Vorstufe (Provitamin A) nicht ausreichend verwerten können.

> Die Verhornung der Ständer ist dann ein Alarmzeichen und sollte, um weitere Schäden zu vermeiden, sofort behandelt werden.

Es hat sich bewährt, solchen Vögeln etwa einmal im Monat eine **Multivitamin-Injektion** mit hohem Vitamin-A-Anteil vom Tierarzt verabreichen zu lassen. Die Hornschuppen können mit Lebertransalbe aufgeweicht und dann vorsichtig abgelöst werden.

Da vor allem Kanarienvögel sehr schockanfällig sind, ist der Transport zum Tierarzt, das Herausfangen aus dem Käfig und die anschließende Injektion nicht ganz ohne Risiko. Es hat sich bewährt, diese kleinen Patienten für ihre Routine-Vitamin-Spritze am Morgen zum Tierarzt zu bringen und dort zu lassen. Nach ein bis zwei Stunden, wenn sich der Vogel von der Aufregung des Transportes erholt hat, kann der Tierarzt das Vitaminpräparat ohne Hektik spritzen. Am späten Nachmittag hat

sich das Tier wieder beruhigt und kann nach Hause transportiert werden. Gegebenenfalls können Sie mit Ihrem Tierarzt auch einen Hausbesuch für die regelmäßigen Vitamin-Spritzen vereinbaren.

Bei Papageien und Sittichen, die sich konstant weigern, Salate oder Obst zu fressen bzw. diese Nahrungsmittel von ihren Besitzern nicht erhalten, wachsen oft die Nasenlöcher zu. Auch hier handelt es sich um einen chronischen Vitamin-A-Mangel, der durch Vitamin-Injektionen und Ablösen der Hornschichten zunächst behoben werden kann. Eine ausgewogene Fütterung oder, bei völligem Verweigern von Frischfutter, regelmäßige Vitamin-Spritzen, beugen dem erneuten Zuwachsen der Nasenlöcher vor.

## Parasiten der Haut

### Räudemilben

Räudemilben *(Knemidocoptes pilae)* verursachen vor allem bei Wellensittichen und Amadinen, seltener bei größeren Papageien und Sittichen, die sogenannte **Gesichtsräude**. In den entstehenden schwammartigen Wucherungen im Bereich der Wachshaut kann man deutlich die kleinen Bohrlöcher der Milben erkennen. Bleibt die Räude unbehandelt, können Schnabeldeformationen auftreten. Auch die Beine und Füße sowie die Kloake des Vogels können von Räudemilben befallen werden.

Beim Kanarienvogel tritt *Knemidocoptes pilae* ausschließlich als **Fußräude** auf. Das charakteristische Aussehen der Fußräude bei Kanarienvögeln hat dem Parasiten den zusätzlichen Namen Kalkbeinmilbe eingebracht. Die erkrankten Beine und Füße der betroffenen Vögel haben weißliche, wie Kalk aussehende Auflagerungen. Daß es sich nicht um eine durch Vitamin-A-Mangel verursachte Hyperkeratose der Ständer handelt, zeigen auch hier die deutlich sichtbaren Bohrlöcher der Milben.

Häufig wird der konsultierte Tierarzt gefragt, wo sich der Vogel diese Infektion zugezogen habe, da er doch schon seit Jahren in der Wohnung seines Besitzers lebe und keinen Kontakt zu anderen Vögeln habe. Die Erklärung dafür ist einfach. Räudemilben können sich jahrelang als „stumme" Infektion am Vogel aufhalten. Die körpereigene

**Gesichtsräude beim Wellensittich.**

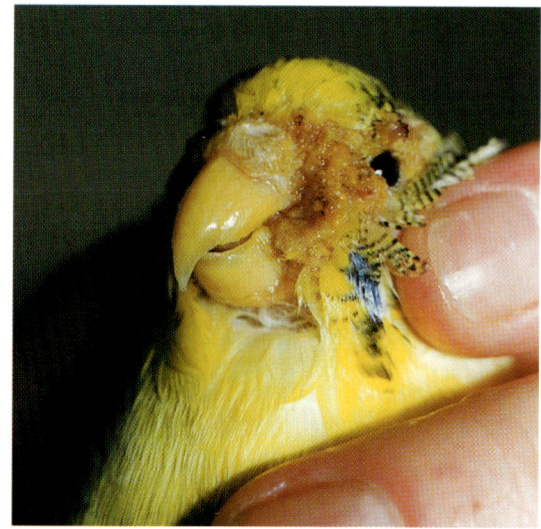

**Gesichtsräude nach Behandlung mit Paraffinöl.**

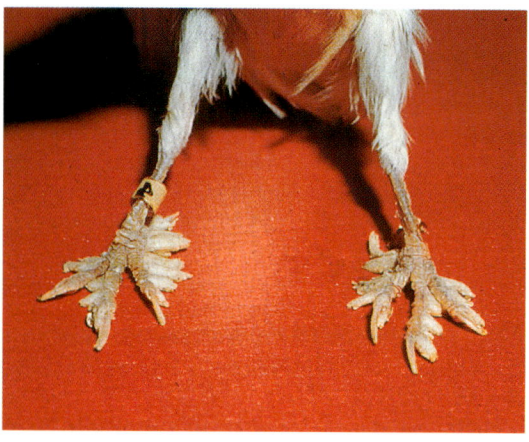

**Kalkbeinmilbe beim Kanarienvogel.**

Abwehr eines gesunden Tieres sorgt dafür, daß sich die Parasiten nicht vermehren, keine Schäden verursachen und damit auch keine Krankheitssymptome auftreten. Erst wenn das Gleichgewicht zwischen Parasit und Abwehr durch zusätzliche belastende Faktoren (andere Erkrankungen, Tumoren, Streß, Fehlernährung) gestört wird, können sich die Milben ungehindert vermehren und die beschriebenen Veränderungen an Schnabel, Ständern und Kloake verursachen. Wie bei allen parasitären Erkrankungen sollten daher auch bei Massenbefall mit *Knemidocoptes pilae* der Gesundheitszustand und die Haltungsbedingungen des erkrankten Vogels kontrolliert werden.

Das ausgeprägte Krankheitsbild der Räude ist so aussagekräftig, daß weitere **Diagnosetechniken** nicht erforderlich sind. Im Anfangsstadium, wenn sich noch wenig verhornte Wucherungen gebildet haben, kann eine mikroskopische Untersuchung von veränderten Hautstückchen (sie lassen sich leicht ablösen) Klarheit darüber geben, ob es sich um Milbenbefall handelt.

Die schonendste **Therapie** ist das **tägliche** Betupfen der befallenen Stellen mit einem in Paraffinöl getränkten Wattestäbchen über ein bis zwei Wochen. Die Bohrgänge der Milben werden dadurch verstopft und die Parasiten sterben ab. Gleichzeitig fördern **Immunstimulanzien** und **Vitaminpräparate** die Selbstheilung. In ganz hartnäckigen Fällen wird der Tierarzt das Präparat Ivermectin einmalig auf die Nackenhaut des Vogels träufeln (Spot-on-Methode).

Besprühen Sie niemals einen Vogel mit Milbenspray, auch wenn es im Zoogeschäft verkauft und als ungefährlich angepriesen wird.

Gegen Räudemilben sind solche Sprays unwirksam. Für Vögel sind sie gesundheitsschädlich. Wenn sie direkt damit besprüht werden, können sie sogar daran sterben.

## Rote Vogelmilbe

Rote Vogelmilben *(Dermanyssus gallinae)* sind Blutsauger, die bei Wohnungsvögeln kaum eine Rolle spielen. Lediglich in Zuchtbeständen und Außenvolieren können sie manchmal zum Problem werden. Die Parasiten sind nachtaktiv und halten sich tagsüber in dunklen Nischen, z.B. Nistmaterial, Ritzen und Sitzstangen auf. Nur nachts saugen sie Blut und verursachen bei ihren Opfern starke Unruhe. Die Geschwindigkeit, mit der sich die Milbe vermehrt, ist temperaturabhängig. Massenbefall mit Roten Vogelmilben tritt vorwiegend im Sommer auf.

Die Gewohnheit, sich tagsüber in dunklen Ritzen zu verkriechen, und die rote Farbe der mit Blut vollgesaugten Parasiten kann man sich bei der **Diagnose** zu Nutze machen: Klopft man Sitzstangen oder Nistmaterial auf einem weißen Blatt Papier aus, so sind die herausfallenden roten Parasiten gut zu erkennen. Wenn Sie über Nacht ein weißes Tuch über den Käfig hängen oder zusammengeknüllt in eine Ecke der Voliere legen, nehmen die Parasiten das Tuch als Tagesschlafplatz gerne an. Sie kontrastieren deutlich mit dem Weiß des Stoffes.

Die **Bekämpfung** erfolgt mit Insektiziden, wobei die betroffenen Vögel mit **Pyrethrum-haltigem Puder** und die Käfige bzw. Voliere, insbesondere Ecken, Ritzen und Sitzstangen, mit Spray behandelt werden.

> Vor dem Einsprühen der Vogelbehausung und ihrer Einrichtungen müssen die Tiere umgesetzt werden, damit sie während der Sprühaktion die giftigen Dämpfe nicht einatmen.

Nach zwei Stunden sollten die Gegenstände mit Wasser gründlich abgewaschen werden, um einen Kontakt der Vögel mit dem versprühten Insektizid zu vermeiden. Je nach Umgebungstemperatur muß die Bekämpfung wiederholt werden, um auch die schlüpfenden Larven der nächsten Parasitengeneration abzutöten:
– bei ca. 12°C nach 12 Tagen
– bei bis zu 20°C nach einer Woche
– bei über 20°C nach fünf Tagen.
Es ist theoretisch möglich, mit Ästen, die man im Freien sammelt, die Rote Vogelmilbe in die Wohnung einzuschleppen. Um das zu verhindern, sollten die Zweige vor ihrer Verwendung als Sitzstangen oder Spielzeug ein paar Minuten in kochendes Wasser gelegt werden.

## Virusbedingte Hauterkrankungen

Bei der Hautform der **Kanarienpocken,** ausgelöst durch ein Avipoxvirus, bilden sich tumor- oder warzenähnliche Knötchen, vorwiegend an den Augenlidern, an den Schnabelwinkeln, den Beinen und Zehen sowie der Kloake. Die Knötchen brechen auf, entleeren ein stark virushaltiges Sekret und trocknen zu Krusten ab. Die Viruserkrankung kann neben der beschriebenen Hautform auch als Allgemeinerkrankung mit hoher Sterberate auftreten.

Den Kanarienpocken im Anfangsstadium sehr ähnliche, warzenförmige Wucherungen findet man bei einer Infektion der Haut mit Papillomaviren. Die Hautveränderungen, die hauptsächlich bei Finkenvögeln und Großpapageien auftreten, sind gutartig und können in der Regel chirurgisch entfernt werden, wenn sie eine die Tiere behindernde Größe erreicht haben. Da das Virus selbst durch Entfernung der Wucherungen nicht aus dem Körper des Tieres eliminiert wird, treten Hautveränderungen meist nach kurzer Zeit erneut auf.

Durch **Impfung** mit einer **autogenen Vakzine** (Eigenimpfstoff) sind gute Heilungserfolge erzielt worden. Der Impfstoff wird aus einer chirurgisch entfernten „Warze" des betroffenen Tieres in einem Speziallabor hergestellt. Es sind zwei Impfungen im Abstand von 14 Tagen erforderlich. Danach hat der Körper des Vogels meist genügend Antikörper gebildet, so daß keine neuen Hautwucherungen mehr auftreten.

# Krankheiten der Ständer und Flügel

## Sohlenballengeschwür

Sohlenballengeschwüre treten häufig bei Wellensittichen und anderen Papageienvögeln sowie Finkenvögeln auf. Als **Ursache** dieser Erkrankung werden Durchblutungsstörungen in den Füßen, verursacht durch zu wenig Bewegung, falsche (zu schmale) Käfigstangen, Vitamin-A-Mangel (zu wenig Grünfutter und Obst) und Verletzungen der Fußsohlen mit Eintritt von Eiterbakterien diskutiert. Meist sind jedoch mehrere Faktoren für das Krankheitsgeschehen verantwortlich.

Wie sieht nun ein solches Sohlenballengeschwür aus? Zunächst bildet sich auf der Sohle oder an der Unterseite einer Zehe eine Druckstelle. Die Haut wird dünn, wund und bald mit Schorf bedeckt.

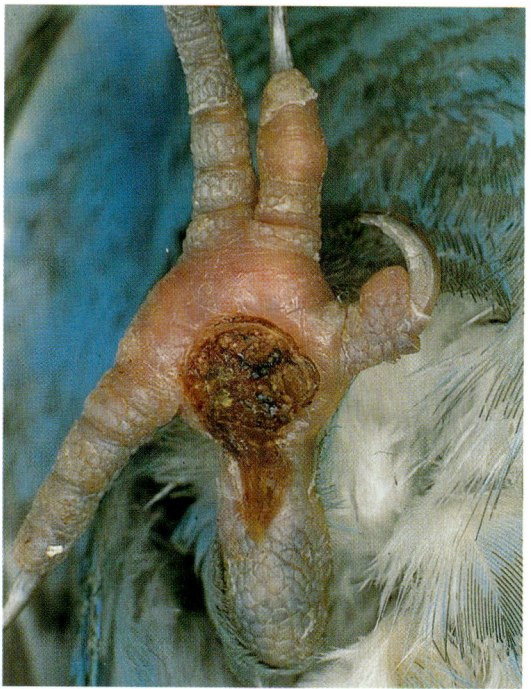

Sohlenballengeschwür.

Häufig ist der erkrankte Fuß geschwollen und fühlt sich wärmer an. Im weiteren Verlauf bildet sich ein offenes Geschwür, aus dem dickflüssiger bis pastöser Eiter austritt. Die Veränderungen können bis tief in das darunterliegende Gewebe reichen und die Sehnenscheiden miteinbeziehen. Ein Sohlenballengeschwür ist für den Vogel sehr schmerzhaft. Er versucht, das betroffene Bein zu entlasten, indem er es hochzieht. Dadurch wird der zweite Fuß überbelastet und kann ebenfalls erkranken.

Die **Behandlung** des Sohlenballengeschwüres ist langwierig und nur erfolgversprechend, wenn die auslösenden Ursachen beseitigt werden (Einheitssitzstangen, Vitamin-A-Mangel, Bewegungsmangel, Übergewicht). In jedem Fall muß der Vogel von einem Tierarzt behandelt werden. Da Vogeleiter eine eher pastöse Konsistenz hat, fließt er nicht, wie beim Säugetier, aus der Wunde heraus, sondern bildet einen festen Pfropf. Dieser Pfropf muß chirurgisch ausgeräumt werden. Anschließend wird der erkrankte Fuß mit einem Salben-Polster-Verband für etwa zehn Tage versorgt. Jeden zweiten bis dritten Tag muß der Verband erneuert werden. Multivitamin-Injektionen fördern den Heilungsprozeß.

Um den zweiten Fuß zu entlasten, werden die **Sitzstangen** gepolstert. Umwickeln Sie sie mit Küchenpapiertüchern oder Verbandsmull und befestigen Sie die Polsterung an den Enden der Stangen gut mit Rollpflaster oder Klebestreifen. Es müssen alle Stangen im Käfig so umwickelt werden, da Vögel häufig neuen Gegenständen aus dem Weg gehen. Wird nur eine gepolsterte Stange zur Verfügung gestellt, wird der Patient sie möglicherweise aus Angst meiden.

Wenn sich noch kein Eiterpfropf gebildet hat, genügt es meistens, zusätzlich zur Polsterung der Stangen den erkrankten Fuß täglich mit Vitamin-A- oder Lebertran-Salbe einzureiben. Während dieser Salbenbehandlung darf kein Sand im Käfig sein. Die Sandkörner bleiben sonst an dem mit Salbe eingeriebenen Fuß haften und verhindern durch ständige Reibung die Heilung.

Zur Vorbeugung sollten Sie Sitzstangen mit verschiedenem Durchmesser im Käfig befestigen. Dadurch ist der Vogel nicht gezwungen, seine Füße beim Umgreifen immer in der gleichen Krümmung zu halten. Das Herumklettern auf verschieden dicken Sitzstangen ist wie Fußgymnastik und fördert die Durchblutung.

Verwenden Sie keine mit Sandpapier umwickelten Stangen. Sie wirken auf den Vogelfuß wie Schmirgelpapier. Bieten Sie Ihrem Vogel mindestens einmal am Tag für ein bis zwei Stunden Freiflug. Dann kommt sein Kreislauf in Schwung; die Durchblutung in den Beinen und Füßen wird angeregt. Lassen Sie Ihren Vogel nicht zu dick werden. Besonders Wellensittiche neigen dazu, sich zu überfressen. Übergewichtige Vögel bewegen sich weniger. Mangelnde Bewegung und das hohe Gewicht überlasten die Füße. Bei Vögeln mit chronischem Vitamin-A-Mangel treten Entzündungen der Sohlenballen vermehrt auf. Füttern Sie daher ausreichend Frischfutter.

**Knochenbrüche müssen innerhalb von 24 Stunden versorgt werden.**

## Brüche und Verstauchungen

Etwa 10% der in Tierarztpraxen vorgestellten Vogelpatienten kommen wegen **Knochenbrüchen** an den Beinen oder Flügeln. Ob eine konservative (mit Stützverband) oder chirurgische (mit Bohrdrähten) Therapie angewandt wird, muß der Tierarzt für jeden Einzelfall entscheiden.

Einfache Brüche der zarten Ständer- und Flügelknochen bei kleinen Ziervögeln werden in der Regel mit einem festen **Stützverband** versorgt. Die gebrochene Gliedmaße muß dabei in natürlicher Position so fixiert werden, daß die beiden Bruchenden aneinanderliegen und sich auch bei Bewegungen des Vogels nicht verschieben. Der Patient braucht meist ein bis zwei Tage, bis er mit dem Verband zurechtkommt und sein Gleichgewicht wiedererlangt hat. In dieser Zeit dürfen sich keine größeren Wassergefäße im Käfig befinden, in die der Vogel hineinfallen und ertrinken kann. Nach zehn Tagen kann der Verband wieder abgenommen werden. Die Heilung wird durch Kalzium-Gaben im Futter oder über Injektion unterstützt.

Bei größeren Vögeln sollten Knochenbrüche nach Möglichkeit **chirurgisch** versorgt werden. Das hat gegenüber der konservativen Methode den Vorteil, daß die Bruchstellen exakter aneinander angepaßt werden können. Zudem belasten die Tiere schon während des Heilungsprozesses die Gliedmaße, so daß es zu keinem Muskelschwund kommt. Bei der chirurgischen Frakturversorgung werden die Bruchenden mit Drähten aneinander verankert. Die Implantate werden nach etwa drei Wochen wieder herausgenommen.

Knochenbrüche müssen innerhalb von 48 Stunden behandelt werden. Ansonsten ist die Chance gering, die Funktion der Gliedmaße wiederherzustellen.

**Prellungen, Verstauchungen** oder **Luxationen** (Ausrenkungen) der Gelenke entstehen bei Vögeln nach Unfällen. Dem Besitzer fällt auf, daß der kleine Patient plötzlich den Flügel hängenläßt oder ein Bein schont. Bei genauerer Untersuchung fällt auf, daß die Umgebung des geprellten Gelenkes angeschwollen oder durch einen Bluterguß rötlich-braun verfärbt ist.

**Einschnürung durch einen eingewachsenen Ring.**

Durch eine **Röntgenaufnahme** sollte zunächst abgeklärt werden, ob nicht etwa doch eine Fraktur vorliegt. Wird kein Knochenbruch und keine Luxation gefunden, wird der Vogel in einem kleinen Käfig solange ruhiggestellt, bis sich die an der geprellten Körperstelle entstandene Schwellung zurückgebildet hat und die Gliedmaße wieder normal gebraucht wird. Luxationen müssen (unter Narkose!) eingerenkt werden. Anschließend wird zur Stabilisierung des eingerenkten Gelenkes für etwa 14 Tage ein Stützverband angelegt.

## Eingewachsener Ring und Abschnürungen

Alle Papageienvögel müssen nach der Psittakoseverordnung mit einem entsprechenden Ring gekennzeichnet sein. Andere Ziervögel werden in der Regel vom Züchter beringt, um eine Kontrolle über Herkunft, Schlupfdatum und Verkauf der Einzeltiere zu haben. Manche der Vögel tragen bis zu drei verschiedene Ringe an den Ständern.

Bei Verletzungen des beringten Beines (z.B. Verstauchungen, Brüche), bei Durchblutungsstörungen, Gelenkserkrankungen oder Hautveränderungen kann das Bein jedoch anschwellen, so

daß der Ring zu eng wird und manchmal regelrecht einwächst.

Als Folge wird die Blutversorgung der Zehen unterbrochen; das Bein unterhalb des Ringes wird zunächst blau und stirbt schließlich ab. Dieser Verlauf ist für den Vogel mit starken Schmerzen verbunden.

> Vögel, die in Privathaushalten leben, die nicht verkauft werden und mit denen nicht gezüchtet wird, brauchen keinen Ring zu tragen. Bitten Sie Ihren Tierarzt, den Ring zu entfernen, bevor er zu eng wird.

Mit einer Spezialschere wird der Ring für den Vogel gefahrlos in zwei Hälften geschnitten. Die Ringhälften von Papageienvögeln sollten Sie sorgsam aufbewahren.

Auch durch winzige Fäden (z.B. aus ungeeignetem Nistmaterial) können Vogelfüße abgeschnürt werden und absterben. In vielen Fällen werden die Tiere zu spät zur Behandlung gebracht, um den Fuß noch retten zu können. Eine **Amputation** ist dann unumgänglich. Mit Ausnahme der kletterden Papageienvögel kommen Ziervögel nach der Operation mit ihrer Behinderung sehr schnell zurecht. Zur Entlastung des gesunden Fußes empfiehlt es sich, die Sitzstangen zu polstern.

## Gelenkgicht

Bei der Verdauung von Nahrungseiweiß entsteht im Vogelorganismus Harnsäure als Endprodukt. Durch die Nieren wird diese Stoffwechselschlacke aus dem Blut gefiltert und mit dem Urin ausgeschieden. Bei Erkrankungen der Nieren, wodurch ihre Filterfunktion eingeschränkt wird, reichert sich die Harnsäure im Blut an und lagert sich in Eingeweiden und Gelenken in Form von Kristallen ab.

Die Ablagerung von weißlichen, oft gipsähnlichen Uratkristallen in und um die Gelenke wird als **Gelenkgicht** bezeichnet. Es bilden sich unter der Haut in Gelenknähe überaus schmerzhafte weißliche Knötchen, die aufbrechen können und dabei eine bröckelige weiße Masse entleeren. Die Beine und Füße sind geschwollen, vermehrt warm

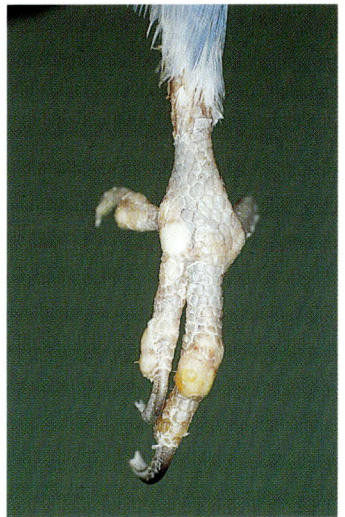 

**Links: Gichtknoten an den Fußgelenken. Rechts: Selbstgebastelte bequeme Plattform für Gichtpatienten.**

und oft rotviolett verfärbt. Häufig tritt die Gelenkgicht zusammen mit **Eingeweidegicht** auf, bei der Harnsäureablagerungen in der Leibeshöhle, im Herzbeutel, in der Leberkapsel und den Nieren zu finden sind.

Die Gicht ist kaum zu heilen. Da eine **Nierenerkrankung** in der Regel als Hauptursache für das Leiden verantwortlich ist, muß diese mitbehandelt werden. Hohe Dosen an Vitamin A, viel Flüssigkeit (eventuell als Infusion unter die Haut) und die Anregung der Nierenfunktion durch Zusatz von Saccharose (Zucker) im Trinkwasser können das Krankheitsgeschehen günstig beeinflussen. Durch die angeschwollenen Beine und schmerzhaften Gichtknoten sind die Tiere kaum in der Lage zu klettern oder sich auf dünnen Stangen festzuhalten. Futter- und Wassergefäße sollten daher so plaziert werden, daß sie der Patient ohne Mühe erreichen kann. Die Sitzstangen müssen breit und ausreichend gepolstert sein. Man kann den Käfig auch mit selbstgebauten, kleinen gepolsterten Plattformen ausstatten, worauf der Vogel relativ schmerzfrei sitzen kann.

Die Gichtknoten können, wenn sie eine bestimmte Größe erreicht haben, **chirurgisch** ausgeräumt werden. Eine Narkose ist trotz der Schmerzhaftigkeit des Eingriffs nicht zu empfehlen, da sie die geschädigte Niere zusätzlich bela

stet. Der Tierarzt hat nur die Möglichkeit, den Fuß zu „vereisen", und muß dann ganz schnell arbeiten. Länger wirkende Lokalanästhetika werden von den meisten Vogelarten nicht vertragen.

Die Humanmedizin verwendet bei Gichterkrankungen des Menschen seit Jahren erfolgreich ein Medikament, das die Bildung von Harnsäure hemmt. Die Ursache der Gicht beim Vogel ist nicht exakt die gleiche wie beim Menschen. Dennoch kann, obwohl man noch wenig Erfahrungen damit hat, die Behandlung mit dem Humanpräparat versucht werden – umso mehr, als man im fortgeschrittenen Stadium der schmerzhaften Gelenkgicht nur noch die Euthanasie als Alternative hat.

## Gelenkentzündungen

**Sterile Gelenkentzündungen**, d.h.ohne Beteiligung von Krankheitserregern, entstehen durch Überlastung (bei Übergewicht) oder Fehlbelastung (falsche Sitzstangen) der Ständer. Die betroffenen Gelenke sind meist stark angeschwollen und sehr schmerzhaft.

Hier muß die **Ursache** beseitigt werden, um Abhilfe zu schaffen. Übergewichtige Vögel erhalten eine Reduktionsdiät (siehe Seite 108). Die

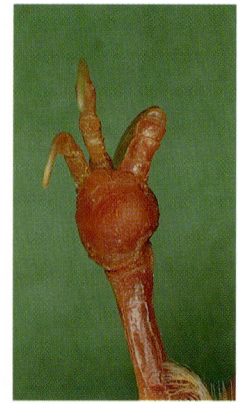

**Links:** Durch aufsteigende Bakterien verursachte Gelenkentzündung als Folge eines Sohlenballengeschwürs.
**Rechts:** Gelenkentzündung durch falsche Sitzstangen.

Sitzstangen werden so gepolstert, daß die Zehen fast waagerecht auf der weichen Oberfläche aufliegen. Besonders gelenkschonend (wie der Fußboden guter Turnhallen) sind freischwingende Sitzstangen, die nur an einem Ende an der Käfigwand befestigt sind.

Für die meisten Gelenkentzündungen sind jedoch **Krankheitserreger** verantwortlich, die über Sohlenballengeschwüre, über Verletzungen und über die Blutbahn in die Gelenke eingeschleppt werden. So findet man bei Punktionen entzündeter Gelenke neben verschiedenen Bakterienarten (z.B. Eiterbakterien, Salmonellen) auch Mykoplasmen (Zwischenstufen zwischen Bakterien und Viren) und Erreger gefährlicher Allgemeinerkrankungen (z.B. Tuberkulose).

Zur Behandlung **bakterieller Gelenkentzündungen** werden Antibiotika eingesetzt. Ihre Wirkung muß über mindestens sieben Tage anhalten.

Es gibt Präparate, die nur zweimal im Abstand von drei bis vier Tagen injiziert werden müssen und Antibiotika, die sieben Tage lang einmal oder gar zweimal täglich zu spritzen sind. Welches Antibiotikum für den Einzelfall das richtige ist, entscheidet der Tierarzt nach Feststellung des Erregertyps.

Eine unzureichende oder zu früh abgebrochene Antibiotikum-Behandlung führt zur Bildung resistenter (unempfindlicher) Keime.

Die Gabe von Antibiotika über das Trinkwasser oder das Futter kann keinen ausreichend hohen Blut- und Gewebespiegel garantieren, da vor allem Papageienvögel wenig trinken und bei Geschmacksveränderungen die Futter- und Wasseraufnahme vollständig verweigern.

# Krankheiten der Bürzeldrüse

In Höhe der Schwanzwurzel sitzt bei den meisten Vogelarten die **Bürzeldrüse,** eine zweilappige Hautdrüse mit einem gemeinsamen Ausführungsgang. Mit ihrem Sekret aus Fetten, Wachs und anderen Substanzen schützt der Vogel sein Gefieder gegen das Eindringen von Wasser, gegen Bakterien, Pilze und Parasiten. Amazonen, Aras und Graupapageien besitzen keine Bürzeldrüse.

**Abszesse** der Bürzeldrüse sind nicht selten. Sie entstehen durch Verschluß des Ausführungsganges infolge von Verschmutzungen, Entzündungen oder Verletzungen. Das angestaute Sekret dickt ein und wird sehr hart. Das Gewebe um die gestaute Drüse ist angeschwollen. Die umliegenden Federn können mit Sekret und Blut verschmiert sein. Dem Besitzer fällt meistens auf, daß sich der Vogel unentwegt am Schwanzansatz pickt.

Der Tierarzt wird zunächst Verkrustungen und verklebte Federn entfernen und dann versuchen, das verhärtete Sekret durch den natürlichen Ausführungsgang herauszumassieren. Ist das nicht möglich, muß er die Drüsenlappen spalten und ausräumen. Die Nachbehandlung der Wunde erfolgt mit antibiotikahaltigen Spüllösungen oder Salben. Die Antibiotikabehandlung muß mindestens sieben Tage lang konsequent durchgeführt werden.

Da durch die Entzündung der Ausführungsgang oft vernarbt und dadurch stark verengt wird, kann sich immer wieder Sekret in der Drüse anstauen. Regelmäßige tierärztliche Kontrollen (etwa ein- bis zweimal im Monat) sind bei vorgeschädigten Vögeln daher dringend zu empfehlen. Dabei wird gestautes Sekret vorsichtig ausgedrückt, um einer erneuten Abszeßbildung vorzubeugen.

**Tumoren** der Bürzeldrüse treten vor allem bei Wellensittichen relativ häufig auf. Sie müssen vom Tierarzt unter Narkose chirurgisch entfernt werden.

Die Bürzeldrüse, eine zweilappige Hautdrüse, sitzt in Höhe der Schwanzwurzel.

# Krankheiten der Schilddrüsen

Die Schilddrüsen liegen bei Vögeln unterhalb des Kropfes am Brusteingang, rechts und links der Luftröhre anliegend, unter dem Brustbein und der Muskulatur verborgen. Sie sind von außen auch bei krankhafter Vergrößerung nicht zu tasten. Die Schilddrüsen produzieren zwei Hormone (Thyroxin = $T_4$ und Trijodthyronin = $T_3$), die den Stoffwechsel, das Federwachstum und damit auch die Mauser sowie, zusammen mit den Geschlechtshormonen, das Fortpflanzungsgeschehen beeinflussen.

Noch vor etwa zwei Jahrzehnten war die **Schilddrüsenhyperplasie** (Schilddrüsenvergrößerung) aufgrund von Jodmangel in der Ernährung vor allem beim Wellensittich angeblich eine der häufigsten Erkrankungen. Da jedoch die **Symptome** dieser Störung (z.B. akute Atemnot) auch bei anderen Erkrankungen auftreten können und die Diagnostik beim Vogel noch nicht so weit fortgeschritten war, wird die damalige extreme Häufigkeit von Veränderungen dieser Hormondrüsen von vielen Experten bezweifelt. Heute wird die Schilddrüsenhyperplasie nur noch selten gesehen. Eventuell ist das auch auf die Jodierung des handelsüblichen Körnerfutters zurückzuführen.

Aufgrund der Lage der Drüsen werden bei ihrer Vergrößerung die Luftröhre, Speiseröhre und größere Blutgefäße zusammengedrückt. Es kommt zur Kropfanschoppung und zu Erbrechen, da der Transport der Nahrung vom Kropf in den Magen durch die Verengung der Speiseröhre behindert wird. Auch Durchblutungsstörungen mit Schwindelanfällen und Bewußtseinsverlusten werden beobachtet. Das auffallendste Symptom ist jedoch die **Atemnot**. Die Fähigkeit zu Fliegen ist massiv eingeschränkt. Die Vögel atmen bei der geringsten Anstrengung mit geöffnetem Schnabel. Im fortgeschrittenen Stadium hängen sich die Patienten oft mit dem Oberschnabel am Käfiggitter ein und halten Kopf und Hals weit gestreckt, um überhaupt noch Luft zu bekommen. Bei der Einatmung hört man meist piepsende Geräusche.

Die **Behandlung** erfolgt bei lebensbedrohlichen Atembeschwerden mit hochdosierter Gabe von Jod (20%iges Natriumjodid) einmal täglich direkt in die Schnabelhöhle. Nach etwa fünf Tagen tritt in der Regel eine Besserung auf.

Zur Weiterbehandlung erhält der Patient täglich einen Tropfen Jod (Lugolsche Lösung) in 30 ml Trinkwasser aufgelöst. Da Papageienvögel wenig trinken und bei Geschmacksveränderung des Wassers die Aufnahme oft völlig verweigern, empfiehlt es sich, die Wasseraufnahme zu kontrollieren und, wenn nötig, dem Vogel etwa 1 ml jodiertes Trinkwasser täglich direkt in die Schnabelhöhle einzugeben.

# Krankheiten der Atmungsorgane

## Akute Atemnot

Atemnot ist keine eigenständige Krankheit, sondern ein **Symptom,** das bei vielen verschiedenartigen Gesundheitsstörungen auftritt. So können Erkrankungen der **Atmungsorgane** selbst (Infektionen, Verklebungen, Verletzungen, Verstopfungen) ebenso Atembeschwerden auslösen wie andere Organveränderungen, die auf die Atemwege drücken. Aufgrund ihrer Lage rechts und links der Luftröhre entstehen Atembeschwerden bei einer **Schilddrüsenvergrößerung** dadurch, daß die erkrankten Drüsen die Luftröhre einengen. Da beim Vogel alle Organe in einer gemeinsamen Körperhöhle liegen, d.h. Brust- und Bauchraum nicht wie beim Säuger durch das Zwerchfell getrennt sind, haben auch krankhafte Veränderungen der **Bauchorgane** Einfluß auf die Atmung. So werden Lungen und Luftsäcke bei Tumoren in der Bauchhöhle, bei Lebervergrößerung, bei Fetteinlagerungen aufgrund von Übergewicht, bei Legenot sowie bei Gas- oder Kotansammlung infolge von Darmerkrankungen in ihrer Funktion beeinträchtigt.

Handelt es sich um einen sich langsam entwickelnden Krankheitsprozeß, fällt auf, daß das betroffene Tier zunächst weniger fliegt, kaum noch „spricht" oder singt und vermehrt schläft. Der Vogel gähnt häufig, was auf Sauerstoffmangel zurückzuführen ist. Im weiteren Verlauf wird die körperliche Leistungsfähigkeit immer mehr eingeschränkt. Jede Anstrengung führt zu schneller, pumpender Atmung mit teilweise offenem Schnabel. In Ruhestellung kann man die angestrengte Atmung am verstärkten Wippen der Schwanzfedern erkennen. Bei akuter schwerer Atemnot hängen sich die Patienten häufig mit dem Oberschnabel an das Käfiggitter, um durch Streckung des Halses mehr Luft zu bekommen.

**Angestrengte Atmung mit geöffnetem Schnabel bei akuter Atemnot (Schnabelatmung).**

**Rhinitis bei einem Nymphensittich.**

Jede Erkrankung verursacht mehr oder weniger starkes Leiden bei den betroffenen Individuen. Müßte man jedoch alle möglichen Krankheitssymptome nach dem Grad der Qualen, die sie auslösen, auflisten, so würden sicherlich die Atemnot und das Ersticken an einer der ersten Stellen stehen. Vögel mit Atemnot sollten daher so schnell wie möglich einem Tierarzt zur Untersuchung und Behandlung vorgestellt werden.

# Rhinitis

Rhinitis ist der Fachausdruck für die Entzündung der Nasenschleimhaut. Die Folge davon ist **Schnupfen** (Coryza), bei dem klare bis schleimig-trübe Flüssigkeit aus den Nasenhöhlen austritt. Oft ist das Gefieder über und unter den Nasenöffnungen verschmiert und verklebt. Zusammen mit Schmutz und Futterbestandteilen kann das austretende Sekret zu festen Krusten eintrocknen

und die Nasenöffnungen verstopfen. Die Nasenschleimhaut schwillt durch die Entzündung an. Der Patient leidet unter Atembeschwerden. Er reibt den Kopf an den Käfigstangen und Einrichtungen, um die Nase freizubekommen, niest oft und atmet mit geöffnetem Schnabel. Das Allgemeinbefinden ist meist gestört. Vögel mit Schnupfen sind weniger lebhaft, fressen weniger und frieren, was man am aufgeplusterten Gefieder erkennen kann.

Die **Ursache** einer Rhinitis ist in der Regel eine Infektion mit Viren, Bakterien oder auch Mykoplasmen.

Besteht gleichzeitig eine Augenbindehautentzündung, muß bei Papageienvögeln auch an Psittakose gedacht werden. Solche Tiere sind sofort zu isolieren und auf Chlamydien (Erreger der Papageienkrankheit) zu untersuchen.

Da die Papageienkrankheit auf den Menschen übertragbar ist, wird der Tierarzt, um kein Risiko einzugehen, bis zum Vorliegen des Untersuchungsergebnisses zunächst ein Antibiotikum (Tetracyclin) injizieren, das auch gegen Chlamydien wirksam ist. Die gleichzeitig beim Labor in Auftrag gegebene Untersuchung eines Nasenabstriches auf Bakterien ist wichtig für den Fall, daß es sich um eine Infektion mit Tetracyclin-resistenten Keimen handelt. Im Labor wird ein Antibiogramm angefertigt. Dabei wird der im Nasensekret gefundene Krankheitserreger auf einem Nährboden mit verschiedenen Antibiotika in Kontakt gebracht, um herauszufinden, welches davon den Keim abtöten kann. Für den Tierarzt ist diese Information von Bedeutung, wenn die Tetracyclin-Therapie nicht zum Erfolg führt. Er kann dann auf ein anderes, sicher wirksames Antibiotikum wechseln.

Zur **Unterstützung** der Selbstheilung des Körpers haben sich Präparate bewährt, die die unspezifische Abwehr steigern (sogenannte Paramunitätsinducer). Zusätzlich helfen Multivitamin-Injektionen sowie Vitamin-C-Pulver (1 Messerspitze in 30 ml Wasser) im Trinkwasser das Immunsystem zu stärken und die Infektion zu überwinden.

Die Nasenöffnungen und das Kopfgefieder müssen mehrmals täglich mit einem in lauwarmem Wasser getränkten Wattebausch von Sekret und Krusten gereinigt werden. Die oft entzündete und gerötete Haut um die Nase wird, ohne das Kopfgefieder zu verkleben, mit einer heilenden Salbe (Lebertran-, Ringelblumen- oder Vitamin-A-Salbe) eingerieben. Da bei kranken Vögeln die Körpertemperatur sinkt und die Tiere frieren, muß **Wärme** zugeführt werden. Dazu wird der Vogel in einen kleinen Käfig gesetzt und mit einer Lampe (60-Watt-Birne) so angestrahlt, daß er, wenn es ihm zu warm wird, auf eine andere Stange ausweichen kann (siehe Kapitel „Erste Hilfe", Seite 44). Die Wärmebestrahlung muß **ununterbrochen** Tag und Nacht fortgesetzt werden, bis das Tier wieder gesund ist.

**Kamillendampfbäder** helfen, das zähflüssige Sekret in der Nasenhöhle zu lösen. Ein Topf mit heißem Kamillenaufguß wird dazu vor den mit einem Handtuch bis auf die Vorderfläche abgedeckten Käfig gestellt und der warme aufsteigende Wasserdampf hineingefächelt. Das Kamillendampfbad kann problemlos ein- bis zweimal pro Tag angewandt werden.

Sämtliche Käfigstangen, Käfigeinrichtungen sowie Futter- und Wassergefäße müssen täglich mit heißem Wasser und einer Bürste gründlich gereinigt werden, um daran haftende Krankheitserreger, die zu einer Neuinfektion führen könnten, zu entfernen.

Rhinitis tritt häufig im Winter bei Vögeln auf, die in geheizten Räumen leben. Vor allem Tiere, in deren Heimat tropische Klimaverhältnisse mit hoher Luftfeuchtigkeit herrschen, leiden unter der trockenen Raumluft. Die Schleimhäute des Atemtraktes trocknen aus und sind für Krankheitserreger besonders empfänglich.

Als wirksame **Vorbeugemaßnahme** sollte die Luftfeuchtigkeit erhöht (z.B. elektrischer Luftbefeuchter, nasse Tücher auf der Heizung) und den Vögeln Bademöglichkeiten zur Verfügung gestellt werden. Vögel, die nicht baden, werden täglich mehrmals mit lauwarmem Wasser, z.B. aus einer sauberen Blumenspritze, angesprüht oder ab und zu im Waschbecken oder der Badewanne abgeduscht.

# Sinusitis

Als Sinus infraorbitalis (Nasennebenhöhle) werden symmetrisch neben jeder Nasenhöhle liegende Hohlräume bezeichnet, die sich unter der Haut bis zu den Augäpfeln hinziehen. Sie haben Verbindung zu den Nasenhöhlen und werden bei einer Enzündung der Nasenschleimhaut (Rhinitis) häufig in Mitleidenschaft gezogen. Eine Sinusitis kann jedoch auch nach Verletzung der Haut mit Eindringen von Keimen in die Nasennebenhöhle entstehen.

Die **Symptome** sind eindeutig. Es kommt zu ein- oder beidseitiger Schwellung hinter der Nasenöffnung, die sich bis zu den Augen ausdehnen kann. Teilweise sind die Augen zugequollen und es besteht eine Konjunktivitis (Augenbindehautentzündung). In schweren Fällen wird der Augapfel auf der erkrankten Seite durch die im Sinus angesammelten Sekretmassen verdrängt. Die Tiere scheinen große Schmerzen zu haben. Das Allgemeinbefinden ist gestört. Durch Kopfschütteln, Reiben an den Käfigstangen und Niesen versuchen sie, sich Linderung zu verschaffen.

Wenn das Sekret im Sinus dünnflüssig ist – der Tierarzt erkennt das durch Tasten – kann es mit einer sterilen Kanüle abgesaugt werden. Eingedickte Ansammlungen müssen **chirurgisch** ausgeräumt werden. Die Nasennebenhöhle wird dazu mit einem kleinen Schnitt eröffnet und, nachdem die Sekretmassen herausgenommen wurden, mit steriler physiologischer Kochsalzlösung gespült. Antibiotika werden lokal als Spüllösungen im eröffneten Sinus selbst und systemisch als Injektionen verabreicht. Die Spülung der Infraorbitalhöhle muß meist mehrmals wiederholt werden. Wärmebestrahlung und Vitamin A fördern den Heilungsprozeß.

Da eine chronische Vitamin-A-Unterversorgung die Schleimhäute des Atemtraktes schwächt und damit auch die Entstehung einer Sinusitis begünstigt, ist die optimale Ernährung mit ausreichend viel Frischfutter eine wirksame **Vorbeugemaßnahme** (siehe S. 109). Intakte Schleimhäute können schädliche Bakterien besser abwehren.

## Luftsackmilben

Sternostomose ist die medizinische Bezeichnung für Luftsackmilbenbefall. Da die Schädlinge auch in der Luftröhre und in den Lungen parasitieren, spricht man zuweilen auch von Luftröhrenmilben- oder Lungenmilben-Befall. Häufig betroffen sind Kanarien und Gouldamadinen. Aber auch Wellensittiche, Prachtfinken und Agaporniden können von den Parasiten befallen werden. Die Übertragung erfolgt **direkt** von Vogel zu Vogel (z.B. beim Schnäbeln) oder **indirekt** über Futter und Wasser. Die Inkubationszeit, d.h. die Zeit von der Ansteckung bis zum Ausbruch der ersten Krankheitszeichen, kann Wochen bis Monate dauern.

Wenn man die Federn im Halsbereich des Vogels etwas anfeuchtet und das Tier gegen das Licht hält, kann man durch die dünne Haut hindurch die Milben als kleine staubkorngroße Punkte in der Luftröhre erkennen. Manchmal findet man auch Luftsackmilben im Rachen am Eingang zur Luftröhre.

Die erkrankten Vögel werden zunächst heiser und hören sich verschleimt an. Später verlieren sie dann ganz die Stimme. Sie niesen, würgen und schleudern den Kopf. Die Leistungsfähigkeit beim Fliegen läßt nach. Die Tiere atmen nach Anstrengungen mit geöffnetem Schnabel. Oft hört man, wenn man den kleinen Patienten nahe an das Ohr hält, bei jedem Atemzug ein piepsendes Geräusch.

Die Milben sind nachtaktiv, was dem Tierarzt die **Diagnose** erleichtert: Die Symptome verstärken sich am Abend und in der Nacht. Die Tiere sind vor allem nachts sehr unruhig und leiden unter Schlafmangel. Auf der durch die Milben vorgeschädigten Schleimhaut des Atemtraktes siedeln sich häufig Bakterien an und verschlimmern das Krankheitsbild.

Zur **Bekämpfung** der Luftsackmilben eignen sich zwei verschiedene Präparate (Ivermectin und Trichlorphon), die dem erkrankten Vogel in der entsprechenden Verdünnung auf die Nackenhaut geträufelt werden. Ivermectin wird zweimal im Abstand von zwei Wochen und Trichlorphon dreimal im Abstand von vier Tagen angewandt.

Nicht jedes der beiden Präparate wird von jeder Vogelart und jedem Vogelindividuum gleichermaßen gut vertragen. Die Entscheidung, welches Mittel im Einzelfall verwendet wird, sollte daher ein Tierarzt treffen. Die Behandlung sollte ebenfalls nur von einem Tierarzt durchgeführt werden. Nur er hat die Möglichkeit, bei eventuell auftretenden Nebenwirkungen entsprechende Gegenmaßnahmen zu ergreifen.

In größeren Vogelbeständen wird die **vorbeugende Behandlung** aller Neuzugänge empfohlen, um eine Einschleppung von Luftsackmilben zu verhindern. Bei bakteriellen Zusatzinfektionen werden Antibiotika und Vitamin-Präparate eingesetzt. Kamillendampfbäder (siehe auch Seite 75) helfen, den zähen Schleim, der sich in der Luftröhre durch die permanente Reizung gebildet hat, zu verflüssigen und wirken heilend auf die entzündete Schleimhaut.

## Aspergillose

Die Aspergillose ist eine Infektion mit verschiedenen **Schimmelpilzen** (*Aspergillus fumigatus, A.flavus, A.niger, A.glaucus*), die alle die gleichen Krankheitsbilder hervorrufen. Schimmelpilze und Schimmelpilzsporen gibt es in der Natur fast überall in geringen Konzentrationen. Ein gesunder Vogel mit intaktem Immunsystem wird kaum daran Schaden nehmen. In Gefangenschaft erkranken von den in diesem Buch besprochenen Vögeln vorwiegend Papageien, Amazonen, Aras und Kakadus an Aspergillose. Die mikroskopisch kleinen Fadenpilze gelangen über die Atemwege in den Körper und werden normalerweise von den Abwehrzellen des Vogelorganismus abgetötet. Es gibt zwei Gründe, weswegen nach dem Kontakt mit Schimmelpilzen eine oft tödlich verlaufende Krankheit entstehen kann:

a) Der Vogel wird mit einer so **großen Menge an Pilzen** konfrontiert, daß auch ein gesundes Immunsystem dem Ansturm nicht mehr gewachsen ist. Die Abwehrzellen reichen nicht aus, um alle Pilze zu eliminieren, so daß sich ein Teil davon im Körper festsetzen und vermehren kann. Massenweise Schimmelpilze bilden sich auf feucht gelagertem, vergammeltem Körnerfutter, auf verdorbenem, verfaultem Frischfutter, an den Wänden feuchter Räume (z.B. Keller, Dachböden) oder in verschmutzter Käfig- bzw.

**Liebevolle Zuwendung, wie hier beim täglichen Bad, ist Grundvoraussetzung für eine Heilung von Aspergillose-Patienten.**

Voliereneinstreu aus natürlichen Materialien (Torf, Erde, Moos).

b) Der Vogel ist vorgeschädigt oder krank und sein **Immunsystem** ist geschwächt. Solche Tiere können schon von den wenigen Fadenpilzen, die auch unter hygienischen Haltungsbedingungen fast überall vorhanden sind, an Aspergillose erkranken. Da den Pilzen keine wirksame Abwehr entgegentritt, können sie sich trotz ihrer geringen Anzahl festsetzen, vermehren und ernsthafte Schäden verursachen.

Importierte Papageienvögel sind in der Regel Wildfänge. Diese Tiere werden aus der Freiheit heraus über Tausende von Kilometern in meist qualvoller Enge transportiert. Viele von ihnen verenden auf dem Transportweg. Diejenigen, die das zweifelhafte Glück haben, die Strapazen zu überleben, kommen nach ihrer Ankunft in Deutschland in Quarantäne. Dort werden sie sechs Wochen lang nach Vorschrift der Psittakoseverordnung mit immunschwächenden Antibiotika (Tetracyclinen) behandelt. Erst danach werden sie an Händler verkauft, in den Ausstellungsräumen der Tiergeschäfte zur Schau gestellt und ohne Kontrolle, ob Sachkenntnisse vorhanden sind, an Privatleute weitergegeben.

Es wäre naiv zu glauben, daß diese der Freiheit entnommenen Wildvögel im Käfig glücklich sind. Die Tiere sind tief erschüttert und verstört. Verwirrung, Heimweh, Angst und Trauer um verlorene Partnervögel sind die vorherrschenden Gefühle. Die körpereigenen Abwehrkräfte der Tiere sind meist verbraucht. Es ist fast ein Wunder, wenn solche Vögel nicht an Aspergillose erkranken!

Bis nach einer Infektion die ersten **Krankheitssymptome** auftreten, vergehen etwa 5 bis 20 Tage. Man unterscheidet den **akuten** und den **chronischen Verlauf** der Aspergillose. Die akute Form verläuft sehr schnell. Die erkrankten Vögel zeigen Atemnot und Verlust der Stimme, fressen kaum noch und sterben innerhalb weniger Tage. In manchen Fällen gehen dem plötzlichen Tod keinerlei Symptome voraus.

Die chronische Aspergillose wird anfangs vom Besitzer kaum wahrgenommen. Erst im fortgeschrittenen Stadium fällt auf, daß die Vögel schon nach kurzen Flugstrecken angestrengt atmen. An der zurückgebildeten Brustmuskulatur erkennt man die schleichende Abmagerung. Das Brustbein steht spitz nach vorne. Die Tiere sind weniger lebhaft und schlafen viel. Ist die Aspergillose weit fortgeschritten, atmen die Patienten mit offenem Schnabel und strecken manchmal auch die Flügel zur Seite, um besser Luft zu bekommen.

Es bilden sich große Pilzgranulome in den Lungen, in den Luftsäcken oder anderen Organen, z.B. der Leber. Giftige Stoffwechselprodukte der Schimmelpilze schädigen Leber und Nieren. Die Pilze im Atemtrakt reizen die Schleimhäute. Es entstehen Entzündungen und Verkrustungen, wodurch die Atmung zusätzlich behindert wird.

Die **Behandlung** der Aspergillose ist schwierig. Der Erfolg hängt zum einen vom Stadium der Erkrankung und dem Allgemeinzustand des betroffenen Vogels, zum anderen von der Bereitschaft des Besitzers ab, die Behandlung konsequent über mehrere Wochen durchführen zu lassen.

Alle Antimykotika (Präparate gegen Pilze) sind leberbelastend. Die Behandlung der Aspergillose ist demnach eine Gratwanderung zwischen erfolgreicher Bekämpfung der Pilze und „Vergiftung" des Vogels mit leberschädigenden Medikamenten. Man hat jedoch keine Wahl, denn die Aspergillose führt über kurz oder lang immer zum Tod. Die Behandlung mit Antimykotika bringt in vielen Fällen Heilung, so daß eine gute Chance besteht und ein Therapieversuch damit gerechtfertigt ist.

Begünstigende Faktoren für Schimmelpilzerkrankungen sind:
– Streß (falsche Haltungsbedingungen, ungeeignete Paarbildung, Transporte, Ausstellungen)
– Mangelernährung (vor allem Vitamin-A-Mangel)
– Unterernährung
– Antibiotikabehandlung
– Tumoren oder sonstige abwehrschwächende Allgemeinerkrankungen
– Wildfänge

Es gibt **Antimykotika** in Tablettenform, die, aufgelöst in etwas Flüssigkeit, direkt in den Kropf eingegeben werden sollten. Die Beimischung der Medikamente zum Futter ist nicht zu empfehlen. Manche Vögel verweigern die Futteraufnahme bei Geschmacksveränderung. Wesentlich effektiver ist die Behandlung der Aspergillose durch Inhalation pilztötender Präparate. Dazu wird der Patient dreimal täglich etwa 10 bis 15 Minuten in einem geeigneten Inhalationskäfig mit dem Medikament eingenebelt.

Wie bereits erwähnt, hängen Ausbruch und Heilung der Aspergillose eng mit dem Immunsystem des betroffenen Tieres zusammen. Therapiebegleitende Maßnahmen, die das Allgemeinbefinden des Tieres verbessern und seine Abwehrkräfte stärken, sind daher besonders wichtig. Dazu gehört auch viel liebevolle, den Bedürfnissen des Vogels angepaßte Zuwendung.

## Unterhautemphysem

Die Leistungsfähigkeit des Atemtraktes der Vögel wird durch das ausgedehnte Luftsacksystem enorm erweitert, was dieser Tierart das Fliegen mit dem daraus entstehenden erhöhten Sauerstoffbedarf erst ermöglicht. Die Luftsäcke sind dünnwandige, lufthaltige Hohlräume, die mit der Lunge in Verbindung stehen und sich durch den ganzen Körper erstrecken. Kleinere und größere Ausstülpungen (Divertikel) der Luftsäcke reichen bis in manche Knochen hinein (z.B. Oberarmknochen, Brustbein).

Reißt die Wand eines Luftsackes oder Divertikels, zum Beispiel bei einem Unfall, so dringt die darin enthaltene Luft in das umgebende Gewebe, zwischen die Muskeln und in die Unterhaut. Jeder Atemzug verschlimmert dann die Situation. Beim Einatmen dehnt sich der verletzte Luftsack, so daß der Riß größer wird und noch mehr Luft in das Gewebe eindringt. Beim Ausatmen wird die Öffnung kleiner oder schließt sich ganz, so daß die ausgetretene Luft nicht mehr zurück kann. Durch diese Ventilwirkung bildet sich ein immer größer werdendes Luftreservoir im Unterhautgewebe – ein **Unterhautemphysem.** Das Emphysem kann örtlich begrenzt sein oder sich über den ganzen

Körper ausdehnen. Der kleine Patient sieht dann wie eine Kugel aus. Oft findet man die Luftansammlung im Bereich der Schulter, wo eine Ausstülpung des Schlüsselbeinluftsackes verläuft.

Der Tierarzt sticht mit einer sterilen Spritzenkanüle durch die Haut in die Unterhaut, wodurch die dort angesammelte Luft entweichen kann. Durch leichte Massage in Richtung der Einstichstelle wird der Vorgang beschleunigt. Der Einstich ist nicht sehr schmerzhaft, da die Haut durch das Emphysem unter Spannung steht. Die Tiere wehren sich kaum gegen die Behandlung. Eine Narkose ist nicht erforderlich. Meist muß die Behandlung mehrmals wiederholt werden, wenn sich das Emphysem durch nachströmende Luft neu bildet.

Zu einer völligen **Heilung** kommt es nur, wenn der Luftsackriß durch körpereigene Reparaturmechanismen von selbst verklebt. Es ist nicht möglich, ihn durch eine chirurgische Naht zu verschließen. In den Fällen, in denen die Luftsackverletzung nicht zusammenheilt, muß die Unterhaut des Vogels lebenslang regelmäßig punktiert werden.

Da dieser kleine Eingriff den Patienten wenig belastet, sind wiederholte Punktionen bei immer wieder auftretenden Emphysemen gerechtfertigt, um die Lebensqualität des Tieres zu verbessern. Sind die Abstände zwischen den notwendigen Punktionen allerdings extrem kurz (z.B. nur wenige Stunden) und wird der Vogel durch das Emphysem stark behindert, kann der Tierarzt durch einen größeren Hautschnitt einen länger bestehenden Luftabzug schaffen.

Wenn es die Lage des Emphysems erlaubt, besteht auch die Möglichkeit, eine Drainage in die Haut einzunähen, aus der die Luft entweichen kann. Für solche größeren Eingriffe ist dann jedoch eine Vollnarkose erforderlich. Der Tierarzt muß in jedem Einzelfall neu entscheiden, welche Behandlung die geeignete ist. Er wird die für das Tier am wenigsten belastende Methode wählen.

# Erkrankungen des Verdauungstraktes

Der Verdauungstrakt beginnt mit dem Schnabel und endet an der Kloake. Auf diesem wichtigen Weg der Nahrung durch den Körper kann es zu diversen Gesundheitsstörungen kommen.

## Erkrankungen des Schnabels

### Schnabeldeformationen

Der Schnabel als oberster Teil des Verdauungstraktes hat neben der Nahrungsaufnahme und Nahrungszerkleinerung noch weitere wichtige Aufgaben zu erfüllen. Er wird zur Körper- und Gefiederpflege, als Werkzeug beim Nestbau, zur Fütterung der Nestlinge und als Waffe gegen angreifende Feinde verwendet. Durch die am Schnabelrand und in der Schnabelhöhle gelegenen Tastkörperchen ist er ein wesentlicher Teil des Tastsinnes, durch den sich der Vogel in seiner Umwelt zurechtfindet.

Schnabelveränderungen mindern daher die Lebensqualität des Vogels empfindlich. In ausgeprägten Fällen können die Tiere ohne Hilfe des Menschen nicht überleben.

Bei **angeborenen Schnabeldeformationen** und **Schnabelfehlstellungen** (z.B. Kreuzschnabel bei Finken und Kanarien) kommt es auf den Grad der Veränderung an, ob der Vogel das Erwachsenenalter erreicht. Wenn er nicht in der Lage ist, Nahrung aufzunehmen, wird er frühzeitig sterben. Das gleiche gilt für **Kieferknochenanomalien,** welche die Schnabelstellung beeinflussen. Das Hauptproblem liegt darin, daß Ober- und Unterschnabel, die sich normalerweise gegenseitig abschleifen, nicht exakt aufeinanderstehen, so daß sich das Schnabelhorn unregelmäßig abnutzt. Da der Schnabel unaufhörlich wächst, kann sich die Situation auch bei solchen Vögeln, die trotz Anomalie anfänglich noch gut fressen, mit der Zeit verschlimmern. Diese Patienten sind gut zu beaufsichtigen, um sofort eingreifen zu können, wenn

die Nahrungsaufnahme behindert wird. Sie würden sonst verhungern.

Bei älteren Vögeln, die dem Tierarzt mit „plötzlich" aufgetretenen Schnabeldeformationen vorgestellt werden, ist häufig ein Unfall die Ursache. Brüche und Verschiebungen der Kieferknochen führen dabei zu fehlerhaftem Schnabelschluß. Tiefe Verletzungen oder Blutergüsse an der Schnabelbasis, wie sie zum Beispiel beim Fliegen gegen eine Fensterscheibe entstehen, führen ebenfalls häufig zum Nachwachsen von deformiertem Schnabelhorn, wenn die Wachstumszone mitbetroffen ist. Wenn solche **erworbenen** Schnabelveränderungen sichtbar werden, ist es für eine Behandlung der Ursache (Brüche, Verschiebung der Kieferknochen, Verletzungen) meist zu spät. Es bleibt nur die regelmäßige Korrektur des Schnabelhorns als Therapie.

Anders ist es bei **übermäßigem Schnabelwachstum,** das durch falsche Fütterung entsteht. Bei ausschließlicher Gabe von zu weichem Futter kommt es bei Körnerfressern zur unzureichenden Abnutzung von Ober- und Unterschnabel. Hier hilft die Umstellung auf physiologisch richtiges, d.h. der Art entsprechendes Futter. Zusätzlich sollten diesen Vögeln Zweige einheimischer Bäume mit Rinde zum Knabbern zur Verfügung gestellt werden. Bei Vögeln, die trotz übermäßigem Wachstum des Schnabels noch ausreichend Nahrung aufnehmen können, ist eine Schnabelkorrektur nicht zu empfehlen. Nach Umstellung des Futters und durch das Benagen der Zweige nützen sich die Schnabelhälften von selbst ab – vorausgesetzt sie stehen exakt aufeinander. Häufig wird das Schnabelwachstum – vor allem bei Papageienvögeln – durch Schneiden des Schnabels erst provoziert. Diese Patienten müssen dann immer wieder zum Tierarzt zum Schnabelschneiden – manchmal alle vier Wochen.

Übermäßiges Wachstum des Oberschnabels wird bei manchen älteren Wellensittichen beobachtet. Es kann sich dabei um Tiere handeln, deren Besitzer den Schnabel unnötigerweise geschnitten haben und so das Wachstum beschleunigten. Häufiger jedoch liegt die Ursache in einer Leber- und Stoffwechselstörung oder einer Mangelsituation. Die Tiere sind oft gleichzeitig übergewichtig, fressen keine Salate oder Obst und zeigen deutliche Zeichen von Stockmauser.

> Das abnorme Schnabelwachstum ist in diesen Fällen ein Alarmsignal für eine gravierende Gesundheitsstörung.

Die Schnabelkorrektur allein reicht als Therapie nicht aus. Es müssen die Haltungs- und Ernährungsbedingungen kontrolliert und der Vogel durch einen fachkundigen Tierarzt gründlich untersucht werden.

Die **Schnabelräude** durch *Knemidocoptes*-Milben (siehe Seite 61) kann ebenfalls Deformationen und unnatürliches Wachstum des Schnabels hervorrufen. Nach erfolgreicher Bekämpfung der Milben wächst in der Regel gesundes Schnabelhorn nach.

Wenn das Schneiden des Schnabels nicht zu vermeiden ist, weil das betroffene Tier nicht mehr fressen kann, sollte es mit **großer Vorsicht** durchgeführt werden. Der Schnabel wird mit einer Nagelzange seiner natürlichen Form entsprechend nicht zu kurz geschnitten. Um Verletzungen zu vermeiden, muß der Vogel gut fixiert werden.

**Vorsicht: Das Schnabelhorn bricht leicht aus!** Eventuell entstehende scharfe Kanten kann man mit einer Nagelfeile glätten. Häufig wachsen kleine Blutgefäße im Schnabelhorn bis weit nach vorne, so daß beim Schneiden Blutungen auftreten können. Ein Wattestäbchen und eine blutstillende Tinktur (Eisen-III-Chlorid) sollten daher in Griffweite stehen. Das Wattestäbchen wird mit Eisen-III-Chlorid getränkt und fest auf die blutende Schnittstelle gedrückt. Wenn Sie das Schnabelschneiden nicht sicher beherrschen, lassen Sie diese Korrektur am besten von Ihrem Tierarzt durchführen.

## Schnabelstrukturveränderungen

Ursache krankhafter Veränderungen der Struktur und Oberflächenbeschaffenheit des Schnabels ist meist eine Mangelversorgung mit den Vitaminen

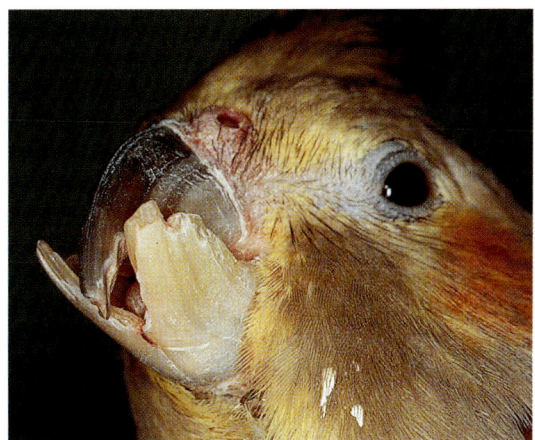

**Erworbene Schnabeldeformation nach Verletzung.**

A, C, Biotin, Pantothen- und Folsäure sowie dem Mineralstoff Kalzium. Das Schnabelhorn wird dann **weich** und **biegsam.** Den Patienten fällt es zunehmend schwerer, Körnerfutter aufzunehmen und zu enthülsen. Dieser Zustand bessert sich in der Regel relativ schnell, wenn die Mangelsituation durch Gaben der genannten Vitamine und Kalzium beseitigt wird. Bis zum Nachwachsen gesunden Schnabelhorns müssen die Tiere mit weichem Futter (Aufzuchtfutter und geraspeltes Obst) ernährt und, wenn erforderlich, zwangsgefüttert werden.

**Weiches Schnabelhorn** tritt auch im Zusammenhang mit dem Federverlustsyndrom der Kakadus (siehe Seite 56) auf. Es handelt sich dabei um eine Viruserkrankung, deren Heilung nicht möglich ist.

Neben der beschriebenen Schnabelerweichung findet man bei Nährstoffmangel oder zehrenden Erkrankungen (z.B. Tumoren) häufig **brüchiges** und **poröses Schnabelhorn,** das sich teilweise in Schuppen an der Oberfläche ablöst. Auch hier kann die optimale Versorgung mit den fehlenden Nährstoffen Abhilfe schaffen. Gleichzeitig sollte jedoch nach versteckten Organerkrankungen geforscht werden. Durch tägliches Einreiben mit Lebertran- oder Vitamin-A-Salben wird die Schnabeloberfläche geschmeidiger und bricht weniger leicht aus.

Manchmal bilden sich durch Abblättern der oberen Hornschichten tiefe Rillen und Risse, in die sich Futterreste und Schmutz einnisten. Um Infektionen vorzubeugen, müssen solche Rillen täglich gesäubert werden. Eventuell kann der Tierarzt die Schnabeloberfläche durch Abschleifen egalisieren.

## Schnabelhöhlenentzündungen

Der Verdauungstrakt kommt über die Nahrung aus der nicht keimfreien Umwelt ständig mit Krankheitserregern in Kontakt. Bakterien, Pilze, Viren und Parasiten sind überall in der Natur vorhanden. Bei einem gesunden Tier können diese den Verdauungstrakt passierenden Krankheitserreger keinen Schaden anrichten. Sind die Schleimhäute jedoch vorgeschädigt, setzen sich die Erreger fest, vermehrt sich und verursachen Erkrankungen.

Zu solchen schwächenden **Vorschädigungen** werden sowohl Verletzungen der Schnabelhöhle als auch Vitamin-A-Mangel gezählt. Verletzungen entstehen zum Beispiel durch Fremdkörper (Holzsplitter), ungeeignetes und scharfkantiges Spielzeug oder ein defektes Drahtgeflecht im Käfig oder in der Voliere.

Auch Verbrennungen durch Verfütterung zu heißer Nahrung, Verätzungen nach Aufnahme von Säuren oder Laugen oder mechanische Reizung durch zu grobes, spelzenreiches Futter können die empfindliche Schleimhaut des Schnabels schädigen.

Chronischer **Vitamin-A-Mangel** bei Vögeln, die kein Obst oder sonstige Frischkost fressen, führt zu einer Veränderung der Schnabelhöhlenschleimhaut. Vor allem bei Papageienvögeln findet man Schwellungen, Granulome (Geschwulste) und feste weißliche Beläge als Folge der A-Hypovitaminose. Beim Federverlustsyndrom der Kakadus und der ähnlich verlaufenden Erkrankung bei Papageienvögeln wird die Schleimhaut der Schnabelhöhle durch ein Virus geschädigt.

Wenn sich dann noch Krankheitserreger auf der vorgeschädigten Schleimhaut ansiedeln, spricht man von einer **Sekundärinfektion.** Das bedeutet, daß die eigentliche Störung tiefer liegt und zusammen mit der Bekämpfung der Sekundärerreger erfolgen muß, um eine vollständige Heilung zu erreichen.

Bei Verletzungen und Reizungen durch ungeeignetes Futter muß die Fütterung umgestellt werden. Bei Verletzungen durch Fremdkörper, Verätzungen oder Verbrennungen muß das Umfeld des Vogels auf scharfe Kanten und andere Gefahrenquellen kontrolliert werden. Die Schnabelhöhle muß auf einspießende Fremdkörper untersucht, eventueller Vitamin-A-Mangel ausgeglichen werden.

Die ursächliche Behandlung des Federverlustsyndroms ist leider bis zum heutigen Tage nicht möglich.

Bei Papageienvögeln findet man als Sekundärerreger häufig verschiedene **Bakterienarten** und **Hefepilze** *(Candida)*. Zusätzlich zu diesen Infektionserregern werden Kanaris und Zebrafinken von Trichomonaden (einzelligen Parasiten) befallen. Es bilden sich meist dicke, schmierige Beläge in der Schnabelhöhle. Die erkrankten Tiere versuchen zunächst noch zu fressen. Sie nehmen Körner auf und lassen sie dann ungeschält aus dem Schnabel herausfallen. Später sitzen sie aufgeplustert und teilnamslos herum und verlieren sehr schnell an Gewicht. Wegen der festen Beläge und schmerzhaften Entzündung vollführen die Vögel ständige Schnabelbewegungen, wahrscheinlich, um sich von den vermeintlichen Fremdkörpern im Schnabel zu befreien. Oft ist es ihnen durch die Anschwellung der Zunge nicht möglich, den Schnabel vollständig zu schließen. Manchmal, wenn die Veränderungen bis in den Rachenbereich reichen, besteht Atemnot.

Der Tierarzt löst zunächst vorsichtig, unter Vermeidung von Blutungen, mit einer Pinzette die festen Auflagerungen. Durch Laboruntersuchungen eines Schleimhautabstriches wird der Erregertyp festgestellt und dann eine gezielte medikamentelle Behandlung eingeleitet. Gleichzeitig verabreichte hohe Dosen an Vitamin A stärken die örtlichen Abwehrkräfte in der Schnabelhöhle. Bis zur vollständigen Abheilung der Defekte erhalten die Patienten weiches Futter. In schweren Fällen müssen sie durch Eingabe flüssiger bis breiiger Nahrung direkt in den Kropf so lange zwangsernährt werden, bis sie wieder in der Lage sind, selbständig zu fressen (siehe Seite 45).

## Schnabelhornverletzungen

Einrisse, Spaltung und teilweise oder vollständige Abrisse von Ober- oder Unterschnabel entstehen meist durch **Unfälle**. Die Vögel bleiben mit dem Schnabel irgendwo hängen oder prallen beim Fliegen mit großer Geschwindigkeit zum Beispiel an eine Fensterscheibe. Strukturverändertes, poröses oder brüchiges Schnabelhorn bei kranken oder mangelernährten Vögeln bricht besonders leicht, manchmal schon beim Schälen harter Körner.

Auch wenn die Schnabelverletzung für den mitfühlenden Betrachter zunächst sehr dramatisch aussieht, sollten solche Patienten nicht voreilig eingeschläfert werden. Oft lernen die Tiere mit ihrer Behinderung zu leben und entwickeln besondere, der Behinderung angepaßte Techniken zur Nahrungsaufnahme.

Es gibt auch viele Möglichkeiten der **Schnabelrekonstruktion**. So werden zum Beipiel zur Anfertigung von Schnabelprothesen Materialien aus der Zahnmedizin verwendet. Die Übertragung eines natürlichen Oberschnabels von einem toten Wellensittich auf den abgebrochenen Schnabelstumpf eines kleinen Patienten mit Hilfe von Klebstoff wurde auch erfolgreich durchgeführt. Nach und nach schiebt sich die Prothese durch das Wachstum des Schnabelstumpfes nach vorne und muß dann nach Bedarf immer wieder gekürzt werden, bis sie durch gesundes Schnabelhorn vollständig ersetzt wird.

Kleinere Ausbrüche des Schnabelhorns werden durch Feilen geglättet und die Vögel bis zum Verschwinden des Defektes mit Weichfutter ernährt. Längsfrakturen des Schnabelhorns können durch Kunststoffmasse, mit Klebstoff oder bei größeren Vögeln mit Draht befestigt werden.

Ist allerdings die Wachstumszone an der Basis des Schnabels verletzt, ist das Nachwachsen gesunden Schnabelhorns zweifelhaft. In diesen Fällen sollte, nach Prüfung jeden Einzelfalls, die Euthanasie in Erwägung gezogen werden.

## Erkrankungen des Kropfes

Der Kropf ist eine sackartige Erweiterung der Speiseröhre und liegt bei den meisten Vogelarten auf der rechten Halsseite. Im Kropf wird die Nah-

**Abriß des Unterschnabels.**

rung gesammelt und die Kohlenhydratverdauung eingeleitet. Das Körnerfutter wird hier aufgeweicht und so zur Verdauung im Magen-Darmtrakt für den Vogel selbst oder zum Verfüttern an Jungvögel vorbereitet.

## Kropfentzündung

Eine Kropfentzündung wird durch Infektionen mit Bakterien, Pilzen oder – seltener – Parasiten ausgelöst. Häufig sind auch hier wieder Vögel mit chronischem Vitamin-A-Mangel betroffen, d.h. solche Tiere, die kein Grünfutter bzw. Obst erhalten oder sich konstant weigern, es zu fressen. Durch die Vitamin-Mangelsituation wird das Schleimhautepithel im Kropf so verändert, daß sich Krankheitskeime ungestört ansiedeln und vermehren können. Als Folge der Entzündung bilden die Drüsen der Kropfschleimhaut Massen von zähem, trübem Schleim.

Oft sind es unsaubere Wassernäpfe, die als Infektionsquelle für die Kropfentzündung in Frage kommen. Vor allem im halbgeschlossenen System der vermeintlich praktischen Wasserspender können sich für Vögel gefährliche Bakterien und Pilze besonders gut vermehren. Kalkränder, schmierige Beläge und sogar giftige Algen entstehen in kurzer Zeit, wenn die Gefäße nicht mindestens einmal täglich mit heißem Wasser und Bürste gründlich gereinigt werden (siehe Hygiene, Tränkeanlagen).

**Mit Schleim und Körnern verklebtes Kopfgefieder.**

**Typisch** für eine Kropfentzündung sind Würgen und Erbrechen. Das Kopfgefieder ist mit Kropfschleim und Körnern verklebt. Durch Schleuderbewegungen mit dem Kopf versucht der Vogel den zähen Schleim loszuwerden, der sich im Kropf angesammelt hat, und verschmutzt damit das Gefieder und seine Umgebung. Meist besteht zusätzlich Durchfall, da sich die Infektion durch Abschlucken der Krankheitskeime auch im Darm manifestiert. Die Patienten sitzen aufgeplustert da und wirken apathisch.

> Bei einer Kropfentzündung besteht immer **Lebensgefahr.** Der Vogel muß sofort in tierärztliche Behandlung. Verzögerungen von ein oder gar zwei Tagen verringern die Chance auf Heilung um ein Vielfaches.

Erste Hilfe ist **Wärme.** Der Vogel muß bis zur völligen Gesundung mit einer wärmespendenden Lampe (Tag und Nacht) angestrahlt werden. Der Tierarzt wird mehrmals täglich den Schleim aus dem Kropf massieren und entzündungshemmende Medikamente einfüllen. Vor einer Antibiotikumbehandlung wird ein Kropfabstrich gemacht und im Labor untersucht, um den Krankheitserreger zu identifizieren und gezielt behandeln zu können. Bis zum Ergebnis der Laboruntersuchung, die bis zu drei Tagen dauern kann, wird dem Vogel ein gut verträgliches Antibiotikum injiziert, das in der Regel die vorhandenen Keime abtötet. In den Fällen, in denen die entzündungsauslösenden Bakterien gegen das verabreichte Antibiotikum resistent (unempfindlich) sind, tritt keine Besserung auf. Dann zeigt sich, wie wichtig es ist, den Kropfabstrich untersuchen zu lassen. Wenn der Erregertyp und das gegen ihn wirksame Mittel vom Labor mitgeteilt werden, kann der Tierarzt die Antibiotika-Therapie umstellen. Würde keine Laboruntersuchung durchgeführt werden, wäre eine gezielte Therapie nicht möglich. Der Tierarzt müßte weiter „blind" Antibiotika verabreichen, von denen er nicht weiß, ob sie gegen die vorhandenen Krankheitserreger überhaupt wirksam sind. Wertvolle Zeit, in der der Patient immer schwächer wird, würde so verlorengehen.

Solange die Entzündung noch nicht abgeheilt ist, erhält der Vogel **weiches Futter,** das den Kropf nicht reizt. Gekochter Reis, hartgekochtes Ei, in Wasser eingeweichter Zwieback oder Eibisquit, Magerquark und Aufzuchtfutter haben sich bewährt. Achten Sie jedoch darauf, daß der Vogel das Futter auch aufnimmt, sonst verhungert er vor gefülltem Freßnapf. Verweigert er die Diät völlig, müssen sie zwangsläufig auf das gewohnte Futter zurückgreifen. Wenn der Patient freiwillig überhaupt keine Nahrung aufnimmt, muß er vorsichtig zwangsgefüttert werden.

Die Kropfentzündung heilt, wenn sie frühzeitig und gezielt behandelt wird, in der Regel nach einigen Tagen ab. Was bleibt, ist eine vorgeschädigte und für neue Infektionen sehr empfindliche Kropfschleimhaut und ein geschwächter Vogel. Der Rekonvaleszent sollte noch Wochen nach der Heilung „aufgepäppelt" werden, sonst ist ein Rückfall sehr wahrscheinlich. Wichtig ist, daß dem genesenden Vogel noch längere Zeit (1 bis 2 Wochen) eine Wärmelampe zur ständigen Verfügung steht. Wenn ihn friert, wird er sich davorsetzen und so dem kräftezehrenden Absinken der Körpertemperatur selbst entgegenwirken.

**Vitamin-A-Injektionen** im Abstand von 3 bis 4 Tagen über mehrere Wochen stabilisieren das Kropfepithel.

Grundsätzlich muß im Käfig auf peinliche Sauberkeit geachtet werden. Kropfreizende Nahrungsmittel sind absolut verboten.

Besonders zahme Vögel fressen gerne bei ihrem Besitzer vom Tisch mit. Das müssen Sie Ihrem gefiederten Freund nicht abgewöhnen, denn solche Kontakte sind für die Lebensfreude des Tieres wichtig. Sie sollten jedoch immer ein paar vogelverträgliche Leckereien (Eibisquit, Quark, hartgekochtes Ei, Banane oder sonstiges Obst) zur Hand haben, wenn der kleine Patient, seinen Anteil an der Mahlzeit fordernd, angeflogen kommt. Spiegel und Vogelattrappen provozieren die Partnerfütterung und können dadurch die Neigung zum Erbrechen chronifizieren. Solch zweifelhafter Partnerersatz sollte bei Patienten mit Kropfentzündung aus dem Käfig entfernt werden.

## Pendelkropf

Pendel- oder Hängekropf sind sehr anschauliche Bezeichnungen für eine bleibende Ausweitung der Kropfmuskulatur. Dieses Krankheitsbild, das vor allem bei älteren Wellensittichen beobachtet wird, entsteht durch chronische Überdehnung. Die Muskelfasern verlieren ihre Elastizität. Der Kropf wird zu einem schlaffen, oft mit Flüssigkeit gefüllten Säckchen, das weit über das Brustbein hängt. Mit Futter gefüllt schiebt er sich prall durch das Federkleid und ist dann auf den ersten Blick zu erkennen.

Eine **chronische Kropfdilatation** (Kropfausweitung) findet man häufig bei Vögeln, die wiederholt an Entzündungen der Kropfschleimhaut erkrankten. Bei unregelmäßiger Fütterung oder zeitweiligem Sandmangel fressen die ausgehungerten Tiere zuviel Körner oder Sand auf einmal, wodurch die Muskelfasern des Kropfes überdehnt werden und

mit der Zeit ausleiern. Auch bei Nestlingen, die vom Menschen aufgezogen werden, kann ein Hängekropf entstehen. In der Natur ist die Fütterungsfrequenz sehr kurz. In der Regel erhält der Jungvogel, der sich meist mit 4 oder 5 Geschwistern das Nest und die Eltern teilen muß, etwa alle 15 Minuten eine kleine Menge Futter, z.B. ein Insekt oder einen Wurm. Dadurch wird der Kropf nicht überlastet. Füttert nun der Mensch aus Unkenntnis oder Zeitmangel seltener und dafür zuviel auf einmal, kommt es zu einer Überladung des Kropfes und zur Schädigung der empfindlichen Muskelfasern, was dem kleinen Vogel in seinem späteren Leben sehr zu schaffen machen kann (siehe Seite 117).

In einem Hängekropf bleibt das Futter länger liegen als normal. Grund dafür ist die geringere Muskelbewegung der ausgeleierten Kropfmuskulatur, die für den Weitertransport der Nahrung in den Magen verantwortlich ist. Manchmal besteht sogar völlige Atonie (Unbeweglichkeit) des Kropfes. Es kommt zur Gärung des Futters und zur Gasbildung, wodurch der Kropf noch weiter ausgedehnt wird und im Extremfall sogar reißen kann. Die Tiere sind trotz guter Futteraufnahme oft abgemagert. Für Bakterien und Pilze ist das gärende Futter im Hängekropf ein wahres Paradies, in dem sie sich ungestört vermehren können. Vögel mit Hängekropf erkranken daher besonders leicht an Infektionen.

Ist die Elastizität der Kropfmuskulatur einmal verlorengegangen, bildet sich die Schädigung von selbst nicht mehr zurück. Dem betroffenen Patient sollte nährstoffreiches und ballaststoffarmes Futter angeboten werden. Besonders geeignet ist das für fast alle Ziervögel erhältliche Aufzuchtfutter.

Vitamin A stärkt die Abwehrkräfte der Kropfschleimhaut. Regelmäßiges Eingeben kleiner Mengen Bariumlösung direkt in den Kropf beugt Entzündungen vor. Im Extremfall, wenn es der Allgemeinzustand des Tieres erlaubt, kann der erweiterte Kropf operativ verkleinert werden.

Es wird empfohlen, Patienten mit Hängekropf das Futter ad libitum zu geben. Das bedeutet, daß die Tiere immer soviel Futter in ihrem Käfig haben, daß sie jederzeit so viel fressen können, wie sie wollen. Mit dem Gefühl, daß immer genügend da ist, verliert sich der Drang, auf einmal große Futtermengen in sich hineinzuschaufeln, nach einiger Zeit. Die Tiere fressen über den Tag verteilt und der Kropf wird nicht überfüllt.

Manche Vögel – vor allem Wellensittiche – bleiben jedoch gierig und fressen immer zuviel auf einmal. Diesen „unbelehrbaren" Tieren muß man das Futter 4- bis 5mal am Tag in ganz kleinen Mengen (1/4 Teelöffel pro Mahlzeit) verabreichen.

## Kropfverletzung

Verletzungen des Kropfes können von innen durch scharfkantige oder spitze Fremdkörper, von außen durch Bisse (z.B. durch Katzen) oder Hiebe (durch Vogelrivalen) sowie durch Unfälle (Sturz, Flug gegen ein Fenster) entstehen. Eine Überladung mit quellendem oder gärendem Futter kann die dünne Kropfwand zum Reißen bringen. Das im Kropf befindliche Futter verteilt sich dabei sichtbar unter der Haut im Halsbereich. Ist die äußere Haut ebenfalls verletzt, entleert sich das Futter nach außen. Meist verheilen die Ränder des Kropfrisses. Es bleibt eine offene Fistel, durch die die Tiere das aufgenommene Futter wieder verlieren. Schließlich verhungern die Vögel trotz Nahrungsaufnahme.

Alle Kropfverletzungen müssen **chirurgisch** versorgt werden. Dabei werden eventuell vorhandene Futterreste aus dem verletzten Kropf und der Unterhaut entfernt. Die Wundränder werden aufgefrischt und mit einstülpender Naht genäht. Bis zur völligen Heilung der Wunde werden die Tiere mit weichem, ballaststoffarmem Futter (z.B. Aufzuchtfutter) ernährt. Um Infektionen vorzubeugen, erhalten die Patienten Antibiotika. Das ist besonders wichtig, wenn die Verletzung von einem Katzenbiß stammt. Katzenspeichel enthält Bakterien (Pasteurellen), die beim Vogel innerhalb von 24 Stunden zum Tode führen können.

## Gelber Knopf

Der Begriff „Gelber Knopf" wird normalerweise bei Tauben als Bezeichnung für eine Infektion des Kropfes mit mikroskopisch kleinen Geißeltierchen (Trichomonaden) verwendet. Die Parasiten – es handelt sich um *Trichomonas gallinae* – treten jedoch auch bei Kanarienvögeln, Wellensittichen und Finkenvögeln auf. Schlechte hygienische Haltungsbedingungen und Vitaminmangel fördern, wie bei fast allen Krankheiten, die Neigung zur Infektion.

Die Geißeltierchen leben im Rachen und Kropf der befallenen Tiere. Durch die ständige Reizung entstehen dicke, graue, schmierige und leicht abwischbare Beläge am Zungengrund, die bis in die Luftröhre, die Speiseröhre sowie den Kropf eindringen und Atemnot verursachen können. Den Vögeln fällt es sichtbar schwer, zu schlucken. Sie sitzen mit gesträubtem Gefieder, sind abgemagert und verhungern zuletzt vor gefülltem Futternapf.

Brechen die Parasiten in die Blutbahn ein, entstehen Trichomonadenabszesse in den inneren Organen (Leber, Nieren, Herz, Gehirn).

Zur **Diagnose** wird der Kropf des Patienten gespült und die Spülflüssigkeit **sofort** unter dem Mikroskop betrachtet. Die sehr beweglichen Trichomonaden kann man deutlich erkennen. Nach kurzer Zeit außerhalb des Wirtskörpers sterben sie jedoch ab und sind dann nicht mehr nachweisbar. Das Einschicken von Kropfspülflüssigkeit oder Belägen aus der Schnabelhöhle in ein Labor ist daher zur Diagnose von Trichomonaden unsinnig.

Sind Geißeltierchen nur im Kropf und der Schnabelhöhle, führt die Behandlung mit einem geeigneten Präparat (z.B. Dimetridazol) in der Regel zum Erfolg. Haben sich jedoch bereits Trichomonadenabszesse in den inneren Organen gebildet, kommt jede Hilfe zu spät.

Trichomonaden werden durch Schnäbeln sowie mit Futter und Trinkwasser sehr leicht übertragen. Wurden die Geißeltierchen bei einem Tier nachgewiesen, sollten alle Kontaktvögel mitbehandelt werden, auch wenn sie noch keine Krankheitssymptome zeigen.

Gleichzeitig müssen aber auch Käfig, Futter- und Tränkeanlagen mit kochendem Wasser gereinigt werden. Sitzstangen werden am besten ca. $^1/_2$ Stunde lang in siedendes Wasser gelegt.

# Erkrankungen des Magens

## Leichtwerden der Wellensittiche (Going-light)

Seit über einem Jahrzehnt wird bei Wellensittichen vermehrt ein Krankheitsbild beobachtet, das inzwischen als **Going-light-Syndrom** (Leichtwerden, Hinfälligkeit) benannt wurde. Die betroffenen Vögel sind aufgeplustert und magern trotz anfänglich noch guter Futteraufnahme immer mehr ab. Hin und wieder kann man Würgebewegungen beobachten, die darauf hindeuten, daß es dem kleinen Patient übel ist. Auffallend ist auch, daß die Tiere ungewöhnlich viel Sand fressen. Die Krankheit verläuft chronisch, wobei akute Schübe von manchmal wochenlangen beschwerdefreien Perioden abgelöst werden. Im fortgeschrittenen Stadium werden die Patienten immer schwächer, bis sie dann, häufig zum Skelett abgemagert, vor Entkräftung sterben.

Bei der **Sektion** findet man meist als einzige Veränderung Entzündungen und blutende Geschwüre in der Magenwand des Drüsenmagens, vor allem am Übergang zum Muskelmagen in der Zona intermedia gastris. Unverdautes Körnerfutter im Darm läßt darauf schließen, daß der krankhaft veränderte Magen nicht mehr ausreichend arbeitet.

Regelmäßig wurden bei Wellensittichen, die an den beschriebenen Krankheitszeichen starben, relativ große, stäbchenförmige **Bakterien** im Drüsenmagen festgestellt. Die Menge der gefundenen Erreger korreliert deutlich mit den Veränderungen der Magenwand, d.h. je größer die Schädigung, desto mehr Erreger ließen sich finden. Bei schwerstkranken Wellensittichen kann man Going-light-Keime auch im Kot und bei Sektionen in der Leber, der Milz und anderen Organen nachweisen. Die Anzüchtung dieses bislang unbekannten Bakteriums auf Nährböden gelang erstmals 1986 Frau Prof. Dr. Helga Gerlach im Institut für Geflügelkrankheiten in Oberschleißheim. Die Bakterien wurden Megabakterien genannt. Wellensittiche jeden Alters können erkranken. Oft werden die Keime durch Füttern von den Elterntieren auf die Nestlinge übertragen. Bei erwachsenen Tieren wird der Erreger durch Partnerfütterung von einem Vogel auf den anderen weitergegeben. Eine indirekte Übertragung über Käfig und

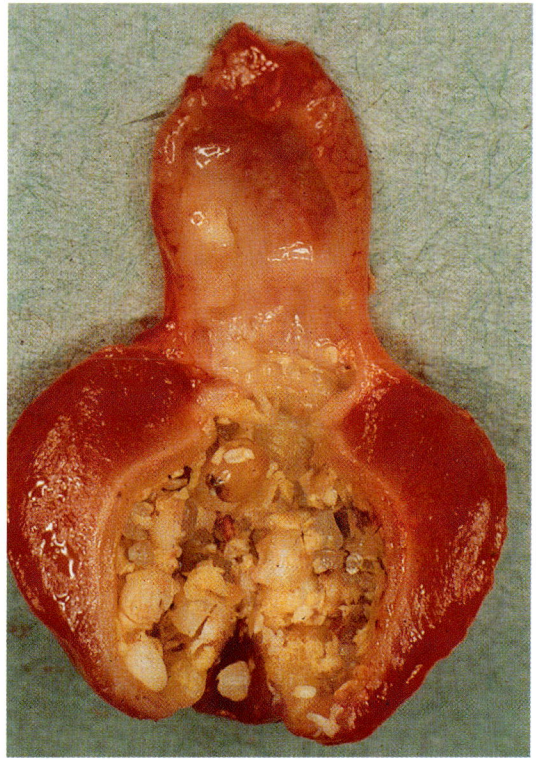

**Going-light: Typisch sind Entzündungen in der Magenwand des Drüsenmagens (am Übergang zum Muskelmagen).**

Käfigeinrichtungen sowie über gemeinsame Futter- und Wassernäpfe ist nicht wahrscheinlich.

> Nicht alle infizierten Wellensittiche müssen auch zwangsläufig erkranken. Der Erreger kann jahrelang in geringer Zahl die Magenwand bewohnen, ohne daß Veränderungen auftreten.

Offensichtlich spielen **Streßsituationen** (Mauser, Mangelernährung, Überbelegung von Käfigen, Verlust des Partnervogels) eine große Rolle dabei, ob die Erkrankung ausbricht oder nicht. Der Mediziner spricht in einem solchen Fall von einem multifaktoriellen Geschehen, d.h. es müssen mehrere Faktoren zusammentreffen, wodurch die Abwehr des Körpers zusammenbricht und die krankmachenden Keime die Überhand gewinnen.

 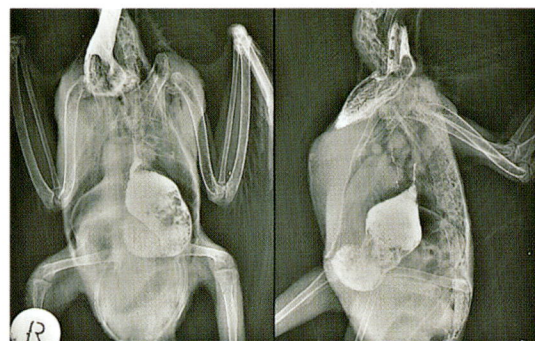

**Links: Die Gabe von Weichfutter ist bei Patienten mit Neuropathischer Magendilatation unbedingt erforderlich. Rechts: Ausgeweiteter Drüsenmagen bei Neuropathischer Magendilatation (Röntgenkontrastaufnahme).**

Medikamente, die die Megabakterien direkt angreifen, gibt es bisher leider nicht. Eine symptomatische Behandlung bei akuten Schüben mit Präparaten gegen Erbrechen (Antiemetika) und Magengeschwüre (Antacida), wie sie auch bei Hunden und Katzen angewandt werden, sowie Wärmeapplikationen lindern die Beschwerden und führen im günstigsten Fall in beschwerdefreie Phasen über.

Im akuten Schub sollten die Vögel mit **weichem Aufzuchtfutter** ernährt werden. Geht es ihnen dann wieder besser, müssen sie eine optimale Fütterung mit ausreichend Eiweiß, Mineralien und Vitaminen erhalten (siehe Seite 32). Jeglicher Streß ist zu vermeiden.

Streß kann übrigens auch durch einen schikanierenden Artgenossen ausgelöst werden, der seinen Going-light-kranken Partner durch den Käfig jagt. Solche nicht zusammenpassenden Tiere sollten getrennt werden. Elterntiere, bei denen Going-light in der Nachzucht aufgetreten ist, dürfen nicht weiter zur Zucht verwendet werden. Going-light-Keime wurden inzwischen auch bei Kanarienvögeln, Agaporniden und Zeisigarten nachgewiesen. Die verendeten Tiere zeigten bei der Sektion ebenfalls Veränderungen der Vormagenwand.

## Neuropathische Magenerweiterung

Die medizinische Bezeichnung ''Neuropathische Magendilatation" bedeutet übersetzt: Erweiterung des Magens aufgrund krankhafter Veränderung der dieses Organ versorgenden Nervenbahnen. Der

Verursacher dieser Störung ist ein Virus, das allerdings bisher noch nicht klassifiziert werden konnte. Hauptsächlich betroffen sind Aras und Kakadus, aber auch bei anderen größeren Papageienvögeln wurde diese Nervenkrankheit beobachtet.

Die Patienten werden dem Tierarzt meist wegen **Abmagerung** trotz guter Futteraufnahme vorgestellt. Im Kot werden zunehmend unverdaute Körner gefunden. Das Allgemeinbefinden der Tiere ist gestört. Sie schlafen viel, sitzen aufgeplustert und erbrechen häufig.

Durch eine **Röntgenaufnahme** des Magens nach Eingabe eines Kontrastmittels ist die Erkrankung leicht zu diagnostizieren. Der stark ausgeweitete Drüsenmagen und das in großen Mengen angeschoppte Futter ist auf dem Röntgenbild deutlich zu erkennen. Manchmal sind im fortgeschrittenen Stadium auch das Zentralnervensystem (Gehirn, Rückenmark) und die peripheren Nerven, die den Herzmuskel versorgen, in das Krankheitsgeschehen mit einbezogen. Es kommt zu Lähmungen, Kreisbewegungen, epilepsieähnlichen Krampfanfällen oder plötzlichem Herztod.

Um Ansteckungen zu vermeiden, sind erkrankte Vögel von anderen Papageienvögeln zu isolieren. Käfige und alle Gegenstände, mit denen die kranken Tiere in Berührung kamen, müssen gereinigt und desinfiziert werden.

Ob sich Kontakttiere bereits angesteckt haben, ist wegen der langen Inkubationszeit nicht so schnell festzustellen. Es gibt bisher keine Laboruntersuchung, durch die der Erreger im Kot oder Blut klinisch gesunder Tiere nachgewiesen werden kann.

Die **Inkubationszeit,** das heißt die Zeit von der Ansteckung bis zum Ausbruch der Erkrankung, kann zwischen drei Monaten und zwei Jahren betragen. Der Kot der Kontakttiere sollte ständig auf unverdaute Körner untersucht werden. Sind solche zu finden, ist es sehr wahrscheinlich, daß auch sie an der Neuropathischen Magendilatation erkrankt sind.

Bisher ist keine **Behandlung** bekannt. Erkrankte Vögel können zunächst noch eine relativ lange Zeit durch die Gabe von weichem bis breiigem Futter am Leben erhalten werden. Im fortgeschrittenen Stadium vertragen die Tiere nur noch flüssige Babynahrung (z.B. Milupa, Alete), die 3- bis 4mal täglich direkt in den Kropf eingegeben wird. Die Nahrungsmenge pro Mahlzeit beträgt für Vögel in der Größe von Amazonen oder Graupageien etwa 30 ml. Ein Kakadu erhält täglich 2- bis 3mal 40 ml Flaschennahrung und ein Ara etwa 55 ml direkt in den Kropf. Die Tiere gewöhnen sich, wenn sie liebevoll und ohne Hektik gefüttert werden, sehr schnell an die Prozedur. Ob und wann eine Euthanasie zu empfehlen ist, hängt davon ab, inwieweit das betroffene Tier noch Freude am Leben zeigt.

## Entzündungen der Magenwand

Neben den bereits besprochenen Megabakterien (Leichtwerden der Wellensittiche) können auch andere Bakterien (z.B. *Pseudomonas, Echerichia coli*), Pilze *(Candida),* Geißeltierchen (Trichomonaden), Magenwürmer, Vergiftungen (z.B. Blei) und Fremdkörper Entzündungen der Magenwände verursachen. Vitamin-A-Mangel begünstigt eine Infektion des Magens mit Krankheitserregern.

Die **Symptome** einer akuten oder chronischen Gastritis (Magenschleimhautentzündung) sind, ganz gleich welche Ursache ihr zugrunde liegt, meist gleich: Die Tiere würgen, erbrechen, verweigern in der Regel die Futteraufnahme und magern ab. Bei Infektionen mit Bakterien und Pilzen besteht häufig auch Durchfall. Bei einer Bleivergiftung treten zusätzlich zentralnervöse Störungen (Lähmungen und Krämpfe) auf. Bei chronischer

Gastritis fressen die Patienten sehr viel Grit oder Sand. Offensichtlich versuchen sie, ähnlich wie der Hund durch Grasfressen bei der gleichen Erkrankung, dadurch ihrer Übelkeit entgegenzuwirken. Man findet daher häufig eine Anschoppung von Sand und Grit im Muskelmagen, wodurch die Entzündung der Magenwand noch verstärkt wird.

Um eine Gastritis erfolgreich behandeln zu können, ist es erforderlich, die Ursache zu finden. Umfangreiche **Laboruntersuchungen** und **Röntgenaufnahmen** sind dazu nötig. Häufig steht der Tierarzt vor dem Problem, daß der Patientenbesitzer nicht bereit ist, die Kosten für die notwendigen Untersuchungen zu übernehmen. Als Begründung wird angegeben, daß der Vogel in der Anschaffung nicht so teuer war und man sich einen oder sogar mehrere neue dafür kaufen könne. Die Behandlung kann dann nur auf eine Verdachtsdiagnose hin erfolgen. Die Chancen auf Heilung sind damit gering.

Daß man den Wert eines Lebewesens mit Recht auf Gesundheit und Leben, ganz gleich wie klein es ist, nicht in Geld messen kann, sollte für einen wirklichen Tierfreund selbstverständlich sein. Die rechtliche Verpflichtung zur Hilfe bei Krankheiten ergibt sich aus dem Tierschutzgesetz. Dort heißt es in §1:„Zweck dieses Gesetzes ist es, aus der Verantwortung des Menschen für das Tier als Mitgeschöpf, dessen Leben und Wohlbefinden zu schützen ...".Wenn man dazu nicht bereit oder in der Lage ist (auch finanziell), sollte man kein Tier halten!

# Darmerkrankungen

## Störungen der Darmflora

In einem gesunden Darm leben Millionen von nützlichen Bakterien, ohne deren Hilfe die Verdauung überhaupt nicht möglich wäre. Sie spalten die sonst unverdauliche Zellulose aus pflanzlicher Nahrung, so daß sie vom Organismus verwertet werden kann. Sie bilden Milchsäure, wodurch die sonst bei der Eiweißverdauung auftretenden Fäulnisvorgänge gehemmt werden. Sie produzieren lebenswichtige Vitamine der B-Gruppe und Vitamin K, das für die Blutgerinnung von großer Bedeutung

**Durch unhygienische Haltungsbedingungen steigt der Infektionsdruck von krankmachenden Bakterien.**

Die für jede Tierart spezifische Darmflora kann durch verschiedene Faktoren geschädigt werden:

a) **Antibiotika** sind Medikamente, die Bakterien abtöten. Sie unterscheiden jedoch nicht zwischen „guten" und „schlechten" Keimen, so daß bei ihrem manchmal notwendigen Einsatz nicht nur Krankheitserreger, sondern auch die für den Körper lebensnotwendige Darmflora teilweise oder ganz zerstört wird. Die Folgen sind schwere Verdauungsstörungen mit Durchfall. Die Versorgung mit B-Vitaminen und Vitamin K ist unterbrochen. Bis sich wieder eine gesunde, abwehrstarke Darmflora gebildet hat, stehen Krankheitserregern Tür und Tor offen.

b) Bei **unhygienischen Haltungsbedingungen** nehmen die Tiere mit verschmutztem Futter und Wasser große Mengen an krankmachenden Bakterien auf. Die Darmflora wird von ihnen überwuchert und verdrängt. Sie ist dem übermäßig großen Infektionsdruck von Keimen, die in geringer Zahl kaum Schaden anrichten, nicht gewachsen.

c) Besonders **aggressive** Bakterien (z.B. Salmonellen) können schon in geringer Menge die Darmflora „besiegen" und schwere Darmentzündungen verursachen.

d) **Entzündungsvorgänge** an der Darmwand, die aus unterschiedlichen Ursachen (z.B. Vergiftung, Organerkrankungen, Darmparasiten) entstehen, verändern die Lebensbedingungen im Darm so, daß sich die „nützlichen" Darmkeime darin nicht mehr wohlfühlen. Sie sterben ab oder vermehren sich nicht mehr ausreichend schnell – die Darmflora ist gestört.

ist. Nicht zuletzt haben sie eine wichtige Funktion bei der Abwehr von Krankheiten. Sie verhindern durch ihre Überzahl das Ansiedeln und die Vermehrung krankmachender Bakterien im Darm.

Die Gesamtheit der nützlichen Darmbakterien wird **Darmflora** genannt. Sie setzt sich aus einer Vielzahl unterschiedlicher Bakterienarten zusammen. Je nach Tierart ist die Zusammensetzung und der prozentuale Anteil der einzelnen Bakterienarten an der Darmflora verschieden. So findet man bei Haussäugetieren Bakterien der E. Coli-Gruppe regelmäßig im Darm. Bei körnerfressenden Ziervögeln gehören Coli-Bakterien jedoch nicht zur gesunden Darmflora. Dagegen findet man Milchsäurebakterien in großer Zahl. Für den Tierarzt ist die Kenntnis über die Zusammensetzung der natürlichen Darmflora eines Tieres für die Beurteilung von Kotproben wichtig.

> Eine Veränderung der Darmflora ist lebensbedrohlich. Die Zeit, die ein Körper benötigt, um das Gleichgewicht an nützlichen Bakterien wiederherzustellen, ist in den meisten Fällen zu lang. Die betroffenen Tiere sterben an Durchfällen, Austrocknung, Vitaminmangel und Einbrüchen von Krankheitserregern in die Blutbahn (Sepsis).

Zum Wiederaufbau einer geschädigten Darmflora hat sich seit Jahren **Joghurt** (mit lebenden Milchsäurebakterien) bewährt. Er wird dem erkrankten Vogel dreimal täglich mit einer Knopfkanüle direkt in den Kropf eingegeben. Joghurt kann auch vorbeugend verfüttert werden. Inzwischen stehen dem Tierarzt noch wirksamere Präparate zur Behandlung zur Verfügung. Sie enthalten gefriergetrocknete „gesunde" Darmkeime und werden dem Vogel oral (über den Schnabel) eingegeben. Gleichzeitig muß natürlich nach der Ursache der Darmflorastörung gefahndet werden. Nur wenn diese gefunden und beseitigt werden kann, ist die Ansiedlung und Vermehrung der eingegebenen Darmkeime möglich.

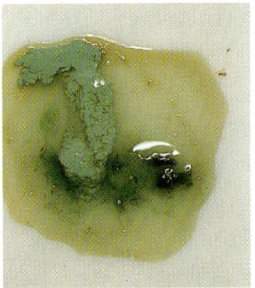

**Links: Normaler Kot beim Wellensittich.**
**Rechts: Durchfall beim Wellensittich.**

## Durchfall

Durchfall ist keine Krankheit, sondern ein **Symptom** (Krankheitszeichen), das viele Ursachen haben kann. Als Folge einer Darmentzündung tritt Durchfall am häufigsten auf. Aber auch Lebererkrankungen können die Konsistenz der Kotausscheidung verändern. Ein nervös bedingter Durchfall wird durch Angst, Schreck, Streit mit Artgenossen oder anderen Streßsituationen ausgelöst. Dabei werden die Darmbewegungen über das angespannte Nervensystem beschleunigt, so daß der Nahrungsbrei den Darmtrakt schneller passiert. Der Körper hat dadurch keine Zeit, die im Nahrungsbrei enthaltene Flüssigkeit zu resorbieren. Der Kot ist wässrig. Im Gegensatz zur Enteritis normalisiert sich die Ausscheidung nach kurzer Zeit, wenn sich das Tier wieder beruhigt hat.

Nicht immer ist eine flüssige Ausscheidung des Vogels auch wirklich Durchfall. Bei dieser Tierart wird Kot und Urin gleichzeitig über die Kloake in die Außenwelt abgegeben. Der Kot ist beim gesunden Tier dunkel (grünlich oder bräunlich) und geformt. Der **Urin** sitzt bei Körnerfressern als weißer, fester Fleck auf dem Kot. Ist der **Kotanteil** der Ausscheidung breiig oder flüssig, besteht Durchfall. Wenn jedoch der sonst feste Urin wie ein kleiner See um den geformten Kot schwimmt, liegt das Problem nicht im Darm, sondern bei den urinbildenden und urinausscheidenden Organen. Man spricht dann von **Polyurie** (siehe Nierenerkrankungen, Seite 97).

Wenn der Durchfall länger als ein Tag besteht, sollte das Tier unbedingt einem Tierarzt vorgestellt werden. Durchfall ist lebensbedrohlich. Vor allem kleinere Vögel können nach kurzer Zeit am

Durchfall sterben. Aufgrund des Flüssigkeitsverlustes trocknen die Tiere rasch aus. Das Blut wird eingedickt. Der Tod tritt durch Kreislaufversagen ein.

> Durchfall ist immer eine Notfallsituation und sollte grundsätzlich nicht mit Hausmitteln behandelt werden, ohne vorher die Ursache abzuklären.

So kann zum Beispiel der oft heilende Kamillentee für Vögel mit Durchfall schädlich sein. Tee wird mit abgekochtem Wasser zubereitet und enthält kaum Mineralien. Abgesehen davon, daß kranke Vögel die Aufnahme von Kamillentee meist verweigern und somit noch schneller austrocknen, ersetzt der Tee nicht die durch den Durchfall verlorenen Mineralstoffe. Besser geeignet als Trinkwasser ist bei Durchfallerkrankungen Mineralwasser (ohne Kohlensäure) oder **Tyrode-Lösung,** eine speziell für Vögel zusammengesetzte Mineralstofflösung. Jeder Apotheker kann sie innerhalb eines Tages anfertigen. Sie wird anstelle von Trinkwasser verabreicht und hat folgende Zusammensetzung:

**Tyrode-Lösung**

| | |
|---|---|
| NaCl | 8,0 g |
| $CaCl_2$ | 0,13 g |
| KCl | 0 2 g |
| $MgCl_2$ | 0,1 g |
| $NaH_2PO_4$ | 0,05 g |
| $NaHCO_3$ | 1 0 g |
| Glukose | 1,0 g |
| Aqua dest ad | 1000,0 ml |

Auch **Kohle** wird als altes Hausmittel im Tierhandel zur Behandlung von Durchfall beim Vogel verkauft. Sie saugt zwar schädliche Substanzen im Darm auf und stoppt den Flüssigkeitsverlust, wodurch zunächst eine Besserung des Durchfalls erzielt wird. Die Ursache der Erkrankung wird jedoch nicht beseitigt.

Da Durchfall ja eigentlich eine Schutzreaktion des Körpers ist, um Krankheitserreger loszuwerden, kann das Stoppen des Durchfalls ohne Behandlung der auslösenden Ursache gefährlich sein: Der größte Teil der krankmachenden Bakterien verbleibt im Körper und kann weiterhin Schaden anrichten. Wird Kohle über längere Zeit verabreicht, entstehen zudem schwere Mangelerscheinungen, da durch sie nicht nur schädigende, sondern auch nützliche Stoffe wie Vitamine, Mineralien und Nährstoffe (Eiweiß, Kohlenhydrate, Fette) gebunden werden.

Ohne Risiko kann man bei Durchfall Präparate aus **gefriergetrockneten Darmkeimen** zur Stabilisierung der Darmflora eingeben, wenn der Tierarzt nicht am selben Tag erreichbar ist. Zusätzlich wirkt **Wärme** Wunder bei geschwächten Vögeln.

> Diese Erste-Hilfe-Maßnahmen ersetzen, um es ausdrücklich zu betonen, nicht den Tierarztbesuch, denn die Ursache des Durchfalls muß gefunden werden.

# Darmentzündung

Die Enteritis, so die medizinische Bezeichnung für Darmentzündung, ist eine der häufigsten Todesursachen von Käfig- und Volierenvögeln. Besonders Tiere mit geschwächtem Immunsystem sind davon betroffen. Streßsituationen und Mangelernährung begünstigen die Anfälligkeit. Eine Darmentzündung kann durch unterschiedliche **Ursachen** ausgelöst werden:

a) **Ernährung**
Verdorbenes, schimmeliges Futter; plötzlicher Wechsel auf unbekanntes Futter; einseitige Fütterung mit zu fett- oder zu eiweißreichen Körnern; ungeeignete Futterbestandteile (zu grober Sand, spelzige Körner) die die Darmwand verletzen.

**Durchfall bei Enteritis.**

b) **Vergiftungen**
Giftige Pflanzen; Blei.

c) **Bakterielle Infektionen**
Krankmachende Bakterien (z.B. Salmonellen, *E. coli*) werden als primäre Ursache einer Darmentzündung gesehen. Daneben setzen sie sich gerne auf eine durch andere Faktoren bereits vorgeschädigte Darmschleimhaut und verschlimmern dadurch das Krankheitsbild.

d) **Viren**
Verschiedene Virusarten (Paramyxoviren, Herpesviren), die bei Ziervögeln Allgemeinerkrankungen hervorrufen, verursachen auch eine Darmentzündung.

e) **Darmparasiten**
Spulwürmer, Bandwürmer, Coccidien und Flagellaten schädigen die Darmschleimhaut.

Das **Hauptsymptom** der Enteritis ist Durchfall. Der Körper versucht, durch verstärkte Darmbewegungen und Darmsaftsekretion die schädigenden Substanzen und Krankheitserreger aus dem Körper zu eliminieren. Diese anfängliche Schutzreaktion wirkt sich, wenn sie zu lange andauert, schädlich auf den Organismus aus. Flüssigkeit und Mineralstoffe werden in großen Mengen ausgeschieden. Vor allem kleinere Vögel haben wenig Reserven. Sie trocknen aus und sterben schon nach kurzer Zeit an Kreislaufversagen.

Enteritis-Patienten sind meist weniger lebhaft, sitzen mit gesträubtem Gefieder und schlafen viel. Das Gefieder um die Kloake ist mit Kot verschmiert. Der Bauch ist oft prall und die Haut darüber gerötet. Häufig fressen die Tiere vermehrt Sand. Durch den ständigen Flüssigkeitsverlust haben sie Durst und trinken sehr viel. Einzelvögel verweigern meist die Nahrung. Wenn sie mit Artgenossen zusammenleben, tun sie so, als ob sie Körner picken, um nicht als kranke Vögel in der Gemeinschaft aufzufallen. Bei genauerem Hinsehen fällt jedoch auf, daß die Patienten die Körner nicht abschlucken, sondern mehr oder weniger enthülst wieder aus dem Schnabel fallen lassen. Innerhalb von zwei bis drei Tagen magern sie „bis auf das Skelett" ab.

Bis die Ergebnisse eingeleiteter Laboruntersuchungen (bakteriologische, parasitologische und virologische Kotuntersuchung) sowie Röntgenaufnahmen Aufschluß über die eigentliche Ursache der Enteritis geben, vergehen meist ein paar Tage. Solange kann der Tierarzt nicht mit der Behandlung des kleinen Vogels warten. Das Allgemeinbefinden des erkrankten Tieres muß stabilisiert werden.

**Erste Maßnahmen** sind die Zufuhr von Wärme, Infusionen und, wenn die Tiere sich weigern zu fressen, Zwangsernährung. Vitamin-Injektionen stärken die Abwehrkräfte und Antibiotika verhindern Sekundärinfektionen. Präparate mit gefriergetrockneten Darmbakterien stabilisieren die Darmflora. Die Behandlung der Enteritis richtet sich nach der auslösenden Ursache. Sobald diese bekannt ist, kann eine gezielte Therapie erfolgen (siehe auch S. 89).

# Darmparasiten

Darmparasiten schädigen den von ihnen befallenen Körper dreifach:

a) Sie schädigen die Darmwand und schaffen somit die Voraussetzung zur Ansiedlung krankmachender Keime. Aus diesem Grund besteht häufig Durchfall.

b) Sie nehmen aus dem Nahrungsbrei wichtige Nährstoffe heraus. Bei Befall mit Darmparasiten magern die Tiere ab. Es entstehen Mangelerscheinungen.

c) Die Parasiten geben ihre Stoffwechselendprodukte in den Darm ihres Wirtes ab. Diese Stoffwechselendprodukte sind giftig und schädigen, wenn sie durch die Darmwand resorbiert werden, die inneren Organe des befallenen Tieres.

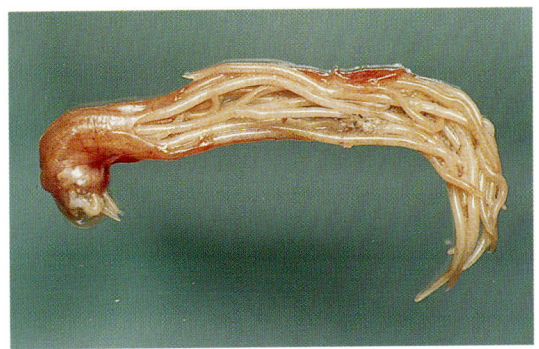

Massenbefall mit Spulwürmern im Dünndarm.

## Spulwürmer

Spulwürmer leben im Dünndarm manchmal in so großen Mengen, daß sie einen Darmverschluß verursachen können. Die Eier der Parasiten werden mit dem Kot in die Außenwelt abgegeben und bleiben dort monatelang infektionsfähig. Wenn sie, z.B. an Körnerfutter oder Sand haftend, von anderen Vögeln aufgenommen werden, entwickeln sich in deren Darm innerhalb von 5 bis 6 Wochen geschlechtsreife Spulwürmer. Die Diagnose erfolgt mit Hilfe einer **Kotuntersuchung.** Die Eier der Parasiten sind unter dem Mikroskop gut zu erkennen.

Es gibt sehr wirksame **Antiparasitika** gegen Spulwürmer (z.B. Fenbendazol, Mebendazol, Levamisol oder Piperazin). Die Präparate werden den Patienten direkt in den Kropf eingegeben. Die Spulwürmer sterben nach der Behandlung ab.

Es besteht die Gefahr, daß sich die relativ großen und zahlreichen Parasiten als Knäuel zusammenklumpen und den Darm verschließen. Bei vermutetem Massenbefall sollte daher die Entwurmung in Stufen erfolgen, wobei 2- bis 3mal an aufeinanderfolgenden Tagen niedrige Dosen des Medikamentes verabreicht werden.

Dadurch sterben nicht alle Würmer auf einmal ab, und die Gefahr, daß sie sich zusammenklumpen, ist geringer.

> Die Kotuntersuchung gibt nur Auskunft über das Vorkommen geschlechtsreifer Würmer!

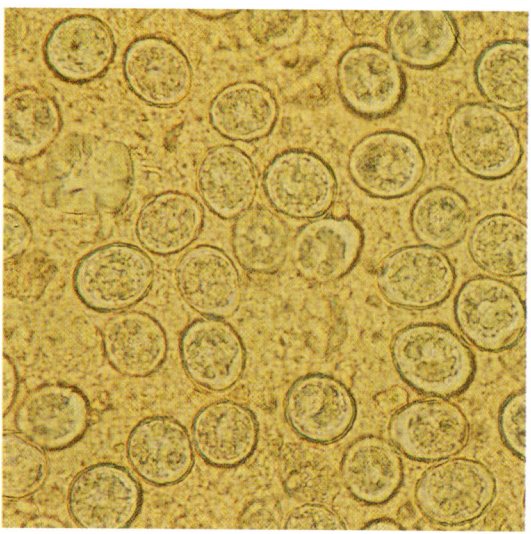

Kokzidien-Oozysten in einer Kotprobe unter dem Mikroskop.

aufeinanderfolgenden Untersuchungen keine Dauerformen gefunden werden, kann man Kokzidienbefall ausschließen.

Die Oozysten sind sehr widerstandsfähig. Die meisten Desinfektionsmittel können ihnen nichts anhaben. Die Reinigung von Käfigen und Volieren mit kochendem Wasser oder mit einem Dampfstrahler ist daher zu empfehlen, um eine Neuinfektion behandelter Vögel durch Oozysten zu verhindern.

Die **Behandlung** der erkrankten Tiere erfolgt mit **Sulfonamidpräparaten** nach einem bestimmten Schema:

3 Tage Behandlung
2 Tage Pause und Vitamingaben
3 Tage Behandlung

Um sicher zu gehen, daß die Tiere genügend Wirkstoff aufnehmen, sollte das Medikament in Wasser aufgelöst über den Tag verteilt direkt in den Kropf eingegeben werden.

## Kapillarien

Kapillarien gehören ebenfalls, wie die Spulwürmer, zu der Gruppe der Nematoden und können mit den gleichen Medikamenten bekämpft werden. Es handelt sich bei diesen Parasiten um dünne, fadenförmige, farblose Würmer, die sich fest an die Dünndarmschleimhaut anklammern. Kapillarieneier haben eine so charakteristische Form, daß sie unter dem Mikroskop unverwechselbar sind. Sie bleiben, wenn sie nicht austrocknen, bis zu einem Jahr in der Außenwelt infektiös. Bei Kapillarienbefall müssen Käfige und Volieren mit **kochendem Wasser** gereinigt werden. Desinfektionsmittel, die gegen Bakterien und Viren eingesetzt werden, töten Kapillarieneier nicht ab.

## Kokzidien

Kokzidien sind einzellige Parasiten, die in der Dünndarmschleimhaut leben. Ihre Oozysten (das sind eiähnliche Dauerformen) werden schubweise mit dem Kot ausgeschieden. Wenn bei einer Kotuntersuchung keine Oozysten festgestellt werden, heißt das deshalb noch nicht, daß das Tier auch wirklich kokzidienfrei ist! Erst wenn bei mehreren

## Flagellaten (Geißeltierchen)

Von der Vielzahl Geißeltierchen, die den Dünndarm von Vögeln befallen können, sind bei unseren Ziervögeln nur **Giardien** von einer gewissen Bedeutung. Bei importierten Papageien und Sittichen findet man diese in unseren Breiten nicht heimischen Parasiten manchmal bei Untersuchungen von frisch abgesetztem Kot. Die Flagellaten sterben innerhalb kurzer Zeit in der Außenwelt ab und können dann im Kot nicht mehr nachgewiesen werden.

Neben den typischen Zeichen einer Darmentzündung (Abmagerung, Durchfall) konnte bei Nymphensittichen Juckreiz und Federpicken mit Giardia-Befall in Zusammenhang gebracht werden.

Die **Bekämpfung** erfolgt mit **Dimetridazol** über mindestens 5 Tage.

## Bandwürmer

Bei importierten Papageienvögeln, die aus anderen Gründen gestorben sind, werden bei Sektionen häufig **Bandwürmer** als Zufallsbefund festgestellt. Bandwürmer benötigen zu ihrer Vermehrung immer einen Zwischenwirt. Das bedeutet, daß die Übertragung von einem Vogel auf einen anderen **nicht** direkt erfolgt.

Die im Darm des Vogels lebenden Parasiten geben ihre Eier über den Kot nach außen ab. Dort werden sie von Kleinlebewesen (Insekten, Würmer) gefressen. Im Innern dieser Zwischenwirte schlüpfen die Larven der Bandwürmer aus den Eiern und kapseln sich in der Muskulatur der Zwischenwirte ab. Frißt nun ein Vogel einen solchen Zwischenwirt, werden die abgekapselten Larven frei und entwickeln sich zu geschlechtsreifen Bandwürmern. Somit ist der Kreislauf geschlossen. Daß Papageienvögel von Bandwürmern befallen sind ist ein Beweis dafür, daß sie in Freiheit tierisches Eiweiß in Form von Insekten oder Würmern fressen.

Der **Nachweis** von Eiern im Kot gelingt selten, da sie in Streßsituationen nicht ausgeschieden werden. Frisch importierte Papageienvögel (Wildfänge) befinden sich durch Gefangenschaft, Transport und Quarantäne immer im Streß. Sie sollten, wenn es ihr Gesundheitszustand erlaubt, auch ohne direkten Nachweis einmalig mit **Praziquantel** gegen Bandwürmer behandelt werden.

## Erkrankungen der Kloake

### Kloakenvorfall

In die Kloake münden der Enddarm, die Harnleiter und die Samenleiter bzw. beim weiblichen Tier der Eileiter. Kot, Urin und die Produkte der Geschlechtsorgane (Spermien, Eier) werden durch eine gemeinsame Öffnung ausgeschieden.

Ein Vorfall der Kloake nach außen kann entstehen, wenn die Tiere stark pressen müssen. Das passiert zum Beispiel bei übergewichtigen Vögeln mit wenig Bewegungsmöglichkeiten, die unter chronischer Verstopfung leiden. Kotabsatzbeschwerden, die im Zusammenhang mit Tumoren in der Körperhöhle oder bei Legenot auftreten, sind ebenfalls häufige Ursachen für einen Kloakenvorfall.

**Ständige Durchfälle** führen besonders beim Wellensittich zu abnehmender Elastizität des Kloakenschließmuskels, wodurch sich die Kloake nach außen stülpen kann. Das vorgefallene Gewe-

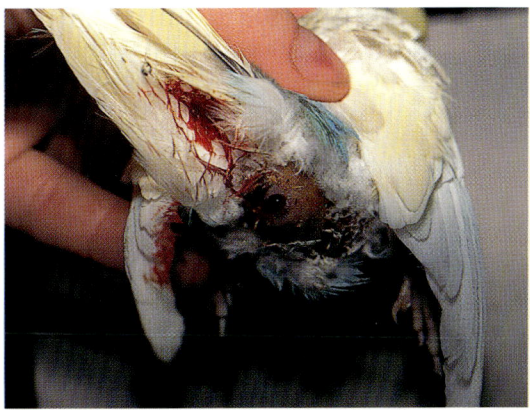

**Starke Blutung nach Bepicken vorgefallener Kloakenschleimhaut.**

be trocknet aus und wird häufig von den betroffenen Vögeln selbst oder von Kontakttieren bepickt. Starke Blutungen können entstehen. Der Tierarzt muß daher rechtzeitig, bevor das Gewebe abstirbt, mit Hilfe von Salbe oder Öl die Kloakenwand gleitfähig machen und den Vorfall zurückschieben. Durch eine spezielle Naht (Tabaksbeutelnaht) wird dann die Kloakenöffnung verengt. Die Fäden können nach etwa einer Woche wieder gezogen werden.

Eine solche **Behandlung** hat nur Aussicht auf dauerhaften Erfolg, wenn die Ursachen (Legenot, Durchfall, Verstopfung durch Verfettung) beseitigt werden. Ist ein Tumor der Auslöser für Kotabsatzbeschwerden, bestehen wenig Chancen auf Heilung.

### Kloakenverschluß

Zum Verschluß der Kloakenöffnung und zur Verstopfung der Kloakenhöhle kommt es durch eingetrocknete Kotmassen bei chronischen Durchfällen und bei Nierenerkrankungen durch eingetrocknete Uratkristalle. Zunächst bleiben der breiige oder flüssige Kot bzw. das Urat am Gefieder der Kloake kleben. Nachfolgende Ausscheidungen setzen sich darüber, bis die Öffnung vollständig verklebt ist.

In der Kloake schoppt sich Kot und Urin weiter an und trocknet zu festen Klumpen ein. Die Stauung setzt sich nach oben fort. Enddarm und Harnleiter können durch aufgestaute Ausscheidungsprodukte reißen. Die Patienten sitzen aufgekrümmt, was auf Bauchschmerzen schließen läßt. Ohne Hilfe sterben sie nach kurzer Zeit, meist an Kreislaufversagen.

Die **Verklebungen** am Gefieder und an der Kloakenöffnung müssen zunächst mit warmem Wasser aufgeweicht und abgelöst werden. Die Kloake wird danach mit physiologischer Kochsalzlösung gespült. Zusätzlich wird den Tieren Infusionsflüssigkeit unter die Haut gespritzt, um einerseits den Kreislauf zu stabilisieren und zum anderen die festen Kot- und Urinmassen im Enddarm und in den Harnleitern zu verflüssigen. Auch hier ist eine dauerhafte Heilung nur möglich, wenn die Ursache beseitigt werden kann.

## Kloakenräude

In manchen Fällen ist bei Tieren mit Schnabel- und Fußräude (siehe Parasiten der Haut, Seite 61) auch die Kloake mit *Knemidocoptes*-Milben befallen.

Die **Behandlung** erfolgt durch Einpinseln mit Paraffinöl über mehrere Tage oder Spot-on-Verabreichung von **Ivermectin**. Zusätzliche Vitamin-A-Injektionen stärken die Abwehrkräfte der Haut gegen die Parasiten.

## Krankheiten der Leber

### Leberentzündung (Hepatitis)

Die **Symptome** einer Leberentzündung sind sehr unspezifisch. Die betroffenen Vögel sind müde, apathisch und haben wenig Appetit, was bei anderen Erkrankungen ebenfalls vorkommt. Durchfälle wechseln sich mit normalen Kotausscheidungen ab.

Die erkrankte Leber kann ihrer Entgiftungsfunktion nur unzureichend nachkommen. Wenn giftige Stoffwechselschlacken über die Blutbahn ins Gehirn gelangen, können Krampfanfälle auftreten. Viele leberkranke Vögel leiden unter Juckreiz. Sie putzen und kratzen sich intensiv oder rupfen sich die Federn aus. Auch Hautentzündungen werden im Zusammenhang mit Leberentzün-

dungen beobachtet. Der in der Regel weiße Urinanteil der Ausscheidungen färbt sich in manchen Fällen cremefarben bis gelblich-grün.

> Eine gelbliche Verfärbung der Haut und Schleimhäute, wie sie beim leberkranken Säugetier oft auftritt, findet man beim Vogel selten.

**Auslöser** einer akuten oder chronischen Leberentzündung sind Bakterien, Viren, Parasiten, Pilze oder Vergiftungen. Oft ist das Organ geschwollen, was dem Tierarzt die Diagnose erleichtert. Bei kleineren Vögeln (z.B. Kanarienvögeln) ist die Leberschwellung als dunkler Streifen durch die dünne Haut gut zu erkennen, wenn man das Federkleid „gegen den Strich" anbläst. Bei größeren Vögeln geben **Röntgenuntersuchungen** Aufschluß über das Ausmaß der Organveränderungen.

Bei **Sektionen** werden krankhafte Veränderungen der Leber relativ häufig festgestellt. Die Ursache, die zu solchen Veränderungen führten, sind im Nachhinein schwer zu ermitteln. Da die Symptome anfänglich sehr unauffällig sind, werden die Vögel oft erst im Spät- oder Endstadium einem Tierarzt vorgestellt. Die Leber ist jedoch ein sehr regenerationsfreudiges Organ. Eine medikamentöse Schutztherapie sollte daher in jedem Fall versucht werden.

Ab einem gewissen Grad der Schädigung kann sich zerstörtes Lebergewebe nicht mehr regenerieren. Es wird durch bindegewebiges Narbenmaterial ersetzt, wodurch das Organ einen Teil seiner Funktionsfähigkeit einbüßt. Man spricht in einem solchen Fall von **Leberzirrhose.** Sie ist häufig Folge einer unbehandelten Hepatitis. Eine Therapie der Leberzirrhose selbst ist nicht mehr möglich. Ihr Fortschreiten kann man nur stoppen, wenn die Ursache gefunden und abgestellt wird.

Die Häufigkeit der Lebererkrankungen bei Stubenvögeln läßt die Frage zu, ob nicht etwa Anteile des Standardfutters einen gewissen Einfluß auf die Entstehung haben. Im Verdacht, Lebererkrankungen zu verursachen, stehen die leicht verderblichen Ölsaaten. Ranziges Fett ist stark leberschädigend. Auf feucht geernteten Erdnüssen bildet sich gerne ein Schimmelpilz (*Aspergillus flavus*), dessen Stoffwechselendprodukte hochgiftig sind und schwere Leberveränderungen provozieren können. Die Qualität des Vogelfutters sollte daher ständig überprüft werden.

> Es empfiehlt sich dringend, nur Erdnüsse zu kaufen, die auch für den menschlichen Verzehr geeignet sind.

Farbstoffe, wie z.B. Xanthaxanthen, die von vielen Züchtern zur Auffrischung der Gefiederfarbe bei Kanarien dem Futter zugesetzt werden, sind in hohen Dosen lebertoxisch. Auch in niedrigen Dosen kann die Gabe solcher Farbstoffe nicht gesund sein. Die Gefahr, daß sie schleichende Leberveränderungen hervorrufen, ist groß. Im Tierhandel werden Farbkräcker zur freien Verfütterung angeboten. Ein Vogelbesitzer hat keine Kontrolle darüber, wie hoch die Konzentration der Farbstoffe in den Kräckern ist und wieviel von diesen toxischen Stoffen von seinen Tieren tatsächlich aufgenommen werden.

Auch in diesem Kapitel soll auf die Bedeutung der Hygiene bei der Haltung von Ziervögeln hingewiesen werden: Leberschädigende Krankheitserreger können sich in verschmutzten Käfigen sowie Futter- und Wassernäpfen besonders gut vermehren.

## Leberverfettung

Die **Leberverfettung** ist hauptsächlich eine Erkrankung des übergewichtigen Vogels. Sie hat ihre Ursache in der Ablagerung von Fett im Lebergewebe. Durch die Fetteinlagerungen wird die Funktion des Organs eingeschränkt, es kann wichtige Aufgaben im Stoffwechsel nur noch teilweise oder gar nicht mehr erfüllen.

Man findet Störungen des Allgemeinbefindens, übermäßiges Schnabel- und Krallenwachstum aufgrund von Stoffwechselstörungen, Durchfälle und Atembeschwerden. Bei hochgradiger Verfettung kann das Lebergewebe reißen. Die Tiere verbluten innerlich. Der Tod tritt plötzlich, ohne vorherige Ankündigung, ein.

Eine **Besserung** der Situation ist nur möglich, wenn der adipöse (dicke) Patient abnimmt. Die Gewichtsreduktion muß langsam erfolgen, damit

**Typische Sitzhaltung bei einem Tumor in der Körperhöhle und Schwanzwippen im Rhythmus der Atmung.**

die Leber nicht durch das abgebaute und im Blut kreisende körpereigene Fettgewebe überschwemmt wird.

Langsames, konsequentes Abnehmen durch Reduzierung der Nahrungsmenge insgesamt und durch Reduzierung der fett- und kohlenhydratreichen Körner in der Ration, die Verabreichung von Vitaminen (besonders Vitamin E) und Leberschutz-Medikamenten sowie viel Bewegung (Freiflug) sind Voraussetzungen für die Wiederherstellung der gestörten Leberfunktion.

## Lebertumoren

Tumoren der Leber treten vorwiegend beim Wellensittich, seltener bei anderen Ziervogelarten auf. Wenn ein Lebertumor eine gewisse Größe erreicht hat, drückt er häufig auf Lungen und Luftsäcke und beeinträchtigt die Atmung. Die erkrankten Tiere sitzen in aufgekrümmter Stellung. Die Atemnot ist durch Schwanzwippen im Rhythmus der Atmung gut zu erkennen. Wenn der Tumor auf den Darmtrakt drückt, kommt es zu Kotabsatzbeschwerden.

Der Tierarzt kann bei kleinen Vögeln einen Lebertumor oft ertasten. Nach Eingabe eines Kon-

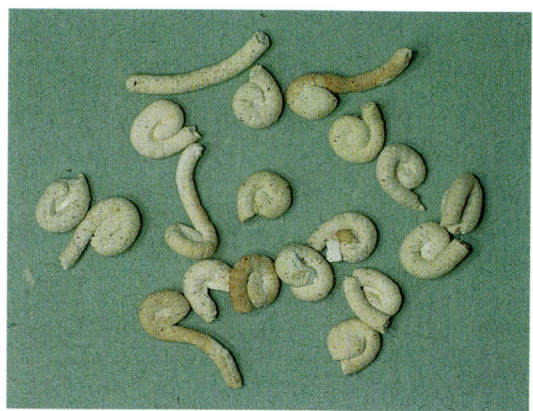

**Typische, puffreisähnliche Ausscheidungen bei Erkrankung der Bauchspeicheldrüse.**

trastmittels zeigt eine **Röntgenaufnahme** die Verdrängung des Magens und des Darmkanals durch die tumorös vergrößerte Leber. Heilungschancen bestehen bei einem Lebertumor nicht.

## Erkrankungen der Bauchspeicheldrüse

Die Bauchspeicheldrüse (Pankreas) ist ein kleines, unscheinbares Organ, das etwas unterhalb des Magens im Aufhängeapparat (Gekröse) des Dünndarms eingebettet ist.

So klein das Pankreas auch ist – es ist sehr wichtig für die Verdauung. Es hat zwei bedeutende Funktionen: In speziellen Zellen, den Langerhansschen Inseln, die über die gesamte Bauchspeicheldrüse verteilt sind, werden die Hormone Insulin und sein Gegenspieler Glukagon gebildet.

Beide Hormone kontrollieren den Kohlenhydratstoffwechsel. Die zweite wichtige Aufgabe der Bauchspeicheldrüse ist die Bildung von Pankreassaft. Er enthält die Enzyme Amylase, Lipase und Trypsin. Diese Enzyme werden über den Ausführungsgang des Pankreas in den Dünndarm geleitet, wo sie die Kohlenhydrate, Fette und Eiweiße aus der Nahrung in ihre kleinsten Bausteine zerlegen. Nur so kann die Nahrung vom Körper verwertet werden.

**Diabetes mellitus** (Zuckerkrankheit) wird eine Erkrankung genannt, bei der aufgrund einer Störung der Insulinproduktion in den Langerhansschen Inseln der Blutzuckerspiegel ansteigt. Über Fälle von Diabetes mellitus bei Vögeln wird in der Fachliteratur berichtet. Eine langfristige Behandlung mit Insulin-Injektionen scheiterte an der praktischen Durchführbarkeit.

**Störungen der Enzymproduktion** findet man, wenn auch recht selten, vorwiegend bei Papageienvögeln. Die Tiere fressen ungeheure Mengen an Körnerfutter und magern trotzdem stark ab. Sie setzen bis zu achtmal mehr Kot ab als ein gesunder Vogel, wobei die Kotkonsistenz weich und krümelig und die Kotfarbe kalkweiß ist. Der Vergleich mit Puffreis ist beim Betrachten der Ausscheidungen pankreaskranker Vögel naheliegend. Bei einer speziellen Laboruntersuchung des Kotes kann man sehr viel unverdaute Stärke und Fett nachweisen.

Als symptomatische **Therapie** werden die Tiere mit Weichfutter gefüttert, dem eine Viertelstunde vor der Fütterung Pankreasenzyme in Pulverform (z.B. Pankreon) zugesetzt wurden. Die Nahrung wird damit bereits im Napf vorverdaut und kann dann vom Organismus verwertet werden. Die Vorverdauung im Futternapf kann durch Erwärmen des Weichfutters auf 25°C intensiviert werden.

# Krankheiten der Nieren

## Nierenentzündung

Ausgelöst werden Entzündungen der Nieren meist durch Bakterien. Chronische Vitamin-A-Unterversorgung führt zu Veränderungen des Schleimhautepithels in den Harnleitern und Nierenkanälchen und damit auch zu vermehrter Anfälligkeit für Infektionen.

An den Ausscheidungen des Vogels erkennt man recht gut, wenn mit den Nieren etwas nicht in Ordnung ist. Der Harnanteil (weißer Fleck auf dem Kothäufchen) ist flüssig und umgibt den dunklen Kotanteil wie ein kleiner See. Die Tiere trinken sehr viel und scheiden große Mengen flüssigen Urin aus. Das Gefieder um die Kloake ist oft mit Urat verschmiert. Neben Flüssigkeit verliert der Körper durch die vermehrte Urinausscheidung auch Mineralstoffe (Elektrolyte). Aufgrund der zunehmenden Austrocknung und des Mineralstoffungleichgewichtes entstehen Kreislaufstörungen.

Die Patienten haben weniger Appetit als sonst, plustern sich auf und schlafen sehr viel. Plötzliche Todesfälle durch Kreislaufversagen sind nicht selten.

Die **Behandlung** einer Nierenentzündung erfolgt mit solchen Antibiotika, welche die vorhandenen Bakterien abtöten, die Nieren jedoch wenig belasten. Infusionen in die Nackenhaut und Wärmebehandlungen unterstützen den Kreislauf.

Als Trinkwasser erhalten die erkrankten Tiere entweder Mineralwasser oder, was noch effektiver ist, **Tyrode-Lösung** (siehe Seite 98), um den Mineralstoffverlust auszugleichen. Multivitamine mit einem hohen Anteil an Vitamin A werden injiziert. Die Verabreichung der Vitamine über das Trinkwasser ist nicht sinnvoll, da selbst Vögel mit viel Durst oft das Wasser bei Geschmacksveränderung verweigern. Gerade bei Nierenerkrankungen ist das jedoch lebensbedrohlich, da die Tiere, um eine Austrocknung zu verhindern, viel trinken müssen.

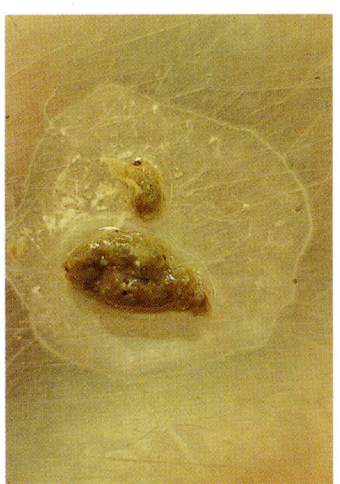 

**Links: Polyurie bei einer Nierenerkrankung. Der Urinanteil ist flüssig und bildet einen kleinen See rings um den Kot. Rechts: Das Gefieder um die Kloake ist mit Urat verschmiert.**

Die Intensivbehandlung mit Infusionen, Wärme, Antibiotika und Vitaminen muß solange fortgesetzt werden, bis der Appetit und ein guter Allgemeinzustand der Tiere wiederhergestellt ist.

Die Wärmebestrahlung sollte darüber hinaus noch ein bis zwei Tage (und Nächte!) weitergeführt werden, da bei den geschwächten Vögeln die Gefahr eines Rückfalls besteht.

Durch eine Nierenentzündung entsteht häufig ein irreparabler Schaden dieser Organe. Die Tiere scheiden dann, trotz Besserung des Allgemeinbefindens, weiterhin flüssigen Urin aus und sind für Infektionen besonders empfänglich. Um die verlorenen Mineralstoffe zu ersetzen und die Abwehrkräfte gegen krankmachende Keime zu stärken, erhalten solche dauergeschädigten Patienten lebenslang Tyrode-Lösung und in regelmäßigen Abständen (alle 2 bis 3 Wochen) Vitamin-Injektionen. So behandelte Vögel können noch eine lange Zeit beschwerdefrei leben.

Die Euthanasie eines chronisch kranken Vogels ist nur dann gerechtfertigt, wenn sich sein Allgemeinbefinden trotz Behandlung verschlechtert.

## Nierengicht

Als Abfallprodukt des Eiweißstoffwechsels fällt beim Vogel Harnsäure an. Diese wird über die Nieren ausgeschieden. Bei Nierenfunktionsstörungen steigt der Harnsäurespiegel im Blut an. Die Harnsäure lagert sich in Form von Uratkristallen im Nierengewebe, in den Gelenken und in den serösen Häuten der Körperhöhle ab. Uratkristalle können die Harnleiter und die Kloake verstopfen. Dadurch wird Urin gestaut, was eine Urinvergiftung zur Folge haben kann.

Die Diagnose erfolgt durch **Röntgen**. Auf der Röntgenaufnahme sind die Uratablagerungen im Nierengewebe deutlich zu erkennen.

Die **Heilung** der Nierengicht ist in der Regel kaum möglich, da sie meist erst im fortgeschrittenen Stadium erkannt wird. Eine **Behandlung** hat das Ziel, den Krankheitsprozeß aufzuhalten oder zum Stillstand zu bringen.

Der Eiweißgehalt des Futters sollte, um die Bildung von Harnsäure zu reduzieren, eingeschränkt werden. Gichtkranke Vögel erhalten keine zusätzliche Ration aus tierischem Eiweiß. Gleichzeitig wird dem Trinkwasser etwas Saccharose zugesetzt. Dadurch wird die Wasserausscheidung durch die Niere angeregt, wodurch weiteren Ablagerungen von Uraten entgegengewirkt wird.

Humanmedizinische Medikamente, die die Bildung von Harnsäure in der Leber hemmen, sind beim Vogel noch wenig erprobt (siehe auch S. 66).

## Nierentumoren

Von allen Ziervogelarten ist der Wellensittich am häufigsten von **Tumoren** betroffen. Auch Nierentumoren findet man bei dieser Vogelart relativ oft. Im Anfangsstadium der Tumorerkrankung entstehen die gleichen Störungen, wie bei einer Nierenentzündung. Die Patienten frieren, plustern sich auf und scheiden flüssigen Urin aus.

Oft werden solche Vögel dem Tierarzt wegen eines angeblichen Beinbruches vorgestellt. Die Vögel zeigen eine mehr oder weniger ausgeprägte einseitige Lähmung des Fußes. Die Nieren liegen rechts und links der Wirbelsäule in einer räumlich begrenzten Kuhle eingebettet. Bei einer Umfangsvermehrung dieser Organe wird der Hohlraum zu eng und die aus dem Wirbelkanal austretenden und die Beine versorgenden Nervenbahnen werden gequetscht. Bevor eine vollständige Lähmung eintritt, kann man oft beobachten, daß Patienten mit Nierentumoren ständig an einem Fuß nagen. Es ist wahrscheinlich, daß die Tiere unter Sensibilitätsstörungen („eingeschlafener Fuß") oder Schmerzen durch die Nervenirritation leiden.

Hat der Tumor eine gewisse Größe erreicht, drückt er auf den Darm. Die Darmschlingen werden in den unteren Bauchbereich zusammengeschoben. Der Bauch ist prall nach außen gewölbt. Die typische Verlagerung der Darmschlingen kann man durch **Röntgenkontrastaufnahmen** gut darstellen.

Eine erfolgreiche **Behandlung** eines Nierentumors ist nicht möglich. Da im Röntgenbild ein Nierentumor nicht von einer selten auftretenden Nierenzyste zu unterscheiden ist, kann eine Ope-

**Der Bauch ist durch den Nierentumor in der Körperhöhle prall vorgewölbt.**

ration als Alternative zur Euthanasie in Erwägung gezogen werden. Findet der Operateur nach Eröffnung der Bauchhöhle eine Zyste vor, so kann er den Patienten durch Absaugen der Flüssigkeit aus der Zyste eventuell heilen. Handelt es sich bei der Veränderung jedoch um einen Tumor, läßt er den Patienten – aus Tierschutzgründen – nicht mehr aus der Narkose aufwachen.

# Krankheiten der Geschlechtsorgane

## Legenot

Als Legenot werden Schwierigkeiten des Vogels bei der Eiablage bezeichnet. Dabei kann das im Eileiter befindliche Ei nicht herausgepreßt werden. Diese relativ häufige Funktionsstörung der weiblichen Geschlechtsorgane ist durch das Ei selbst oder den Zustand des Weibchens bedingt:

Das Ei kann zu groß sein, so daß der Eileiter überdehnt wird, wodurch die Peristaltik (Bewegungen der glatten Muskulatur des Eileiters) erlahmt.

Weichschalige Eier können durch Verformung im Eileiter steckenbleiben. Bei sehr jungen oder geschwächten Vögeln, bei Weibchen, die durch Legen zahlreicher Eier „ausgelaugt" sind, bei fetten Tieren und Vögeln mit hormonellen Störungen, tritt Legenot gehäuft auf.

Legenot-Patienten sind sehr unruhig und wechseln oft ihren Sitzplatz. Zeitweilig nehmen sie eine gestreckte Haltung ein **(Pinguinstellung),** die Schmerzen im Bauchraum vermuten läßt. Immer wieder versuchen die Tiere das Ei auszupressen, wobei sie mit dem Schwanz wippen.

Bei vorsichtigem **Tasten** kann man das Ei im Bauchraum manchmal fühlen. Da Weibchen mit Legenot sehr schockanfällig sind, muß jede Manipulation besonders schonend durchgeführt werden.

Bei den ersten Anzeichen der Legenot hilft meist **feuchte Wärme.** Stellen Sie eine Schüssel mit kochendem Wasser vor den mit einem Tuch bis auf die vordere Seite abgedeckten Käfig und fächeln sie den Dampf hinein. Eine Lampe mit einer 60-Watt-Birne bringt die notwendige Wärme. Sie wird auf die Stange gerichtet, auf der der kleine Vogel sitzt. Mit einem Tropfen Paraffinöl können Sie die Kloake gleitfähig machen. In den meisten Fällen wird das Ei durch diese Maßnahmen innerhalb von zwei Stunden gelegt. Geschieht das nicht, sollten Sie unbedingt einen Tierarzt aufsuchen.

Versuchen Sie nicht, durch Massage das Ei herauszudrücken. Das sollte ausschließlich der erfahrene Tierarzt tun. Zerbricht das Ei, kann die Eileiterwand verletzt werden und eine meist tödliche Entzündung der Körperhöhle nach sich ziehen.

Der Tierarzt wird zunächst durch vorsichtige **Erweiterung** der Kloakenöffnung den Legevorgang unterstützen. Führt das nicht zur Eiablage, wird er versuchen, den Eiinhalt mit einer Kanüle abzupunktieren oder das Ei operativ zu entfernen.

Der Erfolg hängt vor allem vom Allgemeinzustand des Vogels ab. Ein sehr geschwächtes Weibchen wird die anstrengenden Manipulationen nicht verkraften, geschweige denn eine Narkose überleben. Es ist daher wichtig, den Tierarztbesuch nicht zu lange hinauszuzögern. Wenn der Kreislauf des Vogels sehr schlecht ist, kann selbst ein erfahrener Tierarzt oft nicht mehr helfen.

## Übermäßiges Eierlegen

Günstige Umweltbedingungen und die Tageslichtlänge beeinflussen das Fortpflanzungsverhalten der Vögel. So haben zum Beispiel australische Sittiche keinen bestimmten Fortpflanzungsrhythmus wie unsere, an den Wechsel der Jahreszeiten angepaßten einheimischen Singvögel. Gute Umweltbedingungen für die Aufzucht der Jungen bewirken eine Hormonausschüttung durch die Hirnanhangdrüse (Hypophyse). Diese Hormone regen die Geschlechtsorgane zur Produktion von Samen und Eiern an und bringen die Vögel in Brutstimmung.

In den Steppen und Wüstengebieten Australiens ist lediglich nach Regenzeiten genügend Nahrung für die Aufzucht von Jungvögeln vorhanden. Erst nach dem Einsetzen der unregelmäßig auftretenden Regenfälle reifen im Eierstock der Weibchen zahlreiche Eier. Bei den männlichen Tieren werden die Hoden größer. Die Vögel balzen, paaren sich und beginnen mit der Eiablage.

Das Fortpflanzungsverhalten ist ein instinktiv gesteuerter Vorgang, der durch äußere Einflüsse ausgelöst wird. Bei exotischen Ziervögeln, die in unseren Breiten gehalten werden, muß man bei

**Verhaltensstörungen** in Bezug auf die Fortpflanzung die Haltungsbedingungen kontrollieren. So können eine bestimmte Luftfeuchtigkeit und Temperatur sowie die Verlängerung des Tages durch künstliches Licht eine Dauerbrutstimmung hervorrufen. Bestimmte äußere Reize können weibliche Vögel in Brutstimmung versetzen. So erfolgt die Eiablage bei Sittichen und Papageien in der Regel acht Tage nach Anbringen eines Nistkastens im Käfig. Auslösender Reiz ist der Anblick des Schlupfloches im Nistkasten, denn Papageienvögel sind bis auf wenige Ausnahmen Höhlenbrüter. Auch Möbel oder sonstige Wohnungseinrichtungen, die Hohlräume mit Löchern oder Spalten aufweisen, können einen Stubenvogel zum Eierlegen animieren.

Bei Dauer-Eierlegern sollte man die Umgebung des Käfigs nach solchen Initialreizen kontrollieren. Bei Finken- und Webervögeln sind es Nester und Nistmaterial, die Brutstimmung auslösen. Ein- oder zweimal im Jahr kann ein gesunder Vogel ohne gesundheitliche Konsequenzen ein Gelege haben.

Es hat sich bewährt, Vögeln, die in Brutstimmung sind, je nach Art ein Nest oder einen Nistkasten zur Verfügung zu stellen. Ist das Gelege vollständig, kann man die Eier abkochen oder durch Kunsteier ersetzen. Nach Beendigung der natürlichen Brutzeit wird dann das gesamte Nest bzw. der Nistkasten wieder entfernt. In vielen Fällen gibt sich der Vogel damit zufrieden. Er hat den Bruttrieb abreagiert. Wenn er bis zum Auftreten der nächsten Brutstimmung etwa ein halbes Jahr Ruhe hat, ist keine gesundheitliche Beeinträchtigung durch das Eierlegen zu befürchten.

Bei Vögeln, die jedoch ohne Unterbrechung bis zur völligen Erschöpfung ein Ei nach dem anderen legen, sollte die Eiproduktion durch **Hormoninjektionen** gestoppt werden. Die Wirkungsdauer der injizierten Hormone ist von Vogel zu Vogel unterschiedlich lang. Manche Tiere legen bis zu einem halben Jahr nach der Behandlung keine Eier mehr. Bei anderen wiederum muß die Hormonbehandlung alle 3 bis 4 Monate wiederholt werden.

Man kann die Hormone auch auf die Haut im Nackenbereich des Vogels träufeln. Die Erfahrung hat jedoch gezeigt, daß bei dieser Methode die Wirkungsdauer verkürzt ist.

Eine **chirurgische Kastration** durch Entfernung des Eierstocks und des Eileiters ist sehr risikoreich und daher nicht zu empfehlen.

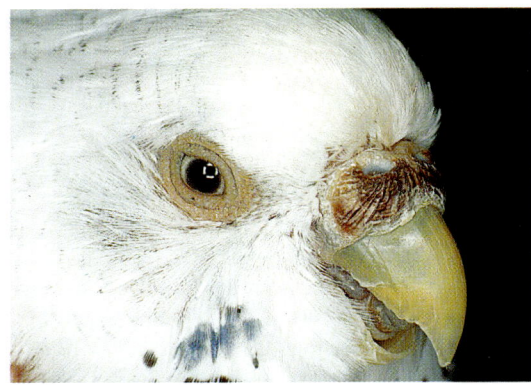

**Das Umfärben der Wachshaut ist ein hormonell bedingtes Symptom beim Hodentumor. Die Nasenlöcher sind noch blau, die Wachshaut braun.**

## Tumoren

Tumoren der **weiblichen Geschlechtsorgane** sind am lebenden Tier schwer zu diagnostizieren. Meist werden sie erst bei der Sektion als solche erkannt.

**Hodentumoren** findet man beim Wellensittich-Männchen sehr häufig. Die Hoden des männlichen Vogels liegen in der Bauchhöhle. Bei tumoröser Entartung drücken sie auf die Eingeweide. Vor allem die Darmfunktion wird oft durch Druck des Tumors beeinflußt. Typisch für Hodentumoren sind die sehr selten abgesetzten, dafür aber übergroßen Kotbatzen. Im Endstadium stockt der Kotabsatz vollständig. Die kleinen Patienten sterben am Darmverschluß.

Viele Hodentumoren produzieren weibliche Geschlechtshormone. Die Umfärbung der blauen Wachshaut beim Wellensittich-Männchen mit Hodentumor in braun, wie beim weiblichen Tier, ist Folge der Hormonproduktion und kann zur Diagnose herangezogen werden. Die Tumoren können so groß werden, daß sie den Bauch vorwölben (siehe Abb. S. 99). Die Tiere sitzen dann mit aufgekrümmtem Rücken auf der Stange. Durch eine **Röntgenkontrastaufnahme** kann man anhand der Verdrängung der kontrastmittelgefüllten Darmschlingen auf einen Hodentumor schließen.

Eine **chirurgische** Entfernung des Tumors ist theoretisch möglich, bei geschwächten Patienten aber meist nicht erfolgreich.

# Krankheiten der Augen

Die Behandlung erkrankter oder verletzter Vogelaugen ist eine recht junge Disziplin in der Tiermedizin. Es gibt grundlegende Unterschiede im Aufbau und in der Funktion zwischen Säuger- und Vogelaugen, so daß Untersuchungs- und Operationstechniken, die sich beim Säugetier bewährt haben, nicht ohne weiteres auf Vögel übertragen werden können.

Im Institut für Geflügelkrankheiten der Universität München ist die Ornithoophthalmologie (Vogelaugenheilkunde) ein wichtiges Forschungsthema. In den letzten Jahren wurden dort von Dr. Rüdiger Korbel spezielle, auf das Vogelauge abgestimmte Untersuchungs- und Behandlungsmethoden entwickelt. Es ist zu hoffen und zu erwarten, daß in den nächsten Jahren ein Teil der Erfahrungen und entwickelten Behandlungsmethoden in die Praxen der niedergelassenen Tierärzte Einzug hält.

In der Vogelklinik München wurde eine 2jährige Studie über die Ursachen von Augenerkrankungen bei Ziervögeln durchgeführt. Danach konnten etwa 50% aller erfaßten Augenkrankheiten auf Infektionen mit Bakterien, Viren oder anderen Krankheitserregern zurückgeführt werden. Erwähnenswert ist hier die oft auftretende einseitige Bindehautentzündung bei Infektionen mit *Chlamydia psittaci*, dem Erreger der Papageienkrankheit. Als nichtinfektiöse Ursachen wurden Verletzungen durch Unfälle, Stoffwechselerkrankungen, Vitamin-A-Mangel, Tumoren und genetische Faktoren gefunden.

Als Beispiel für eine **erblich bedingte Augenerkrankung** steht der **graue Star** beim Kanarienvogel. Er tritt hauptsächlich bei gelben und weißen Kanaris zusammen mit Veranlagung zu Federbalgzystenbildung auf. Die Augenlinsentrübung führt zur völligen Erblindung.

Die Besprechung einzelner Augenerkrankungen würde den Rahmen dieses Buches sprengen, zumal der Vogelbesitzer kaum Möglichkeiten zur Selbstbehandlung seiner Tiere hat.

Müssen Medikamente in das Vogelauge eingebracht werden, so sollten sie in **Tropfenform** verabreicht werden. Ob und welche Augentropfen eingesetzt werden, sollte ein Tierarzt entscheiden.

An dieser Stelle soll eindringlich vor der Anwendung von Salben am Vogelauge gewarnt werden. Manche bei Menschen, Katzen oder Hunden angewandten Augensalben enthalten Stoffe (z.B. Kortison), die für Vögel ungeeignet sind. Zudem verkleben die Salben das Gefieder, wodurch Schmutz, Feder- und Kotpartikel daran kleben und durch Sekundärinfektionen die Erkrankung noch verschlimmern können.

**Bindehautentzündung beim Wellensittich.**

**Durch Bakterien ausgelöste Augenlidentzündung.**

# Krankheiten des Gehirns

Die Symptome einer Gehirnerkrankung sind bei völlig unterschiedlichen Ursachen meist gleich. Eine Diagnose nur anhand der auftretenden Störungen ist daher für den Tierarzt kaum möglich. Für zentralnervöse Störungen kommen folgende **Ursachen** in Frage:

a) **Infektionen** des Gehirns mit Viren (Paramyxoviren, Herpesviren), Bakterien, Mykoplasmen (Zwischenstufen zwischen Bakterien und Viren), Parasiten (Spulwurmlarven) und anderen Krankheitserregern(Chlamydia psittaci, der Erreger der Papageienkrankheit).

b) **Gifte** (Blei, Insektizide)

c) **Organerkrankungen** (Leberschäden, Nierenerkrankungen)

d) **Gehirnverletzungen** und Gehirnblutungen (nach Unfällen)

e) **Durchblutungsstörungen** (bei Herz- und Gefäßerkrankungen, Blutstauung bei Schilddrüsenvergrößerung)

f) **Mangelzustände** (Mangel an Vitamin B1 und Kalzium)

g) **Tumoren** im Gehirn.

Typische zentralnervöse **Ausfallerscheinungen** sind:

1. **Koordinations- und Gleichgewichtsstörungen**
   Die betroffenen Tiere können sich nur schwer auf der Stange halten. Vor allem nachts fallen sie häufig herunter und können sich verletzen. Bei Patienten mit Freiflug fällt auf, daß sie immer häufiger die angestrebte Landefläche verfehlen. Meist verschlechtert sich das Krankheitsbild schleichend. Um zusätzliche Verletzungen zu vermeiden, sollte der Käfigboden mit weichem Material (z.B. einem Frotteehandtuch) ausgepolstert und die Stangen so niedrig gesteckt werden, daß der Aufprall beim Herunterfallen nicht so stark ist. Freiflug ist bis zur Klärung der Ursache und Besserung der Situation zu verwehren.

2. **Verdrehen des Kopfes**
   Dieses Symptom wird oft als Drehkrankheit bezeichnet. Die Tiere verdrehen den Hals um 180° und rotieren manchmal mit dem gesamten Körper um die eigene Achse oder laufen ständig im Kreis herum. Sie sind nicht in der Lage zu fliegen und alleine zu fressen.

3. **Krämpfe**
   Bei epilepsieähnlichen Krampfanfällen fallen die Vögel plötzlich von der Stange, zappeln und flattern mit den Flügeln. Meist sind sie dabei nicht bei Bewußtsein. Manchmal geben sie ungewöhnliche Laute von sich. Die Anfälle dauern in der Regel nur Sekunden. Bei längerer Dauer sterben die Tiere oft an Kreislaufversagen.

4. **Bewußtseinsstörungen**
   Benommenheit und Bewußtseinsverluste treten vor allem bei Gehirnerschütterungen und Gehirnverletzungen z.B. nach Unfällen auf. So dramatisch die Situation teilweise auch aussieht, die Heilungschancen bei Schädel-Hirn-Traumen sind beim Vogel gut.

Vögel mit zentralnervösen Störungen müssen ruhig gehalten werden. Am besten setzt man sie in einen abgedunkelten Raum auf eine weiche Unterlage, so daß sie sich bei eventuellen Krampfanfällen nicht verletzen können.

> Wärmebestrahlungen dürfen bei Gehirnerkrankungen nicht durchgeführt werden!

Durch Wärme steigt die Blutfülle im geschädigten Gehirngewebe, wodurch sich der Zustand des Patienten verschlechtert. Vögel, die nicht alleine fressen können, müssen zwangsgefüttert werden.

Allerdings muß der Tierarzt dabei mit allergrößter Vorsicht und Ruhe vorgehen, da die Tiere besondert schockgefährdet sind.

Die **weitere Behandlung** richtet sich nach der Ursache der Gehirnerkrankung. Bestehen die Ausfallerscheinungen aufgrund von **Vitamin B- oder Kalzium-Mangel,** wird sich das Tier nach Verabreichung der fehlenden Substanzen schnell erholen. Auch bei Vögeln mit Gehirnerschütterung

**Gehirnblutung nach Fliegen gegen eine Fensterscheibe.**

**Zustand zwei Tage nach Behandlungsbeginn.**

**Zustand eine Woche nach Behandlungsbeginn.**

bessert sich der Zustand nach Vitamin-B-Injektionen oft innerhalb weniger Tage.

Infektionen mit **Bakterien** werden mit Antibiotika bekämpft, die in der Lage sind, die Blut-Hirn-Schranke zu überwinden (z.B. Chloramphenicol). Auch bei einer **Bleivergiftung** bestehen Chancen auf völlige Wiederherstellung, wenn das Blei aus dem Körper entfernt und rechtzeitig das Gegenmittel (Kalzium EDTA) verabreicht werden kann.

Sind **Organerkrankungen** für die Gehirnfunktionsstörung verantwortlich, müssen diese behandelt werden.

Bei vielen Gehirnerkrankungen kann die Ursache am lebenden Tier trotz Laboruntersuchung und Röntgen nicht geklärt werden. Hier hat der Tierarzt nur die Möglichkeit, auf Verdacht zu therapieren. Manchmal führt auch das zum Erfolg.

Die **Therapie** von Gehirntumoren oder Viruserkrankungen (z.B. Paramyxoviren) ist nicht möglich.

# Vergiftungen

Freifliegende Vögel nagen aus Neugierde oder Spieltrieb alle möglichen Gegenstände in der Wohnung an. Die Gefahr, daß sie sich dabei vergiften, ist groß. Auch mit dem Futter können giftige Substanzen aufgenommen werden. Grünfutter kann z.B. mit Unkrautbekämpfungsmitteln, Obstbaumzweige mit Schädlingsbekämpfungsmitteln gespritzt sein. Verschimmeltes Körnerfutter kann verschiedene Pilzgifte enthalten.

Welche Stoffe für Vögel giftig sind, ist nur in Einzelfällen bekannt. Folgende Substanzen können Ihrem Vogel jedoch in jedem Fall schaden:

## Giftige Substanzen

### Nikotin

Lassen Sie Ihren freifliegenden Hausgenossen nicht an Zigarettenstummeln knabbern! Tabakreste auf dem Tisch oder im Aschenbecher sollten Sie gründlich entfernen, bevor der Vogel aus dem Käfig darf. Die Aufnahme schon geringer Mengen Tabak führt zur Nikotinvergiftung, wodurch bei Vögeln zentralnervöse Störungen entstehen. Schon nach kurzer Zeit fallen die vergifteten Patienten in ein Koma und sterben.

### Alkohol

Nichts ist vor einem freifliegenden zahmen Vogel sicher. Wenn er die Möglichkeit hat, wird er auch einmal einen Schluck Bier oder Wein aus dem Glas seines Besitzers trinken. Dies kann für den kleinen Vogel jedoch katastrophale Folgen haben. Es wird ihm schlecht, er muß erbrechen und sitzt dann mit aufgeplustertem Gefieder und geschlossenen Augen in einer Ecke. Meist erholt sich das Tier nach einiger Zeit, wenn der Rausch abgeklungen ist. Manche, vor allem ältere oder geschwächte Vögel, sterben an Alkoholvergiftung.

## Teflon (Polytetrafluorethylen)

Mit diesem Kunststoff sind viele Kochtöpfe und Bratpfannen beschichtet. Werden sie zu hoch erhitzt (über 300°C), entstehen giftige Gase, die beim Menschen grippeähnliche Symptome mit Atembeschwerden hervorrufen. Wird eine Teflonpfanne auf der eingeschalteten Herdplatte vergessen, ist die kritische Temperatur schnell erreicht.

Vögel, die sich in der Küche aufhalten, sterben innerhalb 30 Minuten durch Einatmen der freiwerdenden giftigen Gase aus dem Kunststoff. Um den Vogel zu retten, muß er schnell aus der Gefahrenzone an die frische Luft gebracht werden.

## Hexachlorophen

Hexachlorophen ist in Haushaltsseifen und Deodorants enthalten. Vögel, die davon fressen oder Sprays einatmen, können erblinden. Zum Glück ist die Erblindung meist nicht von Dauer. Die Tiere müssen jedoch, solange sie nichts sehen, mit der Hand gefüttert werden, damit sie nicht verhungern. Ein kleiner Teil der vergifteten Vögel bleibt lebenslang blind.

## Kochsalz

Salzhaltige Speisen wie z.B. gesalzene Mandeln, Salzstangen oder stark gesalzenes Essen vom Tisch des Menschen sollten Vögel nicht fressen. Sie reagieren auf Kochsalzzufuhr schon in geringer Menge mit Vergiftungserscheinungen. Neben verstärktem Durst treten zentralnervöse Störungen wie Aufregung, Zittern, Verdrehen des Kopfes sowie unkoordinierte Bewegungen auf. Todesfälle sind bei schwerer oder chronischer Kochsalzvergiftung nicht selten.

Hat Ihr gefiederter Freund einmal Salz erwischt, müssen Sie dafür sorgen, daß er genügend trinkt. Am besten geben Sie ihm mit einer Pipette frisches

Leitungswasser direkt in den Schnabel. Frisches Trinkwasser muß ihm in ausreichender Menge zur Verfügung stehen. Durch viel Wasser kann das Salz aus dem Körper wieder ausgeschwemmt werden, ohne bedeutenden Schaden anzurichten.

## Blei

Bei Aufnahme bleihaltiger Rostschutzmittel (Mennige) oder Farben (Bleiweiß) sowie beim Anknabbern und Verschlucken von Bleispänen (z.B. Bleischnüre in Vorhängen, verbleite Fensterscheiben oder Spiegel) können sich Vögel lebensgefährlich vergiften. Ein bis drei Tage nach Aufnahme des Schwermetalls kommt es neben starken Entzündungen des Magen-Darm-Traktes mit zuerst grünlichem, später himbeerrotem (Blutbeimengung) Durchfall zur Schädigung der Nieren, des Knochenmarks sowie des Nervensystems. Die Tiere zeigen zentralnervöse Störungen wie Lähmungen und Krämpfe und erblinden.

Wenn Sie befürchten, daß Ihr Stubenvogel Blei in irgendeiner Form aufgenommen hat, müssen Sie **sofort zum Tierarzt.** Durch Verabreichung eines Gegenmittels (Kalzium EDTA) und Intensivbehandlung kann er den Vogel oft retten. Im fortgeschrittenen Stadium einer Bleivergiftung kommt häufig jede Hilfe zu spät, da bereits irreversible Organschäden entstanden sind.

## Zink

Zu Zinkvergiftungen bei Vögeln kommt es durch Anknabbern von Zinknasen, die beim Verzinken von Maschendraht entstehen. Wenn Sie einen Käfig oder eine Voliere selbst bauen, sollten Sie deshalb keinen verzinkten Maschendraht verwenden. Die Krankheitssymptome einer Zinkvergiftung ähneln der einer Bleivergiftung. Zur Behandlung wird das gleiche Gegenmittel (Kalzium EDTA) versuchsweise eingesetzt.

## Pflanzen

Die althergebrachte Meinung, daß Vögel instinktiv giftige Pflanzen meiden, ist nur teilweise richtig.

Freilebende Vögel werden in ihren Heimatländern Giftpflanzen sicherlich nicht aufnehmen, da genügend andere Grünpflanzen zur Verfügung stehen, die sie seit Generationen bevorzugen.

Käfigvögel dagegen knabbern und nagen aus Spieltrieb oder, weil sie zuwenig bzw. gar kein Grünfutter erhalten, an Zimmerpflanzen, die in ihrer Heimat gar nicht wachsen. Genauere Kenntnisse über die Giftwirkung einzelner Pflanzen bei Vögeln existieren nicht. Ob es nach der Aufnahme lediglich zu Unpäßlichkeiten mit Übelkeit und Erbrechen oder zu lebensgefährlichen Vergiftungen kommt, hängt sicherlich neben der Pflanzenart auch von der aufgenommenen Menge ab. Einige Pflanzen, die im Verdacht stehen, für Vögel gefährlich zu sein, sind in nachfolgender Tabelle aufgelistet.

Die beste Vorbeugung gegen Vergiftungen durch Pflanzen ist die ausreichende Versorgung des Vogels mit ungefährlichem Grünfutter. Wenn ein Stubenvogel seinen Schnabel zum Beispiel an einem großen Holunderzweig mit Knospen oder grünen Blättern beschäftigen kann, wird er die Zimmerpflanzen in Ruhe lassen. Käfige und Volieren sollten so aufgestellt werden, daß die Bewohner danebenstehende Zimmer- oder Gartenpflanzen nicht erreichen können.

| Pflanzen, die bei Vögeln Vergiftungen hervorrufen können | |
| --- | --- |
| Rhododendron | Schneeglöckchen |
| Flamingoblume | Stechpalme |
| Tollkirsche | Zimmerfarn |
| Kartoffelkeime | Erikagewächse |
| Fingerhut | Azaleen |
| Eisenhut | Tabakpflanze |
| Goldregen | Herbstzeitlose |
| Liguster | Misteln |
| Seidelbast | Hyazinthen |
| Aronstab | Dieffenbachia (Aronstabgewächs) |
| Eibe | |
| Hahnenfuß | Schierling |
| Efeu | Wolfsmilch |
| Sumpfdotterblume | Philodendron |

# Erkrankungen durch Fehl- und Mangelernährung

## Übergewicht

Übergewicht ist zwar keine Krankheit, kann aber Ursache und Auslöser vieler Erkrankungen sein. Wenn Sie wissen wollen, ob Ihr Vogel zu dick ist, streichen Sie ihm vorsichtig mit dem Finger über die Brustmuskulatur. Rechts und links des Brustbeins wölbt sie sich beim normalgewichtigen Vogel ganz leicht vor. Ist das Tier zu dick, wird die Brustmuskulatur von einer Fettschicht überlagert und das Brustbein ist kaum oder gar nicht mehr zu fühlen.

Dicke Vögel fliegen meist nicht mehr. Wenn sie es doch versuchen, setzen sie sich nach wenigen Flügelschlägen, mit weit offenem Schnabel atmend, wieder hin oder stürzen sogar ab. Ihre Lebensfreude ist dadurch stark eingeschränkt. Fettleibigkeit hat beim Vogel ähnliche Gesundheitsrisiken wie beim Säuger: Überlastung des Herz-Kreislauf-Systems und der Gelenke, Veränderungen der inneren Organe (z.B. Fettleber) und Darmträgheit mit Kotabsatzbeschwerden bis hin zum Kloakenverschluß.

Übergewicht ist ein häufiges Problem bei Wellensittichen. Aber auch andere Papageienvögel nehmen aus Langeweile oft mehr Nahrung auf, als sie zur Deckung ihres Energiebedarfes benötigen. Bei Finken- und Webervögeln tritt Fettleibigkeit kaum auf.

Viele Vogelbesitzer füttern nach dem Motto: „Liebe geht durch den Magen". Eine ganze Industrie hat sich darauf eingestellt. Körnerfutter wird in verschiedene Formen gepreßt und als Leckerei im Namen der Tierliebe verkauft. Gefärbtes Brot wird als Früchtecocktail deklariert. Kolbenhirse, ein kalorienreiches Mastfutter für geschwächte Vögel, wird als täglich anzubietendes, gesundes Zusatzfutter angepriesen.

Manche Käfige sind vollgestopft mit Körnerherzchen, Stangen, Kolbenhirse und übervollen Futterautomaten. Den Bedürfnissen der Vögel nach vielseitiger Nahrung wird dabei nur scheinbar entsprochen, denn es handelt sich um nichts anderes als um Körnerfutter. Zusätzliche Gaben machen nur dick!

> Obst- und Grünfutter, selbstgesammelte Beeren, Früchte oder frische Samen eignen sich viel besser als gesunde, kalorienarme Leckerbissen.

Ein weiteres Problem sind Wellensittich-Pärchen. Rabiate Weibchen verdrängen manchmal ihren männlichen Partner vom Futternapf, so daß er nur im „Vorbeigehen" ein paar Körner aufnehmen kann. Sie selbst fressen die doppelte Portion und lassen sich auch noch von ihrem Partner füttern.

**Ein stark übergewichtiger Wellensittich.**

Es ist daher nicht selten, daß ein dickes Weibchen mit einem relativ mageren Männchen zusammenlebt.

Wenn man das Körnerfutter reduziert, damit das Weibchen abnimmt, erreicht man nur, daß das Männchen noch weniger zu fressen bekommt und noch weiter abmagert. In solchen Fällen müssen die Vögel zwei Tage in der Woche voneinander getrennt werden. Das Männchen darf sich in diesen „Urlaubstagen" richtig satt fressen, während das Weibchen abspecken muß. Zum Abnehmen bekommt es nur die halbe Körnerration und Grünfutter soviel es will.

> Die tägliche Körnerfuttermenge für einen Kanarienvogel beträgt einen Teelöffel, für einen Wellensittich zwei Teelöffel. Vögel in Nymphensittichgröße erhalten einen Eßlöffel pro Tag, in Amazonengröße zwei Eßlöffel und in der Größe eines Aras vier Eßlöffel.

Vögel, die abnehmen müssen, erhalten die Hälfte der angegebenen Körnermenge pro Tag. Grünfutter und Obst können unbegrenzt angeboten werden.

## Sandmangel

Vögel fressen Sand oder kleine Steinchen (Grit), um die Funktion des Muskelmagens bei der Zerkleinerung der aufgenommenen Körnernahrung zu unterstützen. Der Quarzgrit bleibt ein paar Tage im Magen liegen, nutzt sich durch die Mahlvorgänge ab und wird dann nach und nach über den Darm wieder ausgeschieden.

Sand- oder Gritmangel führt zu schweren **Verdauungsstörungen**. Ein großer Teil des Futters wird nicht zerrieben und kann dadurch vom Körper nicht oder nur unzureichend verwertet werden. Grobfaserige Kotausscheidungen deuten darauf hin, daß die Mahlvorgänge im Muskelmagen nicht ausreichen, um das aufgenommene Futter verdauungsgerecht zu zerkleinern. Wertvolle Nährstoffe werden über den Darm ausgeschieden. Mit der Zeit entstehen Mangelerscheinungen.

Vögel, die längere Zeit keinen Sand zur Verfügung hatten, fressen ihn gierig in großen Mengen.

Dieses Verhalten zeigt, wie notwendig Grit und Sand für das Wohlbefinden der Tiere ist. Darüber, ob bei Sandmangel Übelkeit oder sonstige Magen-Darm-Beschwerden auftreten, kann man nur spekulieren.

> Wenn Vögel Grit sehr schnell und in großen Mengen aufnehmen, besteht die Gefahr einer Kropfverstopfung. Um dem vorzubeugen, sollte Sand immer in einem gesonderten Näpfchen zur freien Verfügung stehen.

Wenn aus medizinischen Gründen (z.B. nach Einreiben entzündeter Vogelfüße mit Salben) der Sand für ein paar Tage aus dem Käfig entfernt werden muß, sollte er nach Abschluß der Behandlung in kleinen Mengen rationiert angeboten werden. Dadurch wird eine übermäßige Aufnahme und somit eine Kropfverstopfung verhindert.

## Eiweißmangel

Auch Körnerfresser nehmen in Freiheit tierisches Eiweiß in Form von Insekten auf. Jungvögel werden zu Beginn der Aufzuchtperiode fast ausschließlich mit Kleinlebewesen gefüttert.

Obwohl körnerfressende Ziervögel über Jahre ohne die Zufuhr von tierischem Eiweiß überleben können, weiß man heute, daß gravierende Gesundheitsstörungen auf diese Mangelernährung zurückzuführen sind. Durch **Röntgenuntersuchungen** konnte man nachweisen, daß solche Vögel Veränderungen der Knochenstruktur zeigen. Die Basalmembran der Knochen betroffener Tiere ist so dünn, daß spontane Brüche schon bei der kleinsten Belastung entstehen können. Ob der Abbauprozeß, ähnlich wie bei der Osteoporose des Menschen, Schmerzen verursacht, ist zwar nicht nachgewiesen, jedoch auch nicht auszuschließen. Entstehende Knochenbrüche sind auf jeden Fall schmerzhaft.

Verantwortlich für den Abbau der Knochenstruktur scheint das Fehlen einer bestimmten Aminosäure (Eiweißbaustein) in der Nahrung zu sein. Als **Therapie** bei bereits geschädigten Tieren wurden Aminosäurenlösungen als Zugabe zum Trinkwasser erfolgreich angewandt. **Vorbeugend** wird die Fütterung von tierischen Eiweißträgern (z.B. ungewürztes Tatar, Joghurt, hartgekochtes Ei) ein- bis zweimal in der Woche empfohlen.

In guten Zoofachhandlungen wird ein protein-reiches Pellet-Futter für Papageien und Sittiche angeboten, das, zu einem Drittel der täglichen Ration zugesetzt, Aminosäurenmangel verhindern kann. Voraussetzung ist, daß die Tiere das Pellet-futter auch annehmen.

Zuwachsen der Nasenlöcher bei Vitamin-A-Mangel.

## Vitamin-A-Mangel

Vitamin-A-Mangel gilt als die **häufigste Ursache von Erkrankungen** bei Ziervögeln. Die Vorstufe des Vitamin A, das Karotin, findet man in allen grünen Pflanzenteilen, in Wurzeln (z.B. Karotten) und im Obst. Im Körper des Vogels wird das Karotin in Vitamin A umgewandelt. Karotin ist in Körnerfutter zu wenig oder gar nicht enthalten. Vögel sind daher auf die Zufuhr durch Frischfutter angewiesen.

Chronische **Unterversorgung** mit Vitamin A verursacht eine Verhornung der Schleimhaut-epithelien in der Nase, der Schnabelhöhle, der Speiseröhre und im Kropf sowie in den Harnleitern und Nierenkanälchen. Typisch für Vitamin-A-Mangel ist auch eine Hyperkeratose (Verhornung) der Haut, was sehr deutlich an der Wachshaut bei Papageienvögeln und an den Füßen der Tiere zu erkennen ist.

Typische Veränderungen der Nasennebenhöhlen mit starker Schwellung bei chronischem Vitamin-A-Mangel beim Graupapagei.

Auf der veränderten Haut und Schleimhaut können sich Krankheitserreger leichter ansiedeln. Folgende Erkrankungen sind beim Vogel häufig auf Vitamin-A-Mangel zurückzuführen:
– Rhinitis (Entzündung der Nasenschleimhaut)
– Sinusitis (Nasennebenhöhlenentzündung)
– Geschwürige Veränderungen der Speicheldrüsen und der Zunge
– Kropfentzündung
– Nierenerkrankungen und Gicht
– Sohlenballengeschwüre
– Zuwachsen der Nasenlöcher mit Atembeschwerden.

# Infektionskrankheiten des Gesamtorganismus

## Grundbegriffe

Das Eindringen eines Krankheitserregers in den Organismus wird als **Infektion** bezeichnet. Unter **Inkubationszeit** versteht man die Zeitspanne von der Infektion bis zum Ausbruch der Erkrankung.

Nicht immer führt eine Infektion auch zwangsläufig zur Erkrankung. Der infizierte Organismus kann auf verschiedene Weise reagieren:

a) Die körpereigenen Abwehrkräfte sind so stark, daß sie die eingedrungenen Krankheitserreger vollständig eliminieren können. Es entstehen keine Schäden und keine Krankheitssymptome.

b) Die Abwehrkräfte sind nur so stark, daß sie zwar die Vermehrung der „Feinde" und damit eine Schädigung des Körpers verhindern, sie jedoch nicht beseitigen können. Es besteht ein Gleichgewicht zwischen Krankheitserreger und körpereigener Abwehr. Solche Tiere sind infiziert, aber nicht krank. Sie können Kontaktvögel anstecken und stellen damit eine unmittelbare Gefahr für andere Vögel dar. In der Fachsprache werden sie als Dauerausscheider bezeichnet, da sie den Krankheitserreger häufig mit Kot, Urin, Speichel oder Blut in die Umwelt abgeben.

Das empfindliche Gleichgewicht zwischen Abwehr und Krankheitserreger kann durch **äußere** (z.B. Streß) oder **innere** Faktoren (z.B. Tumorerkrankungen) zugunsten des Infektionserregers umschlagen, wodurch die Krankheit ausbricht. Ein anschauliches Beispiel dafür sind Räudemilben. Sie können jahrelang in kleinen Mengen in der Wachshaut eines infizierten Wellensittichs liegen, ohne daß irgendwelche Krankheitssymptome auftreten. Wird das Immunsystem jedoch geschwächt, können sie sich vermehren und es entsteht das typische Bild der *Knemidocoptes*-Räude.

c) Das Immunsystem wird durch die eindringenden Krankheitserreger überwältigt und das Tier wird krank.

Ob ein Organismus in der Lage ist, eindringende Erreger unschädlich zu machen, hängt also einerseits unmittelbar mit dem **Immunsystem,** andererseits aber auch mit der krankmachenden Kraft (Virulenz) des betreffenden Erregerstammes zusammen.

Neben der direkten Bekämpfung eines Krankheitserregers steht daher die Stärkung der körpereigenen Abwehr an erster Stelle jeder Therapie.

Viele der in den vorangegangenen Kapiteln besprochenen Gesundheitsstörungen werden durch Krankheitserreger verursacht und gehören damit zu den Infektionskrankheiten. Die nachfolgenden Erkrankungen lassen sich nur schwer einem einzelnen Körperteil (z.B. Federn) oder Organ und damit dem in diesem Buch gewählten Schema zuordnen. Aus diesem Grunde wird ihnen hier ein gesondertes Kapitel gewidmet.

## Bakterielle Infektionskrankheiten

### Papageienkrankheit (Psittakose)

Die Papageienkrankheit ist das Schreckgespenst aller Sittich- und Papageienhalter. Es handelt sich dabei um eine Infektionskrankheit, ausgelöst durch *Chlamydia psittaci*. Chlamydien sind die kleinsten bekannten Bakterien. Sie können aber nicht auf künstlichem Nährboden gezüchtet werden, zur Vermehrung benötigen sie lebende Zellen.

Ende der 20er Jahre traten in Europa beim Menschen Psittakoseepidemien auf. Eingeschleppt wurde die Krankheit durch einen Papageientransport aus Brasilien. Viele der erkrankten Menschen starben. Daraufhin wurde 1934 per Gesetz die Einfuhr für Papageien und Sittiche verboten.

Inzwischen stehen **Antibiotika** (Doxycyclin) zur Behandlung der Psittakose zur Verfügung. Damit hat die Krankheit für den Menschen weitgehend an Schrecken verloren. 1964 wurde die Einfuhr von Papageienvögeln wieder erlaubt, jedoch nur unter der Bedingung, daß die Vögel eine bestimmte Zeit in Quarantäne gehalten und mit Antibiotika vorbeugend behandelt werden. Zucht, Haltung und Handel mit Papageienvögeln sind im Tierseuchengesetz und den darauf beruhenden zusätzlichen Verordnungen geregelt (siehe S. 120).

Die **Symptome** der Papageienkrankheit sind oft sehr unspezifisch. Apathie, Abmagerung, Schwäche, Schläfrigkeit, Durchfall, Bindehautentzündung und Schnupfen werden beobachtet. Die Krankheit ist sehr ansteckend. Sie wird durch direkten Kontakt von Vogel zu Vogel oder indirekt durch infizierten Sand, Federstaub, getrockneten Kot und Käfigeinrichtungen übertragen. Chlamydien sind in der Außenwelt sehr widerstandsfähig und bleiben wochenlang infektionstüchtig.

Bei Auftreten unspezifischer Krankheitssymptome bei Papageienvögeln besteht immer der Verdacht auf Psittakose. Vor jeglicher Antibiotika-Behandlung sollten daher solche Tiere auf Chlamydien untersucht werden. Am aussagekräftigsten hat sich die Untersuchung eines **Kloakenabstrichs** in einem Speziallabor (Landesuntersuchungsämter) erwiesen. Bei größeren Vögeln empfiehlt es sich, etwa 0,5 ml bis 1 ml Blut einzusenden.

**Bei einseitiger Bindehautentzündung besteht immer der Verdacht auf Psittakose.**

Psittakose ist eine anzeigepflichtige Seuche!

Schon bei Verdacht, daß diese Erkrankung vorliegt, schaltet sich der Amtstierarzt ein. Er entscheidet, ob der erkrankte Vogel eingeschläfert werden muß oder behandelt werden darf. Die Art der Unterbringung (Quarantäne) und der Behandlung regelt die **Psittakoseverordnung.** Der Sinn dieser Verordnung ist in den letzten Jahren von Experten zunehmend in Frage gestellt worden. Das Problem liegt unter anderem darin, daß *Chlamydia psittaci* trotz Behandlung mit Antibiotika im Körper der Vögel persistieren kann. Die vorbeugende Behandlung importierter Papageienvögel und die sechswöchige Quarantäne und Behandlung bei Ausbruch einer Psittakose ist unter dieser Voraussetzung als Schutzmaßnahme für den Menschen nur bedingt hilfreich und die Belastung für die Tiere kaum zu verantworten.

Chlamydien werden auch bei anderen Vogelarten (Tauben, einheimische Singvögel) nachgewie-

**Importierte Vögel werden in sechswöchiger Quarantäne mit Antibiotika behandelt.**

sen. Es handelt sich dabei um weniger aggressive Stämme des Erregers. Eine Erkrankung, ausgelöst durch Chlamydien, wird bei Nichtpsittaciden als **Ornithose** bezeichnet. Für Ornithose besteht eine Meldepflicht nur für Tierärzte und Untersuchungsinstitute. Staatliche Eingriffe erfolgen nicht.

## Tuberkulose

Vögel erkranken vor allem an einer durch das *Mycobacterium avum* verursachten Form der Tuberkulose. Psittaciden und Kanarienvögel, die längere Zeit mit tuberkulosekranken Menschen zusammenleben, können sich darüber hinaus auch mit dem Erreger der humanen Tuberkulose *(Mycobacterium tuberculosis)* und mit dem der Rindertuberkulose *(Mycobacterium bovis)* infizieren. Die Tuberkulose ist von ihrer Auftretenshäufigkeit weniger in Privathaushalten als in zoologischen Gärten ein Problem.

Die **Symptome** sind, wie bei vielen Infektionskrankheiten der Vögel, recht unspezifisch. Chronische Abmagerung, Müdigkeit und Appetitmangel sind die vorherrschenden Krankheitszeichen, die den Vogelbesitzer veranlassen, einen Tierarzt aufzusuchen. Für die Vogeltuberkulose typische Organveränderungen (v.a. Leber, Darm, Milz) findet man bei der **Sektion** verstorbener Tiere. Am lebenden Tier kann die Erkrankung bei Vorliegen einer, im Röntgenbild sichtbar gemachten, Lebervergrößerung nur vermutet werden.

> Die Tuberkulose beim Vogel verläuft immer offen, das heißt mit massenhafter Erregerausscheidung in die Außenwelt.

Häufig werden Mycobakterien über den Kot ausgeschieden. Durch eine spezielle Färbung (Ziehl-Neelsen-Färbung) eines Kotausstriches lassen sie sich unter dem Mikroskop gut darstellen.

Theoretisch ist die **Behandlung** der Tuberkulose auch bei Ziervögeln möglich. Sie sollte jedoch nur dann durchgeführt werden, wenn entsprechende Quarantäneeinrichtungen vorhanden sind, um die Verbreitung des Erregers und eine Ansteckung des Menschen zu verhindern. Die **Therapiedauer** beträgt mindestens drei Monate.

# Virusbedingte Infektionskrankheiten

## Pachecosche Krankheit

Schon im Jahre 1930 wurde von den Wissenschaftlern Pacheco und Bier eine sehr verlustreiche Infektionskrankheit bei Papageienvögeln beschrieben. Zunächst vermutete man, daß es sich um eine besondere Form der Psittakose handelt. Erst 1976 gelang es, den Erreger als Herpesvirus zu identifizieren.

Die **Inkubationszeit** beträgt in der Regel sechs Tage, beim Wellensittich zehn Tage. Die Sterberate nach Ausbruch der Erkrankung ist extrem hoch. Die auftretenden Symptome sind sehr unterschiedlich. Neben plötzlichen Todesfällen ohne deutliche Krankheitszeichen findet man Appetitlosigkeit, vermehrten Durst und Durchfall, wobei der wäßrige Kot gelb oder blutig verfärbt ist.

Manchmal leiden die Patienten auch unter einer Konjunktivitis (Bindehautentzündung) oder Sinusitis (Nasennebenhöhlenentzündung) mit Nasenausfluß. Die Tiere haben Gleichgewichtsstörungen und können sich nicht mehr auf der Stange halten. In einzelnen Fällen zeigen sich Krämpfe am Kopf oder an den Gliedmaßen.

Am lebenden Tier ist eine **Diagnose** kaum möglich. Nach Ausschluß aller anderen, ähnliche Symptome auslösenden Erkrankungen kann der Tierarzt nur den Verdacht äußern, daß es sich um die Pachecosche Krankheit handelt. Bei der Sektion findet man Veränderungen besonders an Leber, Milz und im Magen-Darm-Trakt. Durch eine histologische Untersuchung der veränderten Organe kann die Erkrankung gesichert nachgewiesen werden. Bei überlebenden Vögeln kann es zur vollständigen Heilung kommen. Viele der Tiere leiden jedoch lebenslang an entstandenen Organschäden.

> Das Herpesvirus ist sehr ansteckend!

Eingeschleppt wird es hauptsächlich durch latent infizierte, importierte Papageienvögel. Sie tragen das Virus in sich, ohne zu erkranken. Bei Streß kann die Krankheit jedoch jederzeit ausbrechen. Felsensittiche, die mit dem Herpesvirus infiziert sind, erkranken nicht. Sie sind jedoch Dauerausscheider des Erregers und sollten nicht mit anderen Papageienvögeln zusammen gehalten werden.

Eine direkte **Behandlung** gegen das Herpesvirus gibt es nicht. Um eine Infektion von Kontaktvögeln und den Ausbruch der Krankheit bei latenten Virusträgern zu verhindern, empfiehlt sich die Behandlung mit **Immunstimulanzien** (Paramunitätsinducern) im Intervall von 2 bis 3 Tagen. Auch spontane Heilungen bei bereits erkrankten Vögeln konnten durch die Stärkung des Immunsystems erreicht werden. In den USA gibt es einen Impfstoff, der bei uns leider noch nicht im Handel ist.

## Kanarienpocken

Der Erreger der Kanarienpocken ist ein Avipox-Virus *(Avipox serinae)*. Die Übertragung erfolgt direkt von Vogel zu Vogel, aber auch über Trinkwasser, Futter, Federstaub und blutsaugende Insekten. Voraussetzung für die Infektion ist eine Verletzung. Es genügt schon ein winziger Hautriß, durch den der Erreger in den Körper eindringen kann. Der Kontakt der gesunden Haut mit dem Virus führt nicht zur Ansteckung. Die Kanarienpockenerkrankung zeigt unterschiedliche Verlaufsformen:

a) **Perakute Form.** Plötzliche Todesfälle ohne vorherige Krankheitszeichen, vor allem bei Jungvögeln.

b) **Lungenform.** Die Tiere erkranken an einer schweren Lungenentzündung mit akuter Atemnot. Sie atmen stoßweise mit geöffnetem Schnabel, weswegen Züchter auch von der „Schnappkrankheit" reden. Zusätzlich leiden die Patienten unter Bindehautentzündung und Schnupfen. Ein hoher Prozentsatz (bis zu 80%) der erkrankten Tiere stirbt innerhalb von 2 bis 3 Tagen.

c) **Schleimhautform.** Gelbliche, diphtheroide Beläge im Rachen, mit Schluckbeschwerden bis hin zur Unfähigkeit Futter aufzunehmen, sind typisch für diese Verlaufsform der Pockenerkrankung. Auch bei diesem Krankheitsverlauf ist die Todesrate hoch.

d) **Hautform.** An den Augenlidern, den Füßen und Flügeln oder am Schnabelwinkel und Unterschnabel bilden sich gelbliche, tumorartige, verkrustete Knötchen. Die Hautform der Pocken verläuft meist weniger verlustreich als die anderen Erscheinungsbilder der Erkran-

kung. Die tumorähnlichen Hautknoten heilen häufig innerhalb von drei Wochen ab und die Tiere haben die Krankheit überstanden.

Eine **Therapie** gegen Avipox-Viren ist nicht bekannt. Erkrankte Vögel sollten von anderen separiert werden. Antibiotika können zur Verhinderung von Sekundärinfektionen mit Bakterien eingesetzt werden. Besonders wichtig ist, wie bei allen Infektionskrankheiten, die Stärkung des Immunsystems der kleinen Patienten.

Zur Vorbeugung gibt es eine **Impfung**. Sie muß jährlich wiederholt werden. Da Pockenerkrankungen vorwiegend im Sommer und im Frühherbst seuchenartig auftreten, wird die Impfung bis spätestens Juni empfohlen. Die Impftechnik gegen Kanarienpocken wird als **Wing-Web** bezeichnet. Dabei sticht der Tierarzt mit einer in Impfstoff getränkten Nadel in die dünne Flügelhaut des kleinen Vogels. Genau wie das krankmachende Kanarienpocken-Virus kann auch das Impfvirus nur durch die verletzte Haut in den Körper gelangen und dort die Bildung von Antikörpern anregen. Bis zu zehn Tage nach der Impfung muß das Badewasser aus Käfig und Voliere entfernt werden, um die Verbreitung des Impfvirus über das Wasser zu verhindern.

Pockenerkrankungen treten bei vielen Vogelarten auf. Die unterschiedlichen Avipoxvirus-Stämme sind weitgehend artspezifisch. Das bedeutet, daß der Pockenstamm *Avipox serinae,* der Erreger der Kanarienpocken, lediglich für Finkenvögel gefährlich ist. Bei anderen Vogelarten (z.B. Papageien) kann das Virus keine Krankheit auslösen.

> Pockenviren sind sehr widerstandsfähig und in abfallenden Hautkrusten monatelang infektiös. Viele Desinfektionsmittel töten den Erreger nicht ab.

Eine erfolgreiche Desinfektion kann durch halbstündige Einwirkung von Formalingas (bei großen Zuchtbeständen) sowie Einsprühen mit 2%igem Formaldehyd oder 2- bis 3%igem Lysoformin erreicht werden. Vögel dürfen sich selbstverständlich nicht in den zu desinfizierenden Behausungen aufhalten. Nach etwa 90 Minuten Einwirkungszeit muß das relativ giftige Desinfektionsmittel mit klarem Wasser wieder restlos entfernt werden.

# Gesundheitsrisiken für den Menschen

Bei hygienischer Haltung von Ziervögeln ist eine gesundheitliche Gefährdung des Menschen als gering einzustufen. Nachfolgend werden einige von Vögeln ausgelöste oder übertragene Krankheiten besprochen, die jedoch kein Anlaß für Besorgnis oder gar Panik sein sollen.

## Federstaub

Beim Zerfall des Horngewebes kleiner Daunenfedern entsteht **Federpuder.** Dieser Federpuder, auch Federstaub genannt, ist vor einiger Zeit in die Schlagzeilen gekommen. Ein holländischer Wissenschaftler vermutete einen Zusammenhang zwischen Vogelstaub und der Entstehung von Lungenkrebs beim Menschen. Die Studie, auf die sich diese Behauptung stützt, ist jedoch sehr umstritten und statistisch gesehen auch nicht aussagekräftig. Lassen Sie sich also nicht verunsichern.

Um jeder eventuellen Gefahr vorzubeugen, empfiehlt es sich, die Räume, in denen sich Vögel aufhalten, täglich zweimal zu lüften, die Käfige regelmäßig zu reinigen und immer für ausreichende Luftfeuchtigkeit in der Wohnung zu sorgen. Wenn Sie diese Vorschläge beherzigen, wird eine Krebsgefahr, ausgehend von Stubenvögeln, verschwindend gering sein – wenn es sie überhaupt gibt.

> Manche Menschen sind gegen Vogelstaub oder Vogelfedern allergisch.

Sie reagieren mit Asthmaanfällen oder Hautausschlägen. Es ist möglich, sich desensibilisieren zu lassen. Dabei wird der Patient den Substanzen, gegen die er allergisch reagiert, zunächst in stark verdünnter Form und dann nach und nach in immer höheren Konzentrationen ausgesetzt. Man will dadurch eine schrittweise Herabsetzung der Empfindlichkeit erreichen. Diese Methode ist langwierig und nicht immer erfolgreich. Für einen Allergiker ist es daher sicher besser, sich erst gar keinen Vogel anzuschaffen, so schwer der Verzicht auch fällt.

## Bakterienbedingte Infektionen

Verschiedene Bakterien (z.B. **Salmonellen, Campylobacter, Klebsiellen**) können vom Vogel auf den Menschen übertragen werden und Erkrankungen des Magen-Darm-Traktes verursachen. Eine gewisse Gefahr geht von Frischimporten oder Neuzukäufen aus Massenzuchten aus.

Eine bakteriologische Untersuchung des Vogelkotes gibt Auskunft über eine mögliche Infektion der Tiere.

Bei positiven Befunden sollten auch bei den Personen, die Kontakt zu den Vögeln hatten, entsprechende Untersuchungen eingeleitet werden.

## Papageienkrankheit (Psittakose)

*Chlamydia psittaci*, der Erreger der Papageienkrankheit, verursacht beim Menschen grippeähnliche Erscheinungen, in deren Verlauf es zu einer schweren Lungenentzündung mit über 40 °C Fieber kommen kann. Wird die Psittakose nicht erkannt und verschleppt, können dauerhafte Schädigungen der Lunge und des Herzens entstehen. Bis zur Entwicklung wirksamer Antibiotika (Doxycyclin) waren Todesfälle bei Psittakose-Erkrankten nicht selten.

> Heute bekommt man diese Krankheit durch Antibiotikagaben rasch in den Griff. Wichtig ist, bei einer Erkrankung dem Hausarzt die Vogelhaltung mitzuteilen!

## Tuberkulose

Die Vogeltuberkulose, verursacht durch das *Mycobacterium avum*, ist bei privaten Ziervögeln überaus selten. Eine Infektionsgefahr geht hauptsächlich von Hühnern und Fasanen aus.

Ein gesunder Mensch ist für den Erregerstamm der Vogeltuberkulose jedoch nur wenig empfänglich. Voraussetzung für eine Ansteckung ist eine gravierende Immunschwäche. Erst in den letzten Jahren hat in Zusammenhang mit dem Auftreten der Immunschwäche-Erkrankung AIDS auch die Vogeltuberkulose eine gewisse Bedeutung beim Menschen erlangt. Die Behandlung ist langwierig und schwierig.

## Virusbedingte Infektionen

### Orthomyxoviren

Zu diesen echten Myxoviren zählt das gefährliche, sich immunologisch oft wandelnde Grippevirus (Influenza A) des Menschen. Die bis etwa zum Jahre 1925 in Deutschland vorkommende klassische Geflügelpest wurde durch einen Influenza-A-Virustyp ausgelöst. Verwandte Virustypen wurden auch bei Papageienvögeln und anderen Vogelarten gefunden. Die Vögel waren teils erkrankt, teils ohne sichtbare Krankheitsanzeichen. Wegen der Wandelbarkeit der Virustypen geht von importierten Vögeln stets eine latente Gefahr für den Menschen aus.

### Paramyxoviren

Paramyxoviren verursachen beim Vogel akute oder chronisch verlaufende Gehirnerkrankungen. Durch Kontakt mit diesem Virus können bei abwehrgeschwächten Menschen eine harmlose Bindehautentzündung und leichte grippeähnliche Symptome auftreten, die innerhalb kurzer Zeit ohne weitere Komplikationen wieder verschwinden. Eine Behandlung ist in der Regel nicht erforderlich.

# Aufzucht von Nestlingen

Jedes Frühjahr werden unzählige Jungvögel aus vermeintlicher Tierliebe von Menschen aufgesammelt, mit nach Hause genommen oder beim Tierarzt und in Vogelkliniken abgegeben. Es wird dabei völlig übersehen, daß die Jungvögel der meisten einheimischen Vogelarten, auch wenn sie das Nest verlassen haben, noch nicht erwachsen sind. Sie werden noch relativ lange Zeit (manchmal mehrere Wochen) von ihren Eltern gefüttert und mit den Gefahren des Lebens vertraut gemacht.

Wie kleine Federbällchen sitzen die Vögel meist etwas versteckt im Gras oder Gebüsch und warten auf ihre Eltern oder fliegen bereits hinter ihnen her und animieren die Elternvögel durch wildes aufforderndes Flügelschlagen, sie zu füttern. Auch wenn es für den oberflächlichen Beobachter so aussieht, als ob die Tiere völlig hilflos und alleine sind, sind sie in den seltensten Fällen wirklich verlassen.

> Jungvögel, deren Gefieder ausgebildet ist, sollte man grundsätzlich in Ruhe lassen.

Abgesehen davon, daß es nach dem Artenschutzgesetz verboten ist, einheimische Wildvögel mit nach Hause zu nehmen, tut man den Tieren auch keinen Gefallen damit. Die Aufzucht und spätere Auswilderung ist sehr aufwendig. Da wir Menschen nicht in der Lage sind, einen Vogel auf die Gefahren, die ihm als erwachsenem Vogel im Leben begegnen werden, richtig vorzubereiten, ist der Erfolg einer Auswilderung zweifelhaft.

Natürlich wird ein Tierfreund nicht an einem Vogel vorbeigehen, der in unmittelbarer Gefahr ist – zum Beispiel, wenn er mitten auf einer befahrenen Straße sitzt. Dann sucht man am besten nach einem geschützten Versteck in unmittelbarer Nähe (z.B. einem Strauch), in das man den Vogel bringen kann. Sein Piepsen wird die Elternvögel auf seinen neuen Standort aufmerksam machen. Der Geruch des Menschen, der sich durch die Berührung auf den kleinen Vogel überträgt, hindert die Eltern nicht daran, ihren Sprößling wieder anzunehmen.

Offensichtlich kranke, erschöpfte, verletzte oder unzureichend befiederte Wildvögel sollte man selbstverständlich aufnehmen, um sie vor dem sicheren Tod zu bewahren. Dies hat jedoch nur dann Sinn, wenn man eine kompetente Aufzucht und Pflege über mehrere Wochen garantieren kann und eine Möglichkeit zur langsamen Wiederauswilderung hat.

Folgende **Vorgehensweise** hat sich bei der Aufzucht von Nestlingen kleiner, körnerfressender Wildvogelarten bewährt:
- Fertigen Sie ein bequemes, höhlenartiges Nest mit leicht zu wechselnder Einlage (am besten Küchentücher). Um die kleinen Vögel besser unter Kontrolle zu haben, empfiehlt es sich, das Nest in einem großen Käfig zu befestigen. Eine Ausnahme bilden die Jungvögel von Mauerseglern, die man ab April häufig in Großstädten antrifft. Sie benötigen ein leicht schräggestelltes, mit griffigem Stoff (z.B. Frotteehandtuch) bespanntes Brett, um sich mit den kleinen Stummelfüßchen daran festzukrallen.
- Noch völlig oder teilweise unbefiederte Vögel müssen Tag und Nacht warmgehalten werden. Eine schwenkbare Lampe mit einer 40-Watt-Birne (kein Halogen), in etwa 20 cm Abstand aufgestellt, gibt ausreichende und gleichbleibende Wärme. Die aus wärmedurchlässigem Papier bestehenden Seitenwände der Nesthöhle schützen die empfindliche, unbefiederte Vogelhaut und die Augen vor direkter Lichteinwirkung.
- Füttern Sie mit einer 1 ml Einwegspritze (ohne Nadel) und einer stumpfen Pinzette. Die Spritze erhalten Sie beim Tierarzt oder in der Apotheke. Wenn die Tiere anfänglich noch nicht aufsperren, öffnen Sie den Schnabel mit den Fingern vorsichtig, ohne ihn zu verbiegen, und träufeln flüssige Nahrung hinein. Bald merken Ihre kleinen Schützlinge, daß das Futter jetzt nur noch von Ihnen kommt und werden den Schnabel weit aufsperren.
- Füttern Sie so **häufig wie möglich** (alle 15 bis 30 Minuten) und nur kleine Mengen, damit der

Kropf nicht überladen wird. Die letzte Mahlzeit erhalten die Vögel gegen 22.00 Uhr und die erste am nächsten Morgen gegen 7.00 Uhr. Nachts müssen Sie nicht füttern.

– Das Futter sollte mehrmals täglich frisch zubereitet werden. In aufgeweichtem Aufzuchtfutter, Fleisch oder angerührter Babynahrung können sich krankmachende Bakterien in wenigen Stunden vermehren.

– Achten Sie auf absolute **Sauberkeit** des Nestes. Die Ausscheidungen, die von den Vögeln nach jeder Fütterung am Rand des Nestes abgesetzt werden, sollten sofort entfernt werden, um ein Verschmutzen des Gefieders zu verhindern. Futternäpfe, Spritze und Pinzette werden nach jeder Benutzung mit heißem Wasser gereinigt. Falls nötig, muß man die Nesteinlage mehrmals täglich erneuern und die Jungvögel neu betten.

– Lassen Sie die Vögel nicht zu zahm werden. Sie werden sonst in der Freiheit auch anderen Menschen gegenüber nicht die für ihre Sicherheit notwendige Distanz wahren. Nicht jeder ist ein Tierfreund und reagiert erfreut, wenn ihm ein Wildvogel plötzlich auf die Schulter fliegt.

– Sobald die Jungvögel das Nest verlassen und im Käfig auf Stangen sitzen, sollten Sie ihnen, zusätzlich zu der bisher gefütterten Nahrung, Körnerfutter und Wasser zur Selbstbedienung anbieten. Es dauert meist einige Tage, bis die Tiere selbständig fressen. Erst dann kann die Fütterung mit Pinzette und Spritze reduziert werden. Es genügt jetzt, etwa alle zwei Stunden zu füttern.

– Mit der **Auswilderung** dürfen Sie erst beginnen, wenn die Vögel völlig selbständig fressen und nur hin und wieder den Schnabel fordernd aufsperren. Stellen Sie den Käfig zunächst mit geschlossener Tür an einen geschützten Ort auf der Terrasse oder im Garten. Nach ein paar Tagen, wenn sich die Tiere mit der Umgebung vertraut gemacht haben, können Sie die Käfigtür öffnen. Wenn die Jungvögel den Käfig freiwillig verlassen, lassen Sie die Behausung als Rückzugsmöglichkeit noch ein paar Tage stehen. Halten Sie nach Möglichkeit Kontakt mit den Tieren und füttern Sie noch ab und zu. Sie werden sich langsam an die Freiheit gewöhnen, immer seltener kommen und Futter fordern, bis sie endlich ganz wegbleiben.

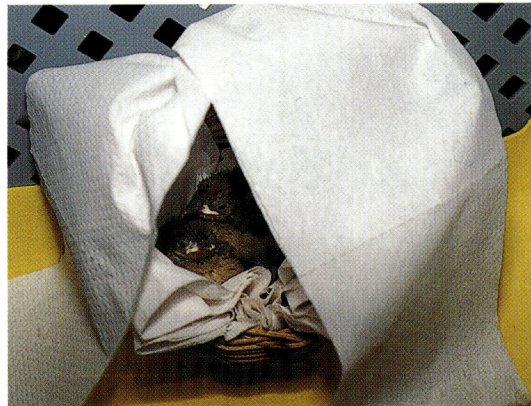

Ein höhlenartiges Nest mit hygienischer, saugfähiger Papiereinlage.

Vollbefiederte Jungvögel sollte man in Ruhe lassen.

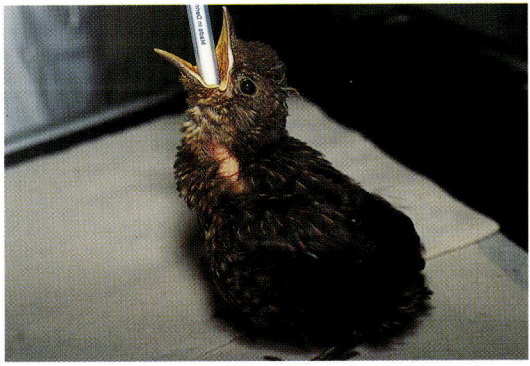

Füttern Sie in kurzen Abständen nur kleine Mengen, um den Kropf nicht zu überladen.

**Mauersegler benötigen ein etwas schräggestelltes Brett zum Festkrallen.**

Auch Nestlinge körnerfressender Vogelarten benötigen viel Protein. Sie werden von ihren Eltern zunächst fast ausschließlich mit Insekten gefüttert. Daher ist die Fütterung Ihres Schützlings mit eiweißreicher Nahrung für das Wachstum sowie den Knochen- und Federaufbau besonders wichtig.

Um eine Prägung auf ein bestimmtes Nahrungsmittel zu verhindern, sollten Sie auf Vielfältigkeit des Futters achten. Füttern Sie abwechselnd:
– Babyfertigbrei (z.B. Milupa, Alete), in Wasser eingerührt mit einer 1-ml-Spritze
– Quark
– hartgekochtes Ei (Eigelb und Eiweiß)
– ungewürztes Tatar
– kleine Stückchen Rinderherz
– Aufzuchtfutter für Kanarienvögel, in Wasser eingeweicht
– Mehlwürmer (füttern Sie nur frisch gehäutete Mehlwürmer, deren Kopf vor dem Verfüttern zerdrückt werden muß)
– Ameisenpuppen (nicht mehr als 3 bis 4 pro Tag)
– Obst und Gemüse (z.B. Kirschen, Bananen, Johannisbeeren, Äpfel, geriebene Karotten)
– Selbstgesammelte Insekten (keine Regenwürmer! Sie übertragen Luftröhrenwürmer auf die Jungvögel).

Zwischendurch erhalten die Tiere einen Schluck frisches Wasser und einmal am Tag eine Messerspitze einer Mineralstoffmischung vom Tierarzt. Sobald die Vögel selbständig fressen, setzen Sie ihnen zusätzlich Körnerfutter (Kanarienvogelfutter, Waldvogelfutter, Wildsamen und Grassamen) vor.

## Besonderheiten

Mauersegler und Schwalben sind **keine** Körnerfresser. Sie werden ausschließlich mit Futter tierischer Herkunft (Tatar, Rinderherz, Mehlwürmer, Ameisenpuppen etc.) aufgezogen. Lassen Sie sich vom Tierarzt oder einem Ornithologen bestimmen, zu welcher Vogelart Ihr kleiner Schützling

Als „Kinderstube" dient ein Wärmeschrank.

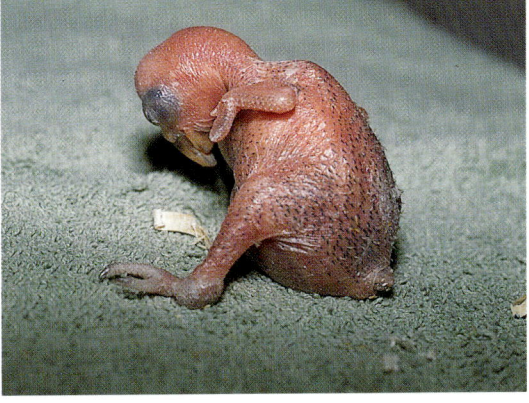

In diesem Alter brauchen die kleinen Papageien bei der Handaufzucht noch sehr viel Wärme.

gehört, um ihn entsprechend seinen natürlichen Bedürfnissen ernähren zu können.

Sicherlich sind die vorgeschlagenen Futtermittel im Vergleich zur natürlichen Aufzucht durch Elternvögel nicht optimal. Eigene Erfahrungen haben jedoch gezeigt, daß solchermaßen aufgezogene Nestlinge gut gedeihen.

> So schwer der Abschied auch fällt, lassen Sie Ihre Schützlinge wieder frei! Nicht nur, weil es gesetzwidrig ist, einen Wildvogel im Käfig zu halten – er wird sich in Gefangenschaft niemals glücklich fühlen.

Die Vögel kennen nur den Menschen als „Eltern".

Manche Züchter seltener Papageienarten ziehen Jungvögel von Hand auf. Im Brutkasten werden die befruchteten Eier ausgebrütet. Wärmekammern dienen als Kinderstube. Handzahme, ganz auf den Menschen geprägte Vögel sind das Ergebnis dieser Zuchtmethode.

Handaufgezogene Papageien werden sehr zahm und müssen als erwachsene Vögel erst an Artgenossen gewöhnt werden.

# Gesetzliche Bestimmungen und Verzeichnisse

Vogelbesitzer müssen keine Juristen sein. Dennoch ist es von Vorteil, einige vogelrelevante Gesetze und Gesetzesauszüge zu kennen.

## Tierschutzgesetz

§1 „Zweck dieses Gesetzes ist es, aus der Verantwortung des Menschen für das Tier als Mitgeschöpf dessen Leben und Wohlbefinden zu schützen. Niemand darf einem Tier ohne vernünftigen Grund Schmerzen, Leiden oder Schäden zufügen."

§2 „Wer ein Tier hält, betreut oder zu betreuen hat,

1. muß das Tier seiner Art und seinen Bedürfnissen entsprechend angemessen ernähren, pflegen und verhaltensgerecht unterbringen,
2. darf die Möglichkeit des Tieres zu artgemäßer Bewegung nicht so einschränken, daß ihm Schmerzen oder vermeidbare Leiden oder Schäden zugefügt werden."

*Kommentar:*
Die ausschließliche Unterbringung von Vögeln in Käfigen ohne Flugmöglichkeit ist nicht artgerecht, denn das Fliegen ist ein Grundbedürfnis dieser Tierart. Auch die Haltung von geselligen Vogelarten (z.B. Papageienvögel) als Einzeltiere verstößt gegen das Tierschutzgesetz. Die alleinige Fütterung von Körnerfutter enspricht bei keiner Vogelart den ernährungsphysiologischen Bedürfnissen. Durch die Haltung in Behausungen mit ungeeigneter Einrichtung können vermeidbare Schmerzen, Leiden und Schäden entstehen.

### Auszug aus § 11 Tierzucht, Tierhandel

„Wer gewerbsmäßig Hunde, Katzen oder sonstige Heimtiere züchten, halten oder zur Schau stellen will, bedarf der Erlaubnis der zuständigen Behörde......
Die Erlaubnis darf nur erteilt werden, wenn

1. die für die Tätigkeit verantwortliche Person auf Grund ihrer Ausbildung oder ihres bisherigen Umgangs mit Tieren die für diese Tätigkeit erforderlichen fachlichen Kenntnisse und Fähigkeiten hat,
2. die für die Tätigkeit verantwortliche Person die erforderliche Zuverlässigkeit hat und
3. die der Tätigkeit dienenden Räume und Einrichtungen eine, den Anforderungen des §2 entsprechenden Ernährung, Pflege und Unterbringung der Tiere ermöglichen."

### Auszug aus § 11b Qualzüchtungen

„Es ist verboten, Wirbeltiere zu züchten, wenn der Züchter damit rechnen muß, daß bei der Nachzucht auf Grund vererbter Merkmale Körperteile oder Organe für den artgemäßen Gebrauch fehlen oder untauglich oder umgestaltet sind und hierdurch Schmerzen, Leiden oder Schäden auftreten......"

## Tierseuchengesetz

Im Tierseuchengesetz (§17g) und seinen zusätzlichen Verordnungen sind die Anzeigepflicht für **Psittakose** (Meldung von Seuchenausbruch oder Seuchenverdacht bei Gemeinde, Polizei oder Veterinäramt) sowie Vorschriften über Zucht von Psittaziden, Handel und Kennzeichnung und das Verhalten beim Ausbruch der Psittakose festgelegt. Die Papageieneinfuhrverordnung regelt das Vorgehen bei der Einfuhr von Vögeln. Außerdem gibt es Richtlinien für den Lufttransport von Vögeln.

## Washingtoner Artenschutzübereinkommen

Das Washingtoner Artenschutzübereinkommen wird inzwischen von über 80 Ländern der Erde anerkannt. Es verbietet den internationalen Handel mit Tieren und Teilen von Tieren bedrohter Arten.

## Bundesartenschutzgesetz

Nach diesem Gesetz stehen einheimische und europäische Tier- und Pflanzenarten unter besonderem Schutz. Die Entnahme einheimischer Vögel aus der Natur ist verboten. In der Bundesartenschutzverordnung sind alle geschützten Vögel einzeln aufgeführt.

## Wichtige Adressen

Institut für Papageienforschung
Geschäftsstelle
Heideweg 20
46539 Dinslaken
Telefon: 02064/98779

### Vereine

AZ
Vereinigung für Artenschutz, Vogelhaltung und
    Vogelzucht e.V.
Geschäftsstelle
Postfach 1168
71522 Backnang
Telefon: 07191/82439

DKB
Deutscher Kanarienzüchter-Bund e.V.
Geschäftsstelle
Karl-Theodor-Str. 18
68766 Hockenheim

### Tierärztliche Untersuchungsstellen

#### Baden-Württemberg

88326 Aulendorf: Staatl. Tierärztliches Untersuchungsamt, Löwenbreitestr. 20, Postfach 11 27, Tel.: (0 75 25) 20 20

88326 Aulendorf: Geflügelgesundheitsdienst der Tierseuchenkasse Baden-Württemberg, Talstraße 17, Tel.: (0 75 25) 2 02 72

79108 Freiburg: Tierhygienisches Institut, Am Moosweiher 2, Tel.: (07 61) 1 60 11

69115 Heidelberg: Staatl. Tierärztliches Untersuchungsamt, Czernyring 22 a/b, Tel.: (0 62 21) 2 36 02-3 (Tel. Geflügelgesundheitsdienst (0 62 21) 92 70 00)

70174 Stuttgart: Geflügelgesundheitsdienst im Staatl. Tierärztlichen Untersuchungsamt Stuttgart, Azenbergstr. 16, Tel.: (07 11) 20 23-3 40, -3 56

#### Bayern

85586 Grub bei München/Post Poing, Tiergesundheitsdienst Bayern e.V., Senator-Gerauer-Straße 23, Tel.: (0 89) 90 91-0, Expreßstation: 85622 Feldkirchen bei München

90419 Nürnberg: Landesuntersuchungsamt für das Gesundheitswesen Nordbayern, Heimerichstraße 31, Tel.: (09 11) 3 71 45, Telefax (0911) 39 04 78

85764 Oberschleißheim: Landesuntersuchungsamt für das Gesundheitswesen Südbayern, Veterinärstraße 2, Tel.: (0 89) 3 15 60-1

85764 Oberschleißheim: Institut für Geflügelkrankheiten, Lehrstuhl für Geflügelkunde, Veterinärstr. 3, Tel.: (0 89) 3 15 40 29, Expreßstation: 85716 Lohhof

93055 Regensburg: Tiergesundheitsdienst Bayern e.V., Geschäftsstelle Oberpfalz-Süd, An der Irler Höhe 3a, Tel.: (0941) 79 22 96

#### Berlin

14195 Berlin: Institut für Geflügelkrankheiten, Koserstraße 21, Tel.: (0 30) 8 38 38 61

10557 Berlin: Landesuntersuchungsinstitut für Lebensmittel, Arzneimittel und Tierseuchen, Invalidenstraße 60, Tel.: (030) 3 97 05-1

12621 Berlin-Kaulsdorf: Landesuntersuchungsinstitut für Lebensmittel, Arzneimittel und Tierseuchen Berlin, örtl. Bereich, Brodauerstraße 16-22, Tel.: (0 30) 5 27 97 11

**Brandenburg**

03044 Cottbus: Staatliches Veterinär- und Lebensmitteluntesuchungsamt, Schlachthofstraße 18, Tel.: (03 55) 2 53 51/24

15234 Frankfurt/O.: Staatliches Veterinär- und Lebensmitteluntersuchungsamt, Fürstenwalder Poststraße 73, Tel.: (03 35) 32 60 80

14469 Potsdam-Bornstedt: Veterinär- und Lebensmitteluntersuchungsamt Potsdam, Pappelallee 2, Tel.: (03 31) 31 20

**Bremen**

28217 Bremen, Staatl. Veterinäruntersuchungsamt, Utbremer Straße 67, Tel.: (04 21) 3 97 81 06

27572 Bremerhaven-F.: Staatl. Veterinäramt, Freiladestraße, Abt. 1-2, Tel.: (04 71) 7 20 41-2, 7 50 38-9

**Hamburg**

20357 Hamburg: Veterinär-Untersuchungsanstalt, Lagerstraße 36, Tel.: (0 40) 4 31 63-2 43, 35 04-29 16

**Hessen**

60528 Frankfurt: Staatliches Medizinal-, Lebensmittel- u. Veterinäruntersuchungsamt Südhessen, Außenstelle Frankfurt, Deutschordenstraße 41, Tel.: (0 69) 67 80 20

35392 Gießen: Institut für Geflügelkrankheiten, Fachbereich Veterinärmedizin. Justus-Liebig-Universität, Frankfurter Straße 87, Tel.: (06 41) 7 02 48 65, 7 02 48 67

35396 Gießen: Staatliches Medizinal-, Lebensmittel- u. Veterinäruntersuchungsamt Mittelhessen, Marburger Str. 54, Postfach 63 06, TeL: (06 41) 30 06-0

34131 Kassel: Staatl. Medizinal- und Veterinäruntersuchungsamt, Druseltalstraße 67, Tel.: (05 61) 3 10 10

**Mecklenburg-Vorpommern**

17489 Greifswald: Landesveterinär- und Lebensmitteluntersuchungsamt Rostock, Außenstelle Greifswald, Rudolf- Petershagen-Allee 1, Tel.: (0 38 34) 50 31

17034 Neubrandenburg: Demminerstraße 46-48, Landesveterinär- und Lebensmitteluntersuchungsamt Rostock - Außenstelle Neubrandenburg, Postfach 331, Tel.: (03 95) 4 20 11

18059 Rostock: Thierfelder Straße 18/19, Landesveterinär- und Lebensmitteluntersuchungsamt Rostock, Postfach 20 64, Tel.: (03 81) 3 76 21

19057 Schwerin-Neumühle: Landesveterinär- und Lebensmitteluntersuchungsamt Rostock, Außenstelle Schwerin, Neumühler Straße 10-12, Tel.: (03 85) 86 70

**Niedersachsen**

26603 Aurich: Tiergesundheitsamt - Nebenstelle, Am Pferdemarkt 1, Tel.: (0 49 41) 25 01

38124 Braunschweig: Staatliches Veterinär-Untersuchungsamt, Dresdenstraße 6, Tel.: (05 31) 4 84-12 00

37073 Göttingen: Tierärztliches Institut der Universität, Groner Landstraße 2, Tel.: (05 51) 39 33 91 oder 82

30165 Hannover: Tiergesundheitsamt der Landw.-Kammer, Vahrenwalder Straße 133, Tel.: (05 11) 3 66 56 18

30173 Hannover: Staatliches Veterinär-Untersuchungsamt, Eintrachtweg 17, Tel.: (05 11) 81 80 97

30559 Hannover: Klinik für Geflügel, Eintrachtweg 17, Tel.: (0511) 95 38 771

26121 Oldenburg i. O.: Tiergesundheitsamt der Landwirtschaftskammer Weser-Ems, Mars-la-Tour-Straße 1, Tel.: (04 41) 8 01-6 44, mit Nebenstellen in Meppen und Osnabrück:

49716 Meppen: Tiergesundheitsamt - Nebenstelle, August-Prieshof-Straße 1, Tel.: (0 59 31) 70 14-70 16

49074 Osnabrück: Tiergesundheitsamt - Nebenstelle, Neuer Graben 19/21, Tel.: (05 41) 33 10 20, nur Annahmestelle

21680 Stade: Staatliches Veterinär-Untersuchungsamt, Heckenweg 6, Tel.: (041 41) 21 90 und 38 69

### Nordrhein -Westfalen

59821 Arnsberg: Staatliches Veterinär-Untersuchungsamt, Zur Taubeneiche 10/12, Tel.: (0 29 31) 18 05-18 07

53229 Bonn (Roleber): Tiergesundheitsamt der Landwirtschaftskammer Rheinland, Siebengebirgsstraße 200, Postfach 30 07 09, Tel. (02 28) 4 34-0

53115 Bonn: Institut für Anatomie, Physiologie und Hygiene der Haustiere der Universität Bonn, Katzenburgweg 7, Tel.: (02 28) 73 28 04

32756 Detmold: Staatliches Veterinär-Untersuchungsamt, Berliner Allee 1, Tel.: (0 52 31) 2 68 54-55

47798 Krefeld: Staatliches Veterinär-Untersuchungsamt, Deutscher Ring 100, Tel.: (0 21 51) 8 49-0, Telefax: (0 21 51) 84 93 02

48147 Münster: Landwirtschaftskammer Westfalen-Lippe, Institut für Tiergesundheit, Milchhygiene und Lebensmittelqualität, Nevinghoff 40, Tel.: (02 51) 23 76-7 15/6 86

48149 Münster: Staatliches Veterinär-Untersuchungsamt, Von-Esmarch-Straße 12, Postfach 76 01, Tel.: (02 51) 89 03-0

### Rheinland-Pfalz

56073 Koblenz: Landesveterinäruntersuchungsamt Rheinland-Pfalz, Blücherstraße 34, Tel.: (02 61) 40 40 50

### Saarland

66121 Saarbrücken: Staatliches Institut für Gesundheit und Umwelt, Abt. Veterinärmedizin, Hellwigstraße 8-10, Tel.: (06 81) 6 04-2 72

### Sachsen

09131 Chemnitz: Staatliches Veterinäruntersuchungs- und Tiergesundheitsamt Chemnitz, Hans-Link-Straße 5, Tel.: (03 71) 41 02 48-49

09126 Chemnitz: Untersuchungsamt I, Zschopauer Straße 186, Tel.: (03 71) 5 02 51

01099 Dresden: Staatl. Veterinäruntersuchungs- und Tiergesundheitsamt, Jägerstraße 8, PSF 547, Tel.: (03 51) 5 96 10

04103 Leipzig: Staatl. Veterinäruntersuchungs-
und Tiergesundheitsamt, Goldschmidt-
Straße 21, Postfach 803,
Tel.: (0341) 29 36 77/78

**Sachsen-Anhalt**

06112 Halle: Veterinäruntersuchungs- und
Lebensmittelkontrollamt Halle,
Freiimfelder Straße 66-68,
Tel.: (03 45) 3 82 31

39576 Stendal: Veterinäruntersuchungs- und
Lebensmittelkontrollamt, Haferbreiter
Weg 132-135, Tel.: (0 39 31) 40 51-64

**Schleswig-Holstein**

24116 Kiel: Landwirtschaftliche Untersuchungs-
und Forschungsanstalt mit Institut für
Wirkstoffprüfung und Institut für Tier-
gesundheit und Lebensmittelqualität,
Gutenbergstr.75-77, Postfach 30 67,
Tel.: (04 31) 1 69 04-0

24537 Neumünster: Lebensmittel- und Veterinär-
untersuchungsamt des Landes Schleswig-
Holstein, Max-Eyth-Straße 5,
Tel.: (0 43 21) 50 17 + 5 37 70

**Thüringen**

99947 Bad Langensalza: Institut für Veterinärwesen Bad Langensalza, Tennstädter
Straße, Tel.: (0 36 03) 5 11

07743 Jena-Zwätzen: Institut für Veterinärwesen,
Naumburger Straße 96 b,
Tel.: (0 36 41) 41 11 10

98617 Meiningen: Veterinäruntersuchungs- und
Tiergesundheitsamt Südthüringen-
Meiningen, Joh.-Brahms-Str.15,
Tel.: (0 36 93) 7 62 12

# Literatur und Bildquellen

Aeckerlein, W.: Die Ernährung des Vogels. Verlag Eugen Ulmer, Stuttgart 1993, 2. Aufl.

Coles, B. H.: Innere Medizin und Chirurgie bei Vögeln. Verlag Gustav Fischer, Stuttgart – Jena 1988.

Ebert, U.: Vogelkrankheiten. Verlag M. & H. Schaper, Hannover 1984.

Gabrisch, K., Zwort, P.: Krankheiten der Heimtiere. Schlüter'sche Verlagsanstalt 1995.

Gylstorff, I. und F. Grimm: Vogelkrankheiten. Verlag Eugen Ulmer, Stuttgart 1987.

Kaal, G.Th.F.: Geschlechtsmerkmale bei Vögeln. Verlag M. & H. Schaper, Hannover 1982.

Kronberger, H.: Haltung von Vögeln - Krankheiten der Vögel. Verlag Gustav Fischer, Stuttgart-Jena 1973.

Petrak, M. L.: Diagnostik, Röntgen und Chirurgie beim Ziervogel. Ferdinand Enke Verlag, Stuttgart 1988.

Salomon, F.-V.: Lehrbuch der Geflügelanatomie. Ferdinand Enke Verlag, Stuttgart 1993.

Schwarze, E. und L. Schröder: Kompendium der Geflügelanatomie. Verlag Gustav Fischer, Stuttgart-Jena 1986.

Siegmann, O.: Kompendium der Geflügelkrankheiten. Verlag M. & H. Schaper, Hannover 1986.

## Bildquellen

Gerlach, Dr. Helga, Oberschleißheim: Abb. Seite 56, 62 unten, 97 links.

Korbel, Dr. Rüdiger, Institut für Geflügelkrankheiten, Oberschleißheim: Abb. Seite 55, 60, 64, 67 links, 68 rechts, 71, 79, 81, 85, 86 rechts, 89 links und rechts, 91, 92, 96, 101, 102 links, 107, 109 unten.

Reinhard, Hans, Heiligkreuzsteinach: Titelbild.

Alle anderen Abbildungen stammen von der Autorin.

Die Zeichnungen fertigte Kerstin Heß, Stuttgart, nach Vorlagen der Autorin.

# Register

# Wenn Sie noch mehr wissen wollen ...

Die Naturheilkunde mit ihren erprobten und bewährten Heilmethoden spielt heute nicht nur in der Humanmedizin eine Rolle. Mit diesen ganzheitlichen Heilweisen haben sich auch für die Haltung von Vögeln und bei der Behandlung ihrer Krankheiten neue Wege und Lösungen aufgetan. Dazu werden hier erstmals die Naturheilverfahren der Akupunktur, Akupressur, Homöopathie, Bach-Blüten- und Farbtherapie sowie das Kinesiologische Testverfahren – allein auf Vögel bezogen – eingehend vorgestellt. Die Zielsetzung des Buches ist es, dem Vogelhalter neue Einblicke in die Gesundheitsvorsorge aufzuzeigen, bisher unbekannte Erste-Hilfe-Maßnahmen anzubieten und die Behandlungsmöglichkeiten des konventionellen Therapeuten zu erweitern. Den Darstellungen der Heilmethoden und allen praktischen Anleitungen liegen langjährige Erfahrungen der Autorinnen zugrunde.

*Rosina Sonnenschmidt, Marion Wagner. Vögel – Akupunktur, Homöopathie, Bach-Blütentherapie, Kinesiologie. 158 S., 36 Farbfot., 53 sw-Abb., 6 Tab. (Reihe Neues Heilen). ISBN 3-8001-7332-8*

Unzählige Menschen halten und erfreuen sich an Ziervögeln und möchten Genaueres über ihre Pfleglinge erfahren. Wie muß ich den Vogel unterbringen? Welche Ernährung braucht er, um sich wohlzufühlen? Habe ich Zeit für einen Einzelvogel? Oder wäre ein Pärchen bzw. eine kleine Gesellschaft für mich geeigneter? Welche Arten gibt es überhaupt? Diese und viele andere Fragen werden in diesem Buch aus der beliebten Reihe „Kennen & Pflegen" beantwortet. Dazu werden 120 Vogelarten in Wort und Bild vorgestellt. Exzellente Farbfotos zeigen ihr Äußeres, ihre Gestalt und ihr Federkleid. „Steckbriefe" informieren über die Größe und Herkunft einer jeden Art, über ihr Freileben, die Haltung und Zucht. So läßt sich jederzeit schlüssig Antwort auf die Frage geben, welchen oder welche Vögel man zu sich nehmen will.

*Horst Bielfeld. Ziervögel. 120 Arten und ihre Haltung. 128 Seiten, 121 Farbfotos, 40 Zeichnungen. (Reihe Kennen & Pflegen). ISBN 3-8001-7272-0*